JN104845

Das Kapital

Karl Marx

新 版

資本論 6

第二巻　第二分冊

カール・マルクス

日本共産党中央委員会社会科学研究所　監修

新日本出版社

凡　例

一　本書は、カール・マルクス著『資本論』第一部―第三部の全訳である。本訳書は、一九八二年一一月から八九年九月にかけて新書版として刊行された訳書（一三分冊）を改訂したもので、一二分冊の新版『資本論』として刊行される。

二　翻訳にあたっての主たる底本には、ドイツ語エンゲルス版（第一部第四版、第二部第二版、第三部第一版）を用いた。

三　新版では、『資本論』諸草稿の刊行と研究の発展をふまえ、エンゲルスによる編集上の問題点も検討し、訳文、訳語、訳注の全体にわたる改訂を行なった。

第一部では、マルクスが校閲した初版、第二版との異同、フランス語版にもとづく第三版、第四版の主な改訂個所を訳注で示し、「独自の資本主義的生産様式」、「全体労働者」など、マルクス独自の重要概念について、訳語を統一した（第一―第四分冊）。

第二部では、初版と第二版との異同、エンゲルスによる文章の追加、加筆個所、および編集上の問題点を訳注で示し、必要な場合には、マルクスの草稿を訳出した。第三篇第二一章については、訳注で独自の節区分を示し、拡大再生産の表式化に到達するまでのマルクスの研究の経過をつかめるようにした。また、マルクスが第二部第三篇の最後の部分を恐慌理論の解明に充てていたことを考慮し、第二部第一草稿（一八六五年）に書きこまれた新しい恐慌論の全文を訳注として収録した（第五―第七分冊）。

第三部の草稿は、『資本論』諸草稿のなかでもっとも早い時期に準備されたもので、執筆時期の異なる二つの部分（第一篇―第三篇、第四篇―第七篇）からなっている。さらに、研究の進展のなかでマルクスの到達点が前進し、第三篇の論点には、利潤率低下法則の意義づけ、およびそのもとでの資本主義的生産の必然的没落の展望など、マルクスにとって克服ずみの見解であることの指摘を要する部分も生まれた。第三部では、こうした点に留意し、マルクスの研究の発展とその到達点、エンゲルス版の編集上の弱点、草稿との異同、エンゲルスによる文章の混入個所を訳注で示した。とくに第五篇では、本来『資本論』の草稿ではなかった諸章の混入個所を指摘した。また、必要な場合には、マルクスの草稿を訳出した。第七篇第四八章では、エンゲルスによる原稿配列をマルクスの草稿の順序に組み替えた（第八―第一二分冊）。

全三部を通して、マルクス自身の研究の発展史と歴史的事項にかんする訳注を大幅に拡充した。

改訂にあたっては、新『マルクス・エンゲルス全集』（新メガ Marx-Engels-Gesamtausgabe）の諸巻を参照した。

四　注については、マルクス、エンゲルスによる原注は（　）に漢数字を用いてそれを示し、各段落のあとに訳出した。訳文中や、＊印によって訳文のあとに、〔　〕を用いて挿入されたものは、すべて訳者、監修者による注ないし補足である。

五　訳注のなかで、〔邦訳『全集』第〇巻、〇〇ページ〕とあるのは、ディーツ社（現カール・ディーツ社、ベルリン）発行の『マルクス・エンゲルス著作集（ヴェルケ）』を底本とした邦訳『マルクス・エンゲルス全集』（大月書店）の巻数とページ数を指している。

六　『資本論』のドイツ語原文にあたろうとする読者の便宜のために、ヴェルケ版『資本論』の原書ページ数を、訳文の欄外上に（　）で算用数字を用いて付記した。ただし、ヴェルケ版では、マルクスが引用した著作などについて、本来一つの段落文中に含まれているものを改行し、その引用文のみを独立した段落にしているため、本訳書とは改行の位置に相違がある。

七　訳文中の〃　〃でくくられた語、句、文は、すべて、マルクス（またはエンゲルス）によってドイツ語以外の言語（ラテン語などを含む）が単独で使用されている個所である。専門用語の場合、〃　〃でくくらず、必要に応じて、綴りないしルビによって示したものもある。なお、それらドイツ語以外の言語による語、句、文が、同じ意味のドイツ語と併記されていて、相互の言い換えとして使用されている場合には、それらにニュアンスの相違がある場合をのぞき、訳出や明示を省略した。

八　訳文で、傍点を付した部分は原文の隔字体またはイタリック体の部分を表わしている。

九　マルクス（またはエンゲルス）が引用した文章について、必要な場合、原文との異同を訳注で示した。また、固有名詞、数値などの明白な誤記、誤植はとくに注記せずに訂正した。

一〇　引用文献のうち邦訳のあるものは、入手の便宜なども考慮し、邦訳書を掲げた。これは、新書版での記載を改訂し、新たに追加したものである。

一一　第一二分冊の巻末に、人名索引を付した。

一二　新版『資本論』の改訂作業は、日本共産党中央委員会社会科学研究所によって行なわれた。研究所からは、不破哲三、山口富男、卜部学、小島良一が、監修と改訂の作業にあたった。本訳書のもとになった新書版の刊行にあたっては、研究所の委嘱により翻訳のための委員会が組織され、多くの研究者の参加と協力を得た。新書版および一九九七年一二月に刊行された上製版（五分冊）の訳出・編集体制については、それぞれの版の「凡例」を参照いただきたい。

目　次

第二巻分冊目次

第一分冊

第二分冊

第三分冊

（154）

第二篇　資本の回転*

*〔この篇の表題は、第一草稿以来、変わっていない。篇の章別構成は、第二草稿では、「1） 回転時間と回転数」（現行版の第七章）、「2） 資本の回転を相違させる諸事情」（現行版の第八章—第一四章）、「3） 回転の相違が資本の価値増殖におよぼす影響など」（現行版の第一五章—第一七章）となっている〕

第七章　回転時間と回転数*

*〔表題は第二草稿による。第四草稿では「1） 回転の概念」となっている〕

[*1]すでに見たように、ある与えられた資本の総流通時間[*2]は、その資本の通流時間と生産時間との合計に等しい。それは、ある特定の形態で資本価値が前貸しされた瞬間から、過程進行中の資本価値が同じ形態で復帰するまでの期間である。

*1〔以下、引き続き第四草稿より〕

＊２〔この「総流通時間」の「流通」は、生産過程から区別された、もっぱら流通部面で行なわれる資本の運動ではなく、資本の諸変態の循環としての、したがってまた資本の諸形態の再生産の過程としての「流通過程」をさしている。マルクスが第二部で扱うのは、この「それ自体同時に再生産過程であるところの流通過程」(『資本論草稿集』６、大月書店、七一九ページ。『剰余価値学説史』、邦訳『全集』第二六巻、第二分冊、六九三ページ)である。他の個所ではマルクスは「総流通時間」に代えて「回転時間」としている(本訳書、第二巻、二五二、三七三、三九九、四一八ページなど)〕

資本主義的生産の規定的目的は、つねに、前貸価値の増殖であり、この価値が、その自立的形態すなわち貨幣形態で前貸しされるか、それとも、商品で前貸しされ、その結果、その価値形態が前貸しされた商品の価格のうちに観念的な自立性をもつにすぎないかにはかかわりない。両方の場合とも、この資本価値は、その循環中にさまざまな存在形態を経ていく。この資本価値の自己自身との同一性は、資本家の帳簿で、または計算貨幣の形態で、確認される。

G…G′という形態をとっても、P…Pという形態をとっても、両方の形態が、(一)前貸価値は資本価値として機能し、自己を増殖したということ、(二)前貸価値はその過程を経過したのちに、過程を開始したさいの形態に復帰したということ、を含んでいる。前貸価値Gの増殖と、また同時にこの形態(貨幣形態)への資本の復帰とは、G…G′では、手に取るように明らかである。しかし、同じことは第二の形態でも生じる。というのは、Pという出発点は、生産諸要素の、すなわち与えられた価値をもつ諸商品の現存だからである。この形態は、この価値の増殖を含み(W′とG′)、また最初の形態への復帰を含む。というのは、第二のＰでは、前貸価値が、最初に前貸しされたときの生産諸要素の形態をふたたびとるからである。

（155）すでに見たように、「生産が資本主義的形態をもつならば、再生産もそうである。資本主義的生産様式のもとでは、労働過程が価値増殖過程のための一手段としてだけ現われるのと同じように、再生産も、前貸価値を資本として、すなわち自己増殖する価値として再生産するための一手段としてだけ現われる」（第一部、第二二章、五八八ページ〔本訳書、第一巻、九八五ページ〕）。

形態Ⅰ　Ｇ…Ｇ′、Ⅱ　Ｐ…Ｐ、Ⅲ　Ｗ′…Ｗ′という三つの形態は、形態Ⅱ（Ｐ…Ｐ）では過程の更新すなわち再生産過程が現実的なものとして表現されるが、形態Ⅰでは可能性としてのみ表現される、ということによって区別される。しかし、この両形態は、前貸資本価値が――貨幣としてであれ素材的生産諸要素の姿態であれ――出発点になっており、したがってまた復帰点にもなっているということによって、形態Ⅲと区別される。Ｇ…Ｇ′では、復帰は　Ｇ′＝Ｇ＋ｇ　である。過程が同じ規模で更新されるとすれば、Ｇはふたたび出発点となるが、ｇは過程にはいり込まず、われわれにたいしてＧは資本として増殖し、したがって剰余価値ｇを生み出したが、しかしそれを自己から突き放した、ということを示すだけである。形態Ｐ…Ｐでは、生産諸要素Ｐの形態で前貸しされた資本価値が、同様に出発点をなす。この形態は、この資本価値の増殖を含む。単純再生産が行なわれる場合には、同じ資本価値が同じ形態Ｐでその過程を新たに開始する。蓄積が行なわれる場合には、Ｐ′（価値の大きさからすればＧ′に等しく、またＷ′に等しい）が、今度は増大した資本価値として過程を開始する。しかし、この過程は、以前よりも大きい資本価値をもってであるとはいえ、最初の形態にある前貸資本価値でふたたび始まる。これにたいして形態Ⅲでは、資本価値は前貸資本価値として過程を開始するのではなく、すでに増殖された資本価値として、諸商品の形態にある富の全体――前貸資本価値はその一部分にすぎない――として、過程を開始する。この最後の形態〔Ⅲ〕は、個別諸資本の運動が社会的総資本の運動との連関において把握される第三篇にとって重要である。しかしそれ〔Ⅲ〕は、資本の回転――これは、貨幣の形態でであれ商品の形態でであれ、つねに資本価値の前貸しで始まり、またつねに、循環する資本価値の、それが前貸しされたさいの形態での復帰を条件づける――のためには、利用しえない。循環ⅠとⅡとのうち、剰余価値形成への回転の影響が主として注目される限りでは前者を、生産物形成への回転の影響が主として注目される限りでは後者を、しっかりつかむべきである。

(156)　経済学者たちは、循環のさまざまな形態を区別することもしなかったし、資本の回転との関連でそれらの形態をべつべつに考察することもしなかった。通常は、形態G…G′がとりあげられるが、それは、この形態が個々の資本家を支配しており、資本家が計算するさいに、貨幣が計算貨幣の姿態で出発点となるにすぎない場合でも、この形態が資本家の役に立つからである。他の経済学者たちは、生産諸要素の形態での支出から出発して回収が行なわれるまでをたどるのであるが、その場合、商品であるか貨幣であるか、回収の形態については一言もふれてはいない。たとえば――「経済循環……すなわち、支出がなされるときから回収が行なわれるまでの生産の全経路。農業では播種期がその始まりで収穫がその終わりである」（S・P・ニューマン『経済学要論』、アンドウヴァーおよびニューヨーク〔一八三五年〕、八一ページ）。また他の経済学者たちはW′から始める（形態Ⅲ）――「生産交易の世界は、環状に循環しているものとみなされうるのであり、これをわれわれは経済循環と呼ぶことにしたい。ここでは、事業がつぎつぎと取り引きを遂行してそれが出発した点にまた到達するたびに、一循環を完了する。始まりは、資本家が自分の資本を回収するための入金を得た時点からとすることができる。この時点から、資本家はまた新たに労働者たちを雇い入れ、彼らの生計を、またはむしろ生計を手に入れる力を、労賃として彼らに分配し、彼の販売する物品を完成品の形で労働者たちから受け取り、この物品を市場に持ち出し、そこで商品を売り、その売上金で〔この期間の〕彼の全出資の払い戻しを受け取ることによって、この一連の運動の循環を終結させる」（Th・チャーマズ『経済学について』、第二版、グラスゴウ、一八三二年、八四ページ以下〔正しくは八五ページ〕）。

個別資本家が任意の生産部門で投下する総資本価値がその運動の循環を経過し終えれば、この資本価値はふたたびその始めの形態にあるのであり、いまや同じ過程を反復することができる。価値が資本価値として自己を永遠化し増殖するには、この資本価値は同じ過程を反復しなくてはならない。個々の循環は、資本の生活においては、つねに反復される一部分すなわち一期間をなすにすぎない。G…G′という期間が終われば、資本はふたたび貨幣資本の形態にあって、資本の再生産過程または価値増殖過程を含む形態諸転化の系列をまた新たに経ていく。P…Pという期間の終わりには、資本はふたたび、その循環が更新される前提をなす生産諸要素の形態にある。資本の循環は、個々別々の経

(157) 過としてでなく周期的な過程として規定されるとき、資本の回転と呼ばれる。この回転の持続時間は、資本の生産時間と通流時間との合計によって与えられる。この総時間は、資本の回転時間をなす。したがって、これによって総資本価値の一循環期間と次の循環期間との間隔がはかられる。すなわち資本の生活過程における周期性、あるいは言い換えれば、同じ資本価値の増殖過程または生産過程の更新、反復の時間がはかられるのである。

　個々の資本にとって回転時間を加速したり短縮したりするような個人的な冒険を別とすれば、諸資本の回転時間は、諸資本の投下部面の違いに応じて、それぞれ異なる。

　労働日が労働力の機能の自然的な度量単位をなすように、過程進行中の資本の回転の自然的な度量単位は一年である。この度量単位の自然的基礎は、資本主義的生産の母国である温帯のもっとも重要な土地果実が年々の生産物である、ということにある。

　回転時間の度量単位としての一年をＵ、ある特定の資本の回転時間をｕ、その資本の回転数をｎとすれば、$n=\frac{U}{u}$ である。したがって、回転時間ｕがたとえば三ヵ月とすれば、$n=\frac{12}{3}=4$ である。この資本は一年に四つの回転を遂行する、または四回転する。ｕが一八ヵ月ならば、$n=\frac{12}{18}=\frac{2}{3}$ であり、換言すれば、この資本は一年間にその回転時間の $\frac{2}{3}$ を経過するにすぎない。資本の回転時間が数年におよぶとすれば、それは一年の倍数で計算される。

　資本家にとっては、彼の資本の回転時間は、自分の資本を増殖してもとの姿で回収するためにその間、資本を前貸ししておかなければならない時間である。

生産過程および価値増殖過程におよぼす回転の影響を詳しく研究するまえに、われわれは、流通過程から生じ資本に付着して資本の回転の形態に影響を与える二つの新たな形態を考察しなければならない。

（158）

第八章　固定資本と流動資本*

＊〔表題は第二草稿による。第四草稿では「2）固定資本と流動資本（設備資本と経営資本）」となっている〕

第一節　形態的区別*

＊〔第四草稿では「a）固定資本と流動資本：形態的区別」となっており、第四草稿はこの項目の論述で終わっている〕

第一部、第六章で見たように〔本訳書、第一巻、三五三―三五四ページ参照〕、不変資本の一部分は、この不変資本の寄与によって形成される生産物にたいして、不変資本が生産過程にはいり込むさいの特定の使用形態を保持する。したがって、不変資本のこの一部分は、期間の長短はあるが絶えず反復される労働過程において、絶えず同じ諸機能を繰り返す。たとえば、労働用建物、機械など、要するにわれわれが労働諸手段という名称のもとに総括しているものはすべてそうである。不変資本のこの部分は、それ自身の使用価値とともにそれ自身の交換価値を失うのに比例して、生産物に価値を引き渡す。この価値の引き渡し、すなわち、そのような生産手段の価値が、この生産手段の協力によって形成される生産物にこのように移行することは、平均計算によって規定される。この移行は、生産手段が生産過程にはいり込む瞬間から、それがまったく摩滅し死滅して、同種の新品によって補填または再生産されなければならない瞬間にいたるまでの、この生産手段の機能の平均的持続時間によってはかられる。

したがって、不変資本のこの部分――本来の労働諸手段――の独自な点は次のとおりである――資本の一部分は、不変資本すなわち生産諸手段の形態で前貸しされているが、この生産諸手段は[*1]、それらが労働過程にはいり込むときの自立的使用姿態が続く限りは、労働過程の諸要因として機能する。完成生産物、したがってまた生産物に転化された限りでの生産物形成者〔形成諸要因〕は、生産過程から突き放され、商品として生産部面から流通部面へ移行する。それにたいして、労働諸手段は、（159）ひとたび生産部面にはいり込んだあとは、決してそこを去らない。それらの機能がそれらを生産部面にしっかりと縛りつける。前貸資本価値の一部分は、過程内における労働諸手段の機能によって規定されるこの形態に**固定されて**いる。労働手段が機能するにつれ、したがってまた労働手段が摩滅するにつれて、労働手段の価値の一部分は生産物に移っていくが、他の部分は労働手段に、したがって生産過程に固定されたままである。このように固定された価値は、労働手段が役に立たなくなるまで絶えず減少して、こうして、労働手段の価値も、一連のつねに反復される労働過程から生まれる多量の生産物に期間の長い短いはあっても配分されてしまう。しかし、労働手段がまだ労働手段として有効であり、したがって同種の新品によって補填されなくてもよいあいだは、つねに不変資本価値〔の一部分〕は労働手段に固定されたままである一方で、最初に労働手段に固定された価値の他の部分は、生産物に移行し、したがって商品価値の構成部分[*2]として流通する。労働手段が長持ちすればするほど、その摩滅がゆっくりであればあるほど、それだけ長く、不変資本価値はこの使用形態に固定されたままである。しかし、労働手段の耐久度がどのようであろうとも、労働手段が価値を引き渡す比率は、つねにそれの総機能時間に反比例する。二つの機械が同じ価値をもっていて、一方は五年で、他方は一〇年で摩滅するとすれば、前者は同じ期間内に後者の二倍の価値を引き渡す。[*3]

＊1〔草稿では、「前貸しされているが、この生産諸手段は」は、「前貸しされているはずである。この生産諸手段の一定部分はさらに、労働諸手段の形態で前貸しされなければならず、この労働諸手段は」となっている〕

＊2〔草稿による。初版および第二版では「商品在庫」となっていた〕

＊3〔この一文はエンゲルスによる〕

資本価値のうち労働手段に固定されたこの部分が流通することは、他のどの部分ともまったく同じである。すでに一般的に見たように、資本価値全体が恒常的な流通のうちにあり、したがって、この意味ではすべての資本が流通しつつある資本である。しかし、ここで考察される資本部分の流通は独自のものである。まず第一に、この部分は、その使用形態で流通するのではなく、ただその価値だけが流通するのであり、しかも、その価値がこの資本部分〔労働手段〕から商品として流通する生産物に移行するのに応じて、徐々に、少しずつ流通する。労働手段の全機能期間を通じて、その価値の一部分は、その助力によって生産される諸商品にたいして自立して、つねに労働手段に固定されたまま

（160）である。この独自性によって、不変資本のこの部分は、固定資本という形態を受け取る。これにたいし、生産過程に前貸しされた資本のうちの他の素材的構成諸部分は、すべて、それと対照的に、流動資本〔zirkulierendes oder flüssiges Kapital〕*を形成する。

＊〔草稿では zirkulierendes Capital となっている。本訳書では、zirkulierendes Kapital の場合も flüssiges Kapital の場合も「流動資本」と訳出した〕

生産諸手段の一部分——蒸気機関によって消費される石炭のように、労働諸手段そのものによって機能中に消費される補助材料、または灯火用ガスなどのように、ただ工程を支えるだけの補助材料——は、素材的には生産物にはいり込まない。その価値が生産物価値の一部分を形成するだけである。生産物は、それ自身の流通のなかで補助材料の価値を流通させる。このことは、補助材料にも固定資本にも、共通である。しかし、補助材料は、どの労働過程にはいり込んでも、そこで全部消費され、したがって新たな労働過程ごとに同種の新品によって全部補填されなければならない。補助材料は、その機能中、自立的使用姿態を保ち続けることはない。したがってまた補助材料の機能中、資本価値のどの部分も、補助材料のもとの使用姿態、補助材料の現物形態に固定されてはいない。補助材料のこの部分は、素材的に生産物にはいり込むのではなく、その価値に応じて価値部分として生産物価値のなかにはいり込むにすぎないという事情、および——これに連関することであるが——この材料の機能は生産部面の内部にしっかり縛りつけられているという事情が、ラムジーのような経済学者たちを迷わせて（固定資本と不変資本とを混同すると同時に）固定資本というカテゴリーを補助材料に適用させた。*

＊〔『資本論草稿集』８、大月書店、三八八―三九〇ページ、『剰余価値学説史』、邦訳『全集』第二六巻、第三分冊、四二七―四三〇ページ参照。マルクスはラムジーを古典派経済学の最後の代表者の一人とみなしていた〕

生産諸手段のうち、素材的に生産物にはいり込む部分、すなわち原料などは、このことによって一部分は、のちに消費手段として個人的消費にはいり込みうる諸形態を受け取る。固定資本の素材的な担い手である本来の労働諸手段は、生産的にのみ消費され、個人的消費にはいり込むことはできない。なぜなら、それらは、その助力でつくられる生産物または使用価値にははいり込まず、それらが完全に摩滅するまで、むしろ生産物にたいして自立的姿態を保ち続けるからである。輸送諸手段は例外である。輸送諸手段が、生産的機能を果たすあいだに――すなわち生産部面にとどまっているあいだに――生み出す有用効果、すなわち場所変更は、同時に、たとえば旅行者の個人的消費にはいり込む。彼はこの場合にも、その使用にたいして支払うのであり、それは、他の消費諸手段の使用にたいして支払うのと同じである。すでに見たように〔本訳書、第一巻、三二七ページ参照〕、たとえば化学工業では、原料と補助材料とは互いに入りまじって区別があいまいになる。労働諸手段と補助材料と原料もそうである。たとえば農業では、土地改良に使用された諸素材は、一部は生産物形成者として農作物にはいり込む。他面では、それらの素材の作用は、かなり長い期間、たとえば四―五年間に配分される。こうしてそれらの素材の一部分は素材的に生産物にはいり込み、それと同時にまたその価値を生産物に移転するが、他の部分はもとの使用形態にとどまってその価値をも固定させる。この部分は生産諸手段として存続し、したがって固定資本の形態を受け取る。役畜としては牛は固定資本である。食用にされるとすれば、牛は労働手段としては機能せず、したがってまた固定資本としては機能しない。

生産諸手段に投下された資本価値の一部分に固定資本の性格を与えるように規定するものは、もっぱらこの価値が流通する独特な様式のうちにある。この独自な流通様式は、労働手段がその価値を生
(161)
産物に引き渡す――または価値形成者として生産過程中にふるまう――独自な様式から生じる。そして後者の様式そのものはまた、労働過程における労働諸手段の機能の特殊な仕方から生じる。

だれもが知っているように、ある労働過程から生産物として出てくる同じ使用価値が、生産手段として他の労働過程にはいり込む〔本訳書、第一巻、三二六ページ参照〕。生産過程において、ある生産物が労働手段として機能することだけが、その生産物を固定資本にする。これにたいして、生産物自身がある過程から出てくるというだけで、固定資本であるわけではない。たとえば機械は、機械製造業者の生産物または商品としては、彼の商品資本に属する。機械は、その買い手、すなわち、機械を生産的に使用する資本家の手のなかではじめて固定資本となる。

他の事情がすべて同じであれば、労働手段の固定性の程度は、その耐久性につれて増大する。すなわち、労働手段に固定された資本価値と、この価値の大きさのうち反復される労働過程において労働手段が生産物に引き渡す部分との差額の大きさは、その耐久性に依存する。この価値引き渡しが行なわれるのが緩慢であればあるほど――そして、価値は同じ労働過程が反復されるたびごとに労働手段

から引き渡される――、固定された資本はそれだけ大きく、生産過程で使用される資本と生産過程で消費される資本との差額はそれだけ大きい。この差額が消滅してしまったときには、労働手段は寿命が尽きてしまい、その使用価値とともにその価値を失ったのである。それは価値の担い手ではなくなった。労働手段は――不変資本の他の素材的担い手もすべてそうなのであるが――その使用価値とともにその価値を失う程度に応じて生産物に価値を引き渡すにすぎないから、労働手段の使用価値が失われるのが緩慢であればあるほど、それが生産過程で長持ちすればするほど、それだけ不変資本価値が労働手段に固定されている期間が長くなるのは明らかである。

本来の意味での労働手段ではない生産手段、たとえば補助材料、原料、半製品などが、価値の引き渡しにかんして、したがってその価値の流通様式にかんして、労働手段と同じようにふるまうとすれば、そうした生産手段も同じく、固定資本の素材的な担い手であり、それの存在形態である。すでに述べた土地改良の場合がそうであり、土地改良では、いくつもの生産期間または何年にもわたって作用する化学的諸成分が土地に使用される。この場合には、価値の一部分は生産物に引き渡され、したがって生産物とともに流通しているのに、価値の他の部分は依然として、生産物とは別に自立的姿態で、すなわち固定資本の姿態で存在し続ける。この事例では、固定資本の価値の一部分が生産物にはいり込むだけでなく、この価値部分が存在している実体である使用価値もまた生産物にはいり込む。

(162)根本的な誤り――固定資本および流動資本というカテゴリーと、不変資本および可変資本というカテゴリーとの混同――を別とすれば、経済学者たちに見られる従来の概念規定上の混乱は、なによりもまず次の諸点にもとづく――
労働諸手段に素材的にそなわっている一定の諸属性、たとえば、物理的不動性――家屋のそれのような――が、固定資本の直接的諸属性とされる。その場合、それ自体としては固定資本でありながら反対の属性を持つ他の労働諸手段があることをいつもたやすく指摘することができる。たとえば物理的可動性をもつ船舶などがそうである。

あるいはまた、価値の流通から生じる経済的な形態規定性が物的属性と混同される。すなわち、それ自体としては決して資本ではなく、一定の社会的諸関係のもとでのみ資本となる諸物が、それ自体として、かつ本来すでに固定資本または流動資本という一定の形態における資本でありうるかのように混同される。第一部、第五章で見たように〔本訳書、第一巻、三〇九―三二七ページ参照〕、生産諸手段は、どのような社会的諸条件のもとで労働過程が行なわれるかにかかわりなく、あらゆる労働過程において、労働諸手段と労働対象とに分けられる。しかし両者は、資本主義的生産様式の内部ではじめて資本に、しかも前篇で規定されたような「生産資本」になるのである。それとともに、労働過程の本性にもとづく労働諸手段と労働対象との区別が、固定資本と流動資本との区別という新たな形態に反映される。このことによってはじめて、労働手段として機能する物が、固定資本となる。その物が、その素材的諸属性によって労働手段の機能以外の諸機能にも役立ちうるならば、その物はその機能の相違に応じて固定資本であったりそうでなかったりする。家畜は役畜としては固定資本である。肥育家畜〔食肉用の〕としては、最後は生産物として流通にはいる原料であり、したがって、固定資本ではなく流動資本である。

ある生産手段が、反復して行なわれる労働過程内に――といっても、互いに連関し、連続していて、したがって一生産期間を、すなわち生産物を完成するのに必要な総生産時間をなしている労働過程内に――比較的長く固定されているだけで、資本家にとっては固定資本とまったく同様に、長期または短期の前貸しを余儀なくされるが、しかしそのことが彼の資本を固定資本にするのではない。たとえば、種子は固定資本ではなく、約一年間生産過程に固定されている原料にすぎない。すべての資本は、(163) 生産資本として機能するあいだは生産過程に固定されており、したがってまた生産資本のすべての要素は、その素材的姿態、その機能、その価値の流通様式がどうであろうと、生産過程に固定されている。生産過程の種類または所期の有用効果に応じて、こうした固定状態があるいは長くあるいは短く続くが、そのことが固定資本と流動資本との区別を生じさせるわけではない。(二〇)

(二〇)　固定資本と流動資本とを規定するのが困難なために、ローレンツ・〔フォン・〕シュタイン氏*は、この区別は説明をやさしくするためのものにすぎない、と考えている。

＊〔ヘーゲル哲学から出発したドイツの行政学者、経済学者。マルクスは『経済学批判』で彼の著作『国家学体系』（全二巻、一八五二年、一八五六年）第一巻の財貨論をきびしく批判した〕

一般的な労働諸条件を含めて労働諸手段の一部分は、たとえば機械のように、労働手段として生産過程にはいるやいなや、もしくは生産的機能を果たすよう準備されるやいなや、場所的に固定される。または、たとえば土地改良、工場建物、溶鉱炉、運河、鉄道などのように、労働諸手段の一部分は、最初から、このような固定され、場所に縛りつけられた形態で生産される。これらの場合には、労働手段がその機能すべき生産過程の内部に絶えず縛りつけられているということは、同時に、その感性的存在様式によって条件づけられている。他方では、機関車、船舶、役畜などのように、物理的につねに場所を変え、動きながら、それにもかかわらずつねに生産過程にあるという労働手段もありうる。一方の場合には、不動性が労働手段に固定資本の性格を与えないし、また他方の場合には、可動性が労働手段からこの性格を奪わない。とはいえ労働諸手段が場所的に固定され、その根を大地にしっかりおろしているという事情は、固定資本のこの部分に諸国民の経済における独自の役割を割り当てる。それらの労働手段は、外国に送られることはできないし、商品として世界市場で流通することはできない。この固定資本についての所有権原は変更されることができるし、この固定資本は売買されることができ、その限りでは観念的に流通することができる。この所有権原は、たとえば株式という形態で外国市場でさえも流通できる。しかし、この種の固定資本の所有者である人物が替わったからといって、一国における富の可動的な部分にたいする、その不動的な、物質的に固定された部分の割合は変わらない。（二二）

（二二）以上第四草稿。以下第二草稿。〔以下、第二草稿の「2) 資本の回転を相違させる諸事情」の「a) 固定資本と流動資本」に属する最初の部分から〕

固定資本の独自の流通によって、独自の回転が生じる。現物形態にある固定資本が摩滅によって失
（164）う価値部分は、生産物の価値部分として流通する。生産物は、その流通によって商品から貨幣に転化

する。したがってまた、生産物によって流通させられる労働手段の価値部分も貨幣に転化し、しかもその価値は、この労働手段が生産過程において価値の担い手であることをやめるのと同じ比率で、貨幣として流通過程からしたたり落ちる。したがって労働手段の価値は、いまや二重の存在をもつことになる。その一部分は、生産過程に属する労働手段の使用形態または現物形態に縛りつけられたままであり、他の一部分は、この形態から貨幣として分離する。労働手段が機能を果たしているあいだに、労働手段の現物形態で存在する価値部分はつねに減少するが、他方、貨幣形態に転換された価値部分はつねに増加し、最終的に労働手段がその生涯を終え、その総価値がその遺体から離れて貨幣に転化されるにいたる。この点に、生産資本のこの要素がもつ回転の独自性が現われる。この要素の価値の貨幣への転化は、その価値の担い手である商品の貨幣蛹化と同じ歩調で進行する。しかし、貨幣形態から使用形態へのその再転化は、その他の生産諸要素への商品の再転化からは切り離され、むしろ、労働手段自身の再生産期間によって、すなわち、労働手段が消耗し尽くし同種の別の品で補塡されなければならない時間によって、決められる。かりに、一万ポンドの価値をもつ機械の機能期間をたとえば一〇年とすれば、この機械に最初に前貸しされた価値の回転時間は一〇年である。この時間が終了するまえには機械は更新される必要はなく、その現物形態で作用し続ける。そのあいだに機械の価値は、引き続きこの機械を用いて生産される諸商品の価値部分として少しずつ流通し、こうして徐々に貨幣に転換され、ついに一〇年の終わりにはその価値は全部貨幣に転化され、そして貨幣から機械に再転化されるのであり、こうしてその回転は完了したことになる。この再生産時間の始まるまで、機械の価値は、さしあたり貨幣準備金の形態で徐々に蓄積される。

生産資本の他の諸要素は、一部分は補助材料および原料として存在する不変資本の諸要素からなり、一部分は労働力に投下された可変資本からなる。

（165）

労働過程および価値増殖過程の分析（第一部、第五章〔本訳書、第一巻、三〇九ページ以下〕）によって明らかにされたように、〔生産資本の〕これらの異なる構成部分は、生産物形成者および価値形成者としてまったく異なるふるまいをする。不変資本のうち補助材料および原料からなる部分の価値は――労働諸手段からなる部分の価値とまったく同様に――移転されたにすぎない価値として生産物の価値に再現するが、これにたいして労働力は、労働過程に媒介されて生産物に自分の価値の等価物をつけ加える、言い換えると自分の価値を現実に再生産する。さらに、補助材料の一部分である燃料用石炭、灯火用ガスなどは、素材的に生産物にはいらずに労働過程で消費し尽くされるが、他方、補助材料の他の一部分は、身体ごと生産物にはいり込み、生産物の実体の材料となる。とはいえ、このような相違はすべて、流通にとっては、したがってまた回転様式にとっては、どうでもよいことである。補助材料および原料はその生産物の形成において全部的に消費される限り、それらはその全価値を生産物に移転する。したがってまた、その価値も、全部、生産物によって流通させられ、みずからを貨幣に転化し、そして貨幣から商品の生産諸要素に再転化する。価値のこの部分の回転は、固定資本の回転のように中断されることなく、その諸形態の全循環を絶え間なく経過するのであり、したがって生産資本のこれらの要素は、つねに〝現物で〟更新される。

生産資本のうち、労働力に投下される可変的構成部分について言えば、労働力は一定の期間を限って買われる。資本家が労働力を買って生産過程に合体させてしまうと、労働力は彼の資本の一構成部分、しかもその可変的構成部分をなす。労働力は毎日ある時間のあいだ活動し、そのあいだにその日価値の全部ばかりでなく、さらに余分の剰余価値――これはここではさしあたり度外視する――を生産物につけ加える。労働力がたとえば一週間ぎめで買われて活動したのちには、この買い入れは慣習的な期限でつねに更新されなければならない。連続的な生産の循環が中断されないためには、労働力がその機能中に生産物につけ加え、生産物の流通とともに貨幣に転化される労働力の価値の等価物は、つねに貨幣から労働力に再転化され、あるいはつねにその諸形態〔価値生産物―貨幣―労働力〕の完全な循環を経過しなければならない、すなわち回転しなければならない。

したがって、生産資本価値のうち労働力に前貸しされた部分は全部生産物に移り（これまでどおりここでは剰余価値を度外視する）、この生産物とともに、流通部面に属する二つの変態を経過し、恒常的なこの更新によってつねに生産過程に合体されたままである。したがって、労働力が、価値形成の点で、不変資本のうち固定資本を形成しない構成諸部分とどんなに異なるふるまいをするとしても、その価値のこのような回転の仕方は、固定資本とは対照的に、労働力とこの不変資本構成諸部分とに共通である。生産資本のこれらの構成部分――生産資本価値のうち労働力に投下された部分と固定資本を形成しない生産諸手段に投下された部分――は、それらに共通な回転のこの性格によって、流動資本として固定資本に対立する。

（166）まえに見たように〔本訳書、第一巻、二九一ページ以下〕、労働力を使用する代価として資本家が労働者に支払う貨幣は、事実上、労働者の必要生活諸手段の一般的等価形態にほかならない。その限りでは、可変資本は素材的には生活諸手段から成り立っている。しかし、回転を考察するここでは、形態が問題である。資本家が買うものは労働者の生活諸手段ではなく、労働者の労働力そのものである。資本家の資本の可変部分をなすものは、労働者の生活諸手段ではなく、労働者の活動する労働力である。資本家が労働過程で生産的に消費するものは、労働力そのものであって、労働者の生活諸手段ではない。自分の労働力の代価として受け取る貨幣を生活諸手段に換え、この生活諸手段を労働力に再転化して自分の生活を維持するのは労働者自身である。それは、たとえば資本家が、貨幣と引き換えに売る商品の剰余価値の一部分を自分自身のための生活諸手段に換えるのとまったく同じことであって、それだからといって、彼の商品の買い手が生活諸手段で資本家に支払いをする、と言う人はいないであろう。たとえ賃銀の一部分が労働者に生活諸手段で〝現物で〟支払われるとしても、それはこんにちでは二次的取り引きである。彼は自分の労働力を一定の価格で売るのであり、そのさいに、彼はこの価格の一部分を生活諸手段で受け取るという協定がなされる。このことは支払いの形態を変えるだけで、労働者の現実に売るものが彼の労働力であるということを変えはしない。それは、もはや労働者と資本家とのあいだでではなく、商品の買い手としての労働者と商品の売り手としての資本家とのあいだで行なわれる二次的取り引きである。他方、一次的取り引きでは労働者は商品（彼の労働力）の売り手であり、資本家はこの商品の買い手である。それは、資本家が自分の商品を売ってその代わりに〔他の〕商品を、たとえば、製鉄所に機械を売ってその代わりに鉄を受け取る場合とまったく同じである。したがって、固定資本に対立する流動資本という規定性を受け取るのは、労働者の生活諸手段ではない。それは労働者の労働力でもなく、生産資本のうち労働力に投下された価値部分であって、この価値部分が、その回転の形態によって、不変資本部分のいくつかの構成部分と共通に、そして不変資本の他の構成部分に対立して、この〔流動資本という〕性格を受け取るのである。

(167)流動資本――労働力および生産諸手段の形での――の価値は、固定資本の大きさによって与えられている生産の規模に応じて、生産物が完成されるあいだの時間だけ前貸しされる。この価値は、全部、生産物にはいり込むのであり、したがって生産物の販売によって、全部、ふたたび流通から復帰して、あらためて前貸しされることができる。資本の流動的構成部分がそのなかに存在する労働力と生産諸手段とは、完成生産物の産出および販売にとって必要な範囲で流通から引きあげられるが、しかしそれらはつねに再購買によって、貨幣形態から生産諸要素への再転化によって、補塡され更新されなければならない。それらが一度に市場から引きあげられる量は、固定資本の諸要素よりも少ない量ではあるが、それだけいっそうひんぱんに繰り返し市場から引きあげられなければならず、それらに投下された資本の前貸しはより短い期間に更新される。この恒常的な更新は、それらの総価値を流通させる生産物の恒常的な転換*によって媒介されている。最後に、それらは、その価値から見てだけでなく、その素材的形態においても、持続的に諸変態の全循環を経過する。それらは、商品から、その同じ商品の生産諸要素につねに再転化される。

＊〔草稿では「回転」となっている〕

労働力は、それ自身の価値とともに、不払労働を体現する剰余価値をつねに生産物につけ加える。したがってこの剰余価値も、完成生産物の他の価値諸要素と同じく、完成生産物によってつねに流通させられ、貨幣に転化される。しかし、さしあたりここで問題なのは、資本価値の回転であって、資本価値と同時に回転する剰余価値の回転ではないから、後者はしばらくとりあげない。

いままで述べたことから、次のように結論される――

（一）固定資本および流動資本という形態規定性は、生産過程で機能する資本価値の、すなわち生産資本の回転の相違からのみ生じる。この回転の相違は、それ自身、生産資本のさまざまな構成部分がそれらの価値を生産物に移転する様式の相違から生じるのであって、生産物価値の生産へのそれら構成部分の関与の相違、または価値増殖過程におけるそれら構成部分の特徴的なふるまいから生じるのではない。最後に、生産物への価値の引き渡し方の相違は、したがってまた、この価値が、生産物によって流通させられ、生産物の諸変態の結果その元の現物形態で更新される様式の相違も、生産資本が存在する素材的諸姿態の相違から、そしてその一部分は個々の生産物の産出中に全部消費されるが、他の部分は徐々に消耗されるにすぎないという素材的諸姿態の相違から、生じる。[*1]すなわち、固定資本と流動資本とに分かれうるのは生産資本だけである。これにたいして、このような対立は、産業資本の他の二つの定在様式にとっては、すなわち、商品資本にとっても貨幣資本にとっても存在せ
(168)
ず、また、生産資本にたいする両資本の対立としても存在しない。この対立は、生産資本にとっての

み、そして生産資本の内部でのみ、存在する。貨幣資本および商品資本は、どれほど資本として機能し、どれほど流動的に流通しようとも、生産資本の流動的構成部分に転化する場合にはじめて、固定資本に対立する流動資本となりうる。しかし資本のこの両形態は流通部面に住みつくので、Ａ・スミス以来の経済学は、われわれがのちに見るように、[*2] このことに惑わされて、これらの資本形態と生産資本の流動的部分とをいっしょくたにして流動資本というカテゴリーに入れた。実際には、資本のこれら二つの形態は、生産資本に対立する流通資本ではあるが、固定資本に対立する流動資本ではない。

＊1〔「すなわち」以下、段落末まではエンゲルスによる〕

＊2〔このあとの第一〇章および第一一章参照〕

（二）資本の固定的構成部分の回転は、したがってまたそれに必要な回転時間は、資本の流動的構成諸部分のいくつかの回転を含む。固定資本が一度回転する同じ時間に、流動資本は、何度も回転する。生産資本の一方の価値構成部分が固定資本という形態規定性を受け取るのは、この価値構成部分を内在させている生産手段が、生産物が完成して生産過程から商品として突き放されるまでのあいだに使い切られてしまわない、という限りででしかない。生産手段の価値の一部分は、他の一部分が完成生産物によって流通させられるときに、以前から続いているもとの使用形態に縛りつけられたままでいなければならないが、これにたいして、完成生産物の流通は、同時に、資本の流動的構成諸部分の総価値を流通させる。

（三）生産資本の価値のうち固定資本に投下された部分は、生産諸手段のうち固定資本を構成する部分が機能する全期間にわたって、全部一度に前貸しされている。すなわち、この価値は、資本家によって一度に流通に投じられる。しかしそれは、固定資本が諸商品に少しずつつけ加える価値部分の実現によって、少しずつ、徐々にふたたび流通から引きあげられていくだけである。他方、生産資本の一構成部分が固定される生産諸手段そのものは、一度に流通から引きあげられ、その全機能期間にわたって生産過程に合体されるが、この同じ期間中は、同種の新品による補填を必要とせず、再生産を必要としない。それらは、期間の長短はあっても、流通に投げ入れられる諸商品の産出に貢献し続けるが、それ自身を更新する諸要素を流通から引きあげたりはしない。したがって、それら自身としても、この期間中は資本家の側からの前貸しの更新を必要としない。最後に、固定資本に投下された資本価値は、それを内在させる生産諸手段が機能しているあいだに、その諸形態の循環を経過する――といっても、それは、素材的にではなく、価値の点でだけであり、しかも少しずつ、徐々に経過するだけである。すなわち、その価値の一部分は、商品の価値部分として絶えず流通させられ、貨幣に転化されるが、貨幣からその最初の現物形態に再転化されることはない。生産手段の現物形態への貨幣のこの再転化は、生産手段が全部使い果たされた生産手段の機能期間の終わりに、はじめて行なわれる。

（四）流動資本の諸要素も、固定資本の諸要素と同じく、つねに生産過程に――それが連続的でなければならないとすれば――固定されている。しかし、このように固定された流動資本の諸要素は、つねに〝現物で〟更新される（生産諸手段は同種の新品によって、労働力は絶えず更新される購買に

（169）

よって)。一方、固定資本の諸要素の場合には、その存続中はそれ自身が更新されることもなく、その購買が更新される必要もない。生産過程にはつねに原料や補助材料が存在するが、しかし、古いものが完成生産物の産出にさいし消費し尽くされたのちに、いつも同種の新品が存在する。労働力も同様に生産過程につねに存在するが、しかしそれはただその購買がつねに更新されることによってのみ存在するのであり、しかもしばしば人物の交代をともなってである。これにたいし、流動資本の回転が反復されているあいだ、同じ反復される生産過程のなかで、まったく同一の建物、機械などが機能し続ける。

第二節　固定資本の、構成諸部分・補塡・修理・蓄積*

＊〔この節は、第二草稿の「a) 固定資本と流動資本」に属する続きの部分で、「固定資本のさまざまな構成諸部分。補塡と修理。固定資本の蓄積」という表題がつけられている〕

同じ資本投下においても、固定資本の個々の諸要素は、それぞれ異なる寿命を持ち、したがってまた異なる回転時間を持っている。たとえば鉄道では、レール、枕木、土構造物、駅の建物、橋梁、トンネル、機関車、客貨車は、機能期間および再生産時間が異なっており、したがってまた、それらに前貸しされた資本も異なる回転時間を持っている。建物、プラットホーム、貯水槽、高架橋、トンネル、切り通し、盛土など、要するに、イギリスの鉄道業で〝施工物(ワークス・オブ・アート)〟と呼ばれるものは、すべて長い年月のあいだなにも更新を必要としない。損耗品のとりわけ主要なものは、軌道と車両である。

(170) 現代の鉄道が創設されたさい、当初は、鉄道の耐久性は何世紀も続くものであり、レールの摩滅はまったく気がつかないほどのものなので、どんな財政上や実際上の目的から見ても無視してよい、というのが経験に富みもっとも優秀な技師たちに抱かれた支配的意見であった。良質なレールの寿命は一〇〇—一五〇年とみなされた。しかし、レールの寿命——それはもちろん、機関車の速度、列車の重量および本数、レールそのものの厚さ、その他多くの付随的事情によって決まる——は、平均して二〇年を超えないことがやがて判明した。交通量の多い中心地の若干の駅では、レールが毎年摩滅するところさえある。一八六七年ころに鋼のレールが採用されはじめたが、それは鉄のレールの約二倍も費用がかかったが、その代わりに二倍以上長持ちする。枕木の寿命は一二—一五年であった。車両では、客車よりも貨車の摩滅がいちじるしく大きいことがわかった。機関車の寿命は一八六七年には一〇—一二年と計算された。*

*〔マルクスは、この段落で述べられた諸事実を次の文献から引いている。ラードナー『鉄道経済』、ロンドン、一八五〇年、四二、五一ページ、『勅命鉄道委員会。委員の前で行なわれた証言記録』、ロンドン、一八六七年、第四四四五—四四四六、一七〇三五—一七〇三六、一七三六三、一七四〇五—一七四〇七、一七八二六号。なお、枕木の寿命は、証言第一七〇三六号では「一四、一五年」となっている〕

摩滅はまず使用そのものによって引き起こされる。一般に、レールは、列車本数に比例して摩滅する（R・C、第一七六四五号）[二二]。速度が増すと、摩滅は速度の二乗よりも大きな割合で増大した。すなわち、列車の速度が二倍になると、摩滅は四倍以上に高まった（R・C、第一七〇四六号）。

㈢　R・Cという記号のつけられた引用文は、『勅命鉄道委員会。委員の前で行なわれた証言記録。両院に提出』、ロンドン、一八六七年、からとったものである。――質疑および応答には番号がつけられており、その番号がここにあげられている。〔エンゲルスによる注。R・Cとは勅命委員会の頭文字を指す〕

さらに摩滅は、自然力の作用によって生じる。たとえば枕木は、実際の摩滅によってだけでなく、腐朽によっても損傷する。「鉄道の維持費は、鉄道の運行にともなう摩滅よりも、むしろ大気にさらされている木材や鉄や煉瓦の質によって左右される。厳冬のただの一ヵ月が、まる一年間の鉄道の運行よりも多くの害を線路に与えるであろう」（R・P・ウィリアムズ『線路の保守について。土木技師協会での報告』、一八六七年秋＊）。

＊〔ここでマルクスが引用しているのは、リチャード・プライス・ウィリアムズの報告「線路の保守と更新について」であり、『マネー・マーケット・レヴュー』一八六七年一二月二一日号に発表された〕

最後に、大工業ではどこでもそうであるように、ここでも社会的摩滅（モラーリッシュ）がその役割を演じる。以前は四万ポンドもしたのと同数量の客貨車と機関車が、一〇年もたてば、普通には三万ポンドで買うことができる。そのため、この器材については、使用価値の減退がまったく生じていない場合でさえ、市場価格で二五％の減価を見込まざるをえない（ラードナー『鉄道経済』〔ロンドン、一八五〇年、一二〇ページ〕）。
(171)

「チューブ・ブリッジ＊は、現在の形態では更新されないであろう」。（なぜなら、こんにちではそのような橋梁としてはもっとよい形態があるからである。)「それの日常的な修理、個々の部分の取りはずしや取り替えは実行可能ではない」(W・B・アダムズ『道路とレール』、ロンドン、一八六二年〔一三六ページ〕)。労働諸手段の大部分は、産業の進歩によってつねに変革される。したがって労働諸手段は、当初の形態で補填されるのではなく、変革された形態で補填される。一方では、大量の固定資本が一定の現物形態で投下されていて、その形態のままで一定の平均寿命のあいだ存続しなければならないことは、新しい機械などが徐々にしか採用されない一つの原因となっており、したがってまた、改良された労働諸手段の急速な一般的採用をさまたげる一つの障害となっている。他方では、競争戦が、ことに決定的な〔技術〕変革にさいしては、古い労働諸手段をその自然死的死滅以前に新しいものと取り替えることを強制する。運転設備のこのような予定前の更新を、比較的大きな社会的規模で強要するものは、主として恐慌という破局である。

*〔箱形断面の、いわばトンネル状の桁の中を列車が通る形式の鉄道橋で、一般にチューブブラー・ブリッジと称される。イギリスの土木技術者ロバート・スティーヴンスンが、一八四九年に北ウェイルズのコンウィー川に実験的に架設したコンウィー橋が最初で、その成功によって、翌一八五〇年に同じ北ウェイルズのメナイ海峡に架けられた長大なブリタニア橋が著名。その後この形式はトラス橋に取って代わられた〕

摩滅は(社会的摩滅を別とすれば)、固定資本がその消耗によって、その使用価値を失う平均度に応じて徐々に生産物に引き渡す価値部分である。

一部分は、この摩滅は、固定資本に一定の平均寿命があるように、行なわれる。この寿命のあいだ、この固定資本は全体的に前貸しされ、この寿命の経過後にそれは全体として補填されなければならない。生きた労働諸手段、たとえば馬については、再生産時間は自然そのものによって定められている。労働手段である馬の平均寿命は、自然法則によって規定されている。この期限が過ぎれば、摩滅したものは新しいものによって取り替えられなければならない。一頭の馬は、少しずつ取り替えるわけにはいかず、別の一頭の馬によってのみ取り替えられうる。

固定資本の他の〔生きた労働手段以外の〕諸要素は、周期的または部分的な更新ができる。この場合、部分的または周期的な補填は、事業経営の漸次的拡張とは区別されなければならない。

固定資本の一部分は、同種の構成諸部分から成り立っているが、それらの部分の耐用期間は同じではなく、さまざまな期間で少しずつ更新される。駅の構内のレールがそうであり、これは他の路盤上のものよりもひんぱんに取り替えられなければならない。枕木も同様で、〔一八〕五〇年代のベルギーの鉄道では、ラードナーによれば、枕木の八％*が毎年更新され、したがって一二年間で全部の枕木が(172)更新された。したがって、この場合には次のような関係になる――ある金額が、たとえば一〇年間、一定種類の固定資本として前貸しされる。この投資は、一度に行なわれる。しかし、この固定資本の一定部分、すなわち、その価値が生産物の価値にはいり込んで、生産物とともに貨幣に転換されている部分は、毎年〝現物で〟補填されるが、他の部分は最初の現物形態で存在し続ける。この資本を固定資本として流動資本から区別するものは、一度に投資されること、および現物形態で少しずつしか再生産されないことである。

＊〔ラードナー『鉄道経済。輸送の新方法……にかんする一論』、四八ページでは、「約八％」となっている〕

固定資本の他の部分は、不等な期間で摩滅し、したがって不等な期間で補塡されなければならないような不等な構成諸部分から成り立っている。このことは、とくに機械の場合に起こる。固定資本の異なる構成諸部分の異なる寿命についていま述べたことは、ここでは、この固定資本の一部として現われる同じ一台の機械の異なる部品の寿命についてもあてはまる。

部分的更新の進行中における事業の漸次的な拡張については、次のことを述べておこう。すでに見たように、固定資本は生産過程で〝現物のまま〟作用し続けるとはいえ、それの価値の一部分は、平均的摩滅に応じて生産物とともに流通し、貨幣に転化されてしまい、その資本が〝現物で〟再生産される期限がくるまでのあいだ、資本の補塡のための貨幣準備金の要素をなす。固定資本価値のうち、こうして貨幣に転化されたこの部分は、事業を拡張するのに、または機械を改良してその効果を増大させるのに用いることができる。期間の長短の違いはあるが、こうして再生産が、しかも――社会の立場から考察すれば――拡大された規模での再生産が、行なわれる。生産場面が拡張される場合には外延的に、生産手段がいっそう効果的に用いられる場合には内包的に。この拡大された規模での再生産は、蓄積――剰余価値の資本への転化――から生じるのではなく、固定資本の身体から分岐し分離して貨幣形態をとった価値の、同種の新たな――追加的かまたは少なくともいっそう効果的な――固定資本への再転化から生じる。どの程度まで、またどれだけの規模で、事業経営がこのような漸次的追加をすることができるか、したがってまた、こうしたやり方で再投資ができるようにするためには

(173)どれだけの規模で準備金が積まれなければならないか、そして、どれだけの期間でそれが行なわれうるかは、もちろん、一部はその事業経営の独特な性質による。他方、現存の機械にどの程度まで細部の改良を加えうるかは、もちろん改良の性質および機械そのものの構造による。しかし、たとえば鉄道投資のさい、この点が最初からいかに注目されるかを、アダムズは次のように示している——「全構造は、ミツバチの巣を支配している原理——無限拡張の可能性——に従って組み立てられるべきであろう。すべて、あまりに堅固で最初から均斉のとれた構造は、拡張のさいには取りこわされなければならないので、よくない」(〔前出〕一二三ページ)。

それ〔部分的更新下の漸次的事業拡張〕は、多くは、自由に利用できる空間にかかっている。若干の建物の場合には、上へ建て増すことができるが、他の場合には横への拡張が、したがって、より多くの地面が必要である。資本主義的生産の内部では、事業を漸次拡張するさいに、一方では多くの資材が浪費され、また他方では、多くのこの種の不合理な横への拡張(一部は労働力に有害な)が行なわれる。なぜなら、いっさいが社会的な計画に従って行なわれないで、〔いっさいが〕個々の資本家が行動のさいに考慮する無限に異なる諸事情や資力などに左右されるからである。このことから生産諸力の大きな浪費が生じる。

貨幣準備金(すなわち、固定資本のうち貨幣に再転化された部分)のこのような少しずつの再投資がもっとも容易なのは、農業である。農業では、空間的に与えられた生産場面が、最大の漸次的資本吸収能力をもっている。畜産の場合のように、自然的再生産が行なわれる場合も同様である。

固定資本は、特殊な維持費を必要にする。維持の一部は、労働過程そのものによって行なわれる。固定資本は、労働過程で機能していなければ、いたんでくる（第一部、第六章、一九六ページ〔本訳書、第一巻、三五九―三六〇ページ〕および第一三章、四二三ページ〔同前、七〇九―七一〇ページ〕）――機械の非使用から生じる摩滅、参照）。だから、イギリスの法律も、賃借りされた地面が国の慣習どおりに耕作されない場合には、明文をもってこれを毀損（ウエイスト）*とみなしている（法廷弁護士W・A・ホウルズワース『地主および借地人の法律』、ロンドン、一八五七年、九六ページ）。労働過程における使用によってこのように維持されるということは、生きた労働の無償の天性である。しかも、労働のこの維持する力は、二重の性格をもつ。労働は、一方では、労働諸材料の価値を生産物に移転することによって、この価値を維持するのであり、他方では、生産過程におけるその活動を通じて労働諸手段の使用価値を維持することによって、労働諸手段の価値を――そのうえこれを生産物に移転しない限りで――維持する。

＊〔イギリス法では「不動産毀損」をさし、賃借権者などがその行為により不動産を損壊するなどの「積極的毀損」と、不動産の荒廃腐朽を放置するなどの「消極的毀損」とがある〕

しかし、固定資本は、その保全のために積極的な労働支出をも必要とする。＊機械は、ときどき掃除(174)されなければならない。この場合に問題となるのは、それなしには機械が使用不可能になるような追加労働、生産過程と不可分な有害な自然力の影響の単なる防止、すなわち、まったく文字どおりの意味での作業可能な状態の維持である。自明のことであるが、固定資本の標準的な寿命は、この期間中にこの固定資本が正常に機能しうるための諸条件が満たされるものとして計算されるのであり、それは、人間が平均して三〇年生きるという場合には、人間が入浴することも想定されるのとまったく同じである。ここでもまた、機械に含まれている労働の補填ではなく、機械の使用が必要にする恒常的な追加労働が問題なのである。機械が行なう労働ではなく、機械に加えられる労働が問題なのであり、この点では、機械は生産当事者ではなく、原料である。この労働に投下される資本は、生産物を生み出す本来の労働過程にははいり込まないが、流動資本に属する。この労働は、生産において絶えず支出されなければならず、したがってまたその価値は生産物の価値によってつねに補填されなければならない。この労働に投じられる資本は、流動資本のうち、一般的空費をまかない、そして年間の平均計算によって価値生産物に配分されるべき部分に属する。すでに見たように〔本訳書、第一巻、七四八―七四九ページ、原注一九〇a参照〕、本来の工業では、この掃除労働は労働者たちによって休憩時間中に無償で行なわれ、だからこそ生産過程そのもののあいだにもしばしば行なわれるのであり、そこでは、この掃除労働がたいていの事故の原因となっている。この労働は、生産物の価格の計算にははいらない。その限りでは、消費者はそれを無償で受け取る。他方では、こうして資本家は自分の機械の維持費をただで手に入れることになる。労働者が自分の身体で支払いをするのであり、このことは資本の自己維持の秘法の一つをなすが、この秘法は、事実からいえば、機械にたいする労働者の法的請求権を構成するものであり、ブルジョア的権利の見地からさえも労働者を機械の共同所有者にする。けれども、たとえば機関車の場合のように、機械をその掃除のためには生産過程から取りのけなければならず、したがってこっそりと掃除が行なえないようなさまざまな生産諸部門においては、この維持労働は経常費として計算のうちにはいり、したがって流動資本の要素として計算される。機関車はせいぜい三日も運行すれば、車庫に入れられ、そこで掃除されなければならない。ボイラーを損傷させずに洗浄するには、まず冷却しなければならない（R・C、第一七八二三号）。

＊〔この一文はエンゲルスによる〕

(175)

本来の修理または修繕労働は資本および労働の支出を必要とするが、この支出は、最初の前貸資本には含まれず、したがってまた、固定資本の漸次的な価値補塡によっては必ずしもつねに補塡され埋め合わされうるわけではない。たとえば、固定資本の価値が一万ポンドで、その全寿命が一〇年であるとすれば、この一万ポンドは、一〇年後に全部貨幣に転化するが、最初の投下資本の価値を補塡するだけであって、そのあいだに修理のために新たに追加された資本または労働を補塡するものではない。これは、一度に前貸しされるのではなく必要に応じて前貸しされる追加的価値構成部分であり、その前貸期間の相違は、事の性質上、偶然的である。このように、あとからそのつど必要なだけ行なわれる労働諸手段と労働力とへの追加的な資本投下は、すべての固定資本が必要とする。

機械などの個々の部品がこうむる損傷は、事の性質上、偶然的であり、したがって、そのために必要となる修理も偶然的である。それにもかかわらず、これら多数の修理労働は、二種類に区別されるのであって、それらは多かれ少なかれ固定的性格を帯びており、固定資本の生涯の異なる時期に発生する――すなわち、幼年期の故障と、それよりはるかに多い中年期を過ぎてからの故障である。たとえば、一台の機械が、たとえどれほど完全な構造をもって生産過程にはいり込んでも、実際に使用してみると欠陥が現われ、あとからの労働によって是正されなければならない。他方、機械が中年期を過ぎれば過ぎるほど、したがって、通常の摩滅が累積し、機械を構成している材料が消耗し老朽化すればするほど、平均寿命が終わるまで機械を働かせ続けるために必要な修理労働は、ますます多くなり、ますます重要となる。それはちょうど、老人が早死にしないためには、元気な青少年よりも多くの医療費を要するのとまったく同じである。したがって修理労働は、偶然的な性格のものであるとはいえ、固定資本の生涯のさまざまな時期に不均等に配分されている。

この点からも、また機械修理労働の一般に偶然的な性格からも、次のことが言える——

一方では、修理労働のための労働力および労働諸手段への実際の支出は、この修理を必要にする諸事情そのものと同様に、偶然的であり、必要な修理の範囲は固定資本の生涯のさまざまな時期にさまざまに分散している。他方では、固定資本の平均寿命の算定にさいしては、一部は掃除（場所の清掃もこれに属する）によって、一部は必要とするたびごとの修理によって、固定資本はつねに実動状態に維持されるものと想定されている。固定資本の摩滅による価値移転は、その平均寿命にもとづいて(176)計算されているが、この平均寿命そのものは、保全に必要な追加資本が絶えず前貸しされるものとして計算されている。

他方、資本および労働のこの追加支出によってつけ加えられる価値は、実際の支出と同時に諸商品の価格にはいり込むことができないということも、同様に明らかである。たとえば、紡績業者は、今週は滑車がこわれたからとかベルトが切れたからとかいう理由で、先週よりも高く糸を売ることはできない。紡績業の一般的費用は、個々の工場におけるこのような事故によっては決して変動してこなかった。この場合にも、すべての価値規定の場合と同様に、規定するのは平均である。一定の事業部門に投下された固定資本の平均寿命中における、このような事故と必要な維持および修理労働との平均的な規模は、経験によって示される。この平均的支出は、〔固定資本の〕平均寿命の期間に配分され、それに照応する可除部分に分けられて生産物の価格につけ加えられるのであり、したがって生産物の販売によって補填される。

このようにして補填される追加資本は、その投下の仕方は不規則であるとはいえ、流動資本に属する。機械のどんな故障もそのつどすぐに修理することは最高に重要なことなので、比較的大きいどの工場にも、本来の工場労働者に加えて、技師、指物工、機械工、整備工など一団の人員がいる。彼らの賃銀は可変資本の部分をなし、彼らの労働の価値は、生産物に配分される。他方、生産諸手段の形で必要な諸支出は、実際には不規則な時期に前貸しされ、したがってまた不規則な時期に生産物または固定資本にはいり込むにもかかわらず、右の平均計算に従って規定され、この計算に従って絶えず生産物の価値部分を形成する。本来の修理に投下されるこのような資本は、数多くの点で独自な種類の資本を形成するのであり、それは、流動資本にも固定資本にも分類できないが、経常支出に属するものとしてむしろ前者に数えられる。

簿記の仕方は、もちろん、記帳される事物の現実の連関を少しも変えない。しかし次のような仕方

（177）

で修理費を固定資本の現実の摩滅と合算するのが多くの事業部門での慣例である、ということを述べておくことは重要である。前貸固定資本を一万ポンド、その寿命を一五年とすれば、年々の摩滅は六六六$\frac{2}{3}$ポンドである。ところが摩滅は一〇年についてしか計算されない。すなわち、生産される諸商品の価格に、年々六六六$\frac{2}{3}$ポンドではなく一〇〇〇ポンドが、固定資本の消耗分としてつけ加えられる。すなわち三三三$\frac{1}{3}$ポンドは修理労働などのために取っておかれる（一〇や一五という数はただ一例としてあげた）。すなわち、固定資本を一五年長持ちさせるために、平均してこれだけの金額が修理に支出されているわけである。この計算は、もちろん、固定資本と修理に投下される追加資本とが別のカテゴリーをなすことをさまたげるものではない。この計算法にもとづいて、たとえば汽船の維持と補填とのための最低の費用見積もりは年々一五％、したがって再生産時間は六$\frac{2}{3}$年とみなされた。〔一八〕六〇年代に、イギリス政府は、ペニンシュラー・アンド・オリエンタル汽船会社に、その費用として、年々一六％を補償した。[*1] すなわち、再生産時間は六$\frac{1}{4}$年[*2]に等しいとされた。鉄道の場合、機関車の平均寿命は一〇年であるが、修理を加算すれば、摩滅は一二$\frac{1}{2}$％とみなされ、寿命は八年に縮められる。客車と貨車の場合には、九％と計算され、したがって一一$\frac{1}{9}$年の寿命とみなされる。[*3]

＊1〔『マネー・マーケット・レヴュー』一八六八年二月一日号、一二三ページ〕

＊2〔初版および第二版では「六$\frac{1}{3}$年」となっていた。カウツキー版以後訂正〕

＊3〔『マネー・マーケット・レヴュー』一八六八年一月二五日号、八九ページ〕

家屋その他の物――これらは所有者にとっては固定資本であり、また固定資本として賃貸しされる

――の賃貸契約では、立法は、時間や自然力の影響や正常な使用そのものによって引き起こされる正常な摩滅と、家屋の正常な寿命中およびその正常な利用期間中に保全のためときどき必要になる臨時の修理との区別をいつでも認めてきた。通例、前者は所有者の負担になり、後者は賃借人の負担である。修理はさらに、日常の修理と根本的修理とに区別される。後者は現物形態での固定資本の部分的更新であり、契約で反対のことを明記していない場合には、同様に所有者の負担になる。たとえばイギリス法では次のとおりである――

「賃借人は、年々根本的修理を行なわずに可能な限りにおいて、建物を風雨に耐えるよう保全し、かつ一般に明らかに日常の修理とみなされうるような修理を行なう義務を負うにとどまる。さらに、この点〔原文は「日常の修理の対象である建物の部分」〕についても、賃借人が借り受けた当時の建物の当該部分の年齢および一般的状態〔原文は「建物の当該部分の年齢および一般的状態、ならびに賃借人が借り受けた当時の事情」〕が考慮されなければならない。なぜなら、賃借人は、古くかつ老朽した材料を新材料によって補填する義務をも、時間の経過および通常の使用〔原文は「消耗」〕から生じる不可避な減価を補償する義務をも、これを負うものではないからである」（ホウルズワース『地主および借地人の法律』、九〇、九一ページ）。(178)

摩滅の補填とも、また維持および修理の労働ともまったく異なるのが、異常な自然現象、火災、洪水などによる破壊にたいする保険である。これは、剰余価値からまかなわなければならないものであり、剰余価値からの控除をなすものである。また、社会全体の立場から考察すれば、偶然や自然力によって引き起こされる異常な破壊の埋め合わせに生産諸手段を自由に使用できるようにしておくためには、恒常的な過剰生産、すなわち現存する富の単純な補填および再生産に必要であるよりも大きな規模での生産が――人口の増加をまったく度外視しても――行なわれなければならない。

実際には、補填に必要な資本のごくわずかな部分が、貨幣準備金として存在するにすぎない。もっとも重要な部分は、生産規模そのものの拡張にあるのであり、その拡張は、一部は現実の拡大であるが、一部は、固定資本を生産する生産諸部門の通常の範囲に属している。こうしてたとえば、一つの機械製作工場は、年々その顧客の諸工場が拡大されることにも、それらの工場の一部分がつねに全面的なまたは部分的な再生産を必要とすることにも対応できるようになっている。

摩滅ならびに修理費が社会的平均によって決められる場合、同一生産部門において、同じ大きさで、それ以外も同じ事情のもとにある諸投資にとってさえ、必然的に大きな不等が生じる。実際には、機械などは、ある資本家にとっては平均寿命以上に長持ちするが、他の資本家のもとではそれほど長持ちしない。一方の修理費は平均を上回り、他方のそれは平均を下回る、等々。しかし、摩滅によって、また修理費によって決められる商品の価格追加は、同一であり、平均によって決められる。したがって、この価格追加によって、ある資本家は現実に追加するよりもより多く受け取り、他の資本家はより少なく受け取る。このことは、同一事業部門内で労働力の搾取度は同等であるのに、さまざまな資本家たちの利得を異なったものにする他のいっさいの事情と同様に、剰余価値の真の本性への洞察を困難にさせるのに寄与している。

(179)

本来の修理と補填との境界、維持費と更新費との境界は、多かれ少なかれ、流動的である。そこから、たとえば鉄道においては、ある支出が修理であるか補填であるか、それは経常費から支弁されるべきか原資本からまかなわれるべきか、という果てしない論争が生じる。修理支出を収益勘定にでなく資本勘定に移すこと[*1]は、鉄道管理者たちが自分たちの配当金を人為的につり上げるためのよく知られた手段である。とはいえ、この点についても、経験がすでにもっとも本質的なよりどころを提供した[*2]。たとえば、鉄道の幼年期における追加労働は、「修理〔と称すべき〕ではなく、鉄道敷設の本質的な部分とみなされなければならず、したがって、〔収益勘定にではなく〕資本勘定に記入されるべきである。というのは、それは摩滅または交通の正常な作用によるのではなく、鉄道敷設の当初からの、不可避な不完全さによるものだからである」（ラードナー『鉄道経済』、四〇ページ）。「これに反して、毎年の収益をあげうるために必然的に生じた価値減少をこの収益に負担させることは、その額が実際に支出されているかいないかにかかわりなく、唯一の正しい方法である」（キャプテン・フィッツモリス、「カレドニア鉄道調査委員会」、『マネー・マーケット・レヴュー』、一八六七年〔正しくは一八六八年一月二五日号〕、所収[*3]）。

＊1〔イギリスの複式会計制度では、修理費は、収益に対応する収益的支出（費用）として損益計算書に計上される。この支出を資本勘定に移せば、それだけ収益が多くなる〕

＊2〔「本来の修理と」以下、ここまではエンゲルスによる〕

＊3〔この引用は『マネー・マーケット・レヴュー』一八六八年一月二五日号の論文「カレドニア鉄道。取締

役の回答」からのものであり、キャプテン・フィッツモリスの報告について述べられている。同誌の九〇ページにあるこの個所の文面からは、それがフィッツモリスの見解なのか、論文執筆者の見解なのかは推定できない。カウツキー版（一九二六年）の注による〕

農業では、少なくとも作業がまだ蒸気を用いて行なわれていない間は、固定資本の補填と維持との分離は、実際には不可能であり、無用となる。*「用具の在庫品」（必要な、すべての種類の農具その他の作業用具および経営用具）「が余るほどではないが十分ある場合には、だいたいのところ、用具の年々の摩滅および維持は、そのときの諸事情の相違に応じて調達資本の一五—二五％と見積もられるのが常である」（キルヒホーフ『農業経営学提要』、ベルリン、一八六二年〔正しくは、デッサウ、一八五二年〕、一三七ページ）。

＊〔この一文はエンゲルスによる〕

鉄道の車両の場合には修理と補填とはまったく分離できない。*1「われわれは、車両を数の点で維持する。持っている機関車の数がいくらであろうと、われわれはその車両数をきちんと維持する。時のたつうちに一両が使用不可能になって新造するほうが有利となれば、われわれは収益を犠牲にしてそれをつくるのであるが、そのさい、もちろん、古い機関車から残された材料の価値を、収益に計上する。……つねにかなり多くのものが残る。……車輪、車軸、ボイラーなど、要するに古い機関車のかなりの部分が残る」（グレイト・ウェスタン鉄道会社社長Ｔ・グーチ、Ｒ・Ｃ、第一七三二七、第一七三二九号）。——「修理は再生を意味する。私にとっては、『補填』という言葉は存在しない。……

鉄道会社がひとたび客貨車または機関車を買えば、それらがいつまでも走り続けることができるように鉄道会社はそれらを修理しなければならない」（第一七七八四号）。「われわれは、機関車の費用を走行英マイル[*2]あたり八$\frac{1}{2}$ペンスと計算する。われわれはいつもこの八$\frac{1}{2}$ペンスで機関車を維持する。われわれは機関車を再生する。もし、あなたが機関車一両を新しく買おうとすれば、あなたは必要以
(180) 上の貨幣を支出することになる。……古い機関車には、つねに一組の車輪、車軸、その他使える部分があって、それを使えばまったく新車と同様な機関車をより安くつくるのに役立つ」（第一七七九〇号）。「私は、いま毎週一両の新しい機関車を、すなわちほとんど新品も同然の機関車をつくっている、というのは、ボイラーやシリンダーや台枠が新しいからである」（第一七八二三号。グレイト・ノーザン鉄道機関車技師長アーチボールド・スターロック、R・C、一八六七年、所収）。

＊1〔この一文はエンゲルスによる〕
＊2〔一・六〇九キロメートル〕

客貨車の場合も同様である――「時がたつうちに現有の機関車や客貨車は絶えず再生される。あるときは新たな車輪が取りつけられ、別のあるときは新たな車体がつくられる。運動が行なわれもっとも摩滅しやすい部分は徐々に新しくされる。このように機関車と客貨車は、多くの場合に古い材料の痕跡も残らないくらい何度も修理を加えられることがある。……それらのものがまったく修理不可能になっても、古い客貨車または機関車からの部品は〔他の客貨車または機関車に〕加工され、鉄道からまったく消えうせることはない。だから、可動資本は絶えず再生産されている。線路については鉄道全

体が新たに敷設される一定の時期に一度に行なわれなければならないことが、車両の場合には、毎年徐々に行なわれる。車両の存在は永続的であり、車両は絶えず若返り状態にある」（ラードナー、前出〔『鉄道経済』〕、一一六〔正しくは一一五、一一六〕ページ）。

ラードナーがここで鉄道について述べたような過程は、個々の工場にはあてはまらないが、一産業部門全体の内部で、または一般に社会的規模で考察された総生産の内部で、修理と交じり合って行なわれる固定資本の恒常的、部分的な再生産のイメージとしては、適当である。

老巧な管理者たちが配当の獲得のために、修理および補填という概念をどれほど広い範囲内でうまく運用するかについて、ここに一つの証拠がある。[*] 先に引用したＲ・Ｐ・ウィリアムズの報告によれば、イギリスのさまざまな鉄道会社は、鉄道の線路および建物の修理および維持費として数年間の平均にもとづき、次の金額を収益勘定に記入した（線路一英マイルあたりの年額）――

ロンドン・アンド・ノースウェスタン鉄道……………………三七〇ポンド
ミッドランド鉄道……………………………………………二二五ポンド
ロンドン・アンド・サウスウェスタン鉄道……………………二五七ポンド
グレイト・ノーザン鉄道………………………………………三六〇ポンド
ランカシャー・アンド・ヨークシャー鉄道……………………三七七ポンド
サウスイースタン鉄道…………………………………………二六三ポンド
ブライトン鉄道…………………………………………………二六六ポンド

マンチェスター・アンド・シェフィールド鉄道……………………………二〇〇ポンド

〔「ラードナーがここで」からここまではエンゲルスによる〕

これらの差額のうちで、現実の支出の相違に起因しているのはごく少部分にすぎない。これらの差異はほとんどもっぱら、諸費目が資本勘定の負担にされるか収益勘定の負担にされるか、という計算方法の相違から生じている。ウィリアムズは、率直に語っている――「比較的わずかな費用が記載されるのは、好配当のためにはそうすることが必要だからであり、比較的多額の費用がつくられるのは、それに耐えうる比較的多くの収益が現存するからである」*。(181)

*〔R・P・ウィリアムズの報告「線路の保守と更新について」からの引用。本訳書、第二巻、二七四ページの訳注*参照〕

ある場合には、摩滅、したがってまたその補塡が、実際上あるかないかの大きさになるのであり、その結果、修理費だけが計上される。ラードナーが鉄道の〝施工物〟について以下のように語っているが、これは運河、ドック、鉄橋、石橋などのようなすべての耐久的な構築物に一般的にあてはまる――「かなり堅固な構築物の場合には時間の緩慢な作用の結果として生じる摩滅は、短期間ではほとんど気がつかないほどである。とはいえそれは、長期間たとえば数百年の経過後には、きわめて堅固な建造物の場合でさえ、全部または一部の再建造を招くに違いない。この目立たない摩滅は、鉄道の他の諸部分における目につきやすい摩滅と比べると天体の運動における永年変化[*1]と周期変化[*2]とに似たところがある。橋梁、トンネル、高架橋などのような鉄道の比較的大きな施工物にたいする時間の作用は、永年的摩滅と呼ばれうる実例を提供する。比較的急速に進んで目立つ減価は、比較的短期間に修理または補填〔原文は「再建造」〕によって修復されるが、周期変化に類似している。年々の修理費のうちには、比較的〔堅固で〕耐久性のある建造物でも外面にときどき受ける偶然的損傷の補填も含まれる。しかし、このような修理を別としても、これらの建造物にも年齢がなんの作用もせずに過ぎ去るということはなく、建造物の状態が新建造を必要とする時期が――たとえどんなに遠い先のことであろうとも――くるに違いない。もっとも、財政的および経済的な点では、その時期はあまりにも遠い先のことなので、実際には考慮するにはおよばないかもしれないが」（ラードナー『鉄道経済』、三八、三九ページ）。

＊１〔「鉄道の他の……比べると」はラードナーの原文にはない〕
＊２〔天体の運動には、周期的な変化と、長期間をとったときに時間とともに一方向に大きく（小さく）なる変化の二種類があり、後者を永年変化と言う〕

このことは、永年耐久性をもつすべての構築物にあてはまるのであり、したがって、そのような構築物の場合には、それに前貸しされた資本が、その摩滅に応じて徐々に補填される必要はなく、ただ維持と修理とのための毎年の平均費用が生産物の価格に移転されればよいのである。

すでに見たように、固定資本の摩滅を補填するために還流する貨幣の比較的大きな部分は、毎年、またはより短期間にさえ、ふたたびその現物形態に再転化されるが、それにもかかわらず、なお個々の資本家それぞれにとっては、固定資本のうち何年かたったのちにはじめて一度にその再生産の期限

（182）に達してそのさい全部的に補填されなければならない部分のための償却基金が必要である。固定資本のかなり大きな構成部分は、その性状のため、部分的な再生産を排除する。さらに、減価した現有品に新品が比較的短い間隔でつけ加えられるという仕方で再生産が部分的に行なわれる場合には、このような補填が行なわれうるまえに、生産部門の独特な性格に応じて、大なり小なりの規模での事前の貨幣蓄積が必要である。そのためには、どの任意の貨幣額でも十分であるわけではなく、特定の大きさの貨幣額が必要とされる。

われわれが、このことを、のちにはじめて展開される信用制度〔第三巻、第四、第五篇参照〕をいっさい考慮せずに、単純な貨幣流通だけを前提して考察するならば、運動の機構は、次のようになる――第一部（第三章、第三節ａ〔本訳書、第一巻、二二六ページ以下〕）で明らかにしたように、一社会に現存する貨幣の一部分はつねに蓄蔵貨幣として遊休する一方、他の部分は流通手段として、または直接に流通している貨幣の直接的準備金として機能するのだから、貨幣の総量が蓄蔵貨幣と流通手段とに配分される比率はつねに変動する。いま問題となっている場合には、かなり大きな資本家の手に蓄蔵貨幣としてかなり大量に積み立てられているはずの貨幣が、固定資本の購入にさいして、一度に流通に投入される。この貨幣そのものは、ふたたび社会のなかで流通手段および蓄蔵貨幣として配分される。固定資本の価値は、その摩滅の程度に応じて償却基金の形で出発点に還流するが、この償却基金によって、流通貨幣の一部は、固定資本を購入したときにその蓄蔵貨幣が流通手段に転化してその手から離れ去った同じ資本家の手中で、ふたたび――時間の長短はあるが――蓄蔵貨幣となる。社会に存在する蓄蔵貨幣の配分はつねに変動するのであり、この蓄蔵貨幣は、交互に、流通手段として機能したり、次にはまた蓄蔵貨幣として流通貨幣総量から分離されたりする。大工業と資本主義的生産との発展に必然的に並行して信用制度が発展するにつれて、この貨幣は、蓄蔵貨幣としてではなく資本として機能するが、しかしその所有者の手中ではなく、その運用をまかされた他の資本家たちの手中で、機能する。

（183）

第九章　前貸資本の総回転。回転循環*

＊〔この章は、第二草稿の「2)」の「a)　固定資本と流動資本」に属する下位区分「c)　前貸資本の総回転。回転循環」と題された部分にあたる〕

すでに見たように、生産資本の固定的構成部分と流動的構成部分とは、異なる様式で、また異なる期間で回転するが、同様に、同一事業における固定資本の相異なる構成諸部分も、その寿命が異なり、したがって再生産時間が異なるのに応じて、それぞれ異なる回転期間を持つ（同一事業において流動資本の相異なる構成部分が行なう回転の現実的または外観的な相違については、本章の終わりの第六項を見よ）。

（一）前貸資本の総回転は、その資本の相異なる構成諸部分の平均回転である。計算方法はあとで詳しく述べる。期間の相違だけを問題にする限りでは、もちろん、それら期間の平均を引き出すことほど簡単なことはない。しかし――

（二）ここでは、量的区別だけでなく質的区別が生じる。

生産過程にはいり込む流動資本は、その全価値を生産物に移転するのであり、したがってそれは、生産過程が中断なく進行するためには、生産物の販売によってつねに〝現物で〟補填されなければならない。生産過程にはいり込む固定資本は、その価値の一部分（摩滅分）だけを生産物に移転するの

（184）

であり、摩滅するにもかかわらず引き続き生産過程で機能する。したがってそれは、短期または長期の間隔をおいて――いずれにしても流動資本ほどたびたびではない――〝現物で〟補塡されさえすればよい。この補塡の必要性、再生産期限は、固定資本の相異なる構成諸部分にとって量的に異なるばかりでなく、すでに見たように、比較的長持ちのする、多年にわたり機能する固定資本の一部分は、年々またはもっと短い間隔で補塡され、旧固定資本に〝現物で〟つけ加えられることもありうるが、これと性状の違う固定資本の場合には、補塡は、その寿命が尽きてからようやく一度に行なわれうる。

だから、固定資本の相異なる部分の特殊な諸回転を、同種の回転形態に還元して、それらをただ量的に、すなわちただ回転期間の長さの点でだけ異なるものにすることが必要である。

このような質的同一性は、われわれがＰ…Ｐ――連続的生産過程の形態――を出発点とする場合には生じない。というのは、Ｐのうち一定の諸要素〔生産資本の流動的構成部分〕はつねに〝現物で〟補塡されなければならないが、他の諸要素〔固定的構成部分〕はその必要はないからである。しかし、Ｇ…Ｇ′という形態は、このような回転の同一性を与える。たとえば、ある機械が一万ポンドの価値があり、耐用年数が一〇年である、したがって年々その $\frac{1}{10}$＝一〇〇〇ポンドが貨幣に再転化されるものと仮定しよう。この一〇〇〇ポンドは、一年が経過するなかで貨幣資本から生産資本および商品資本に転化し、そして商品資本から貨幣資本に再転化した。この一〇〇〇ポンドは、われわれがこの形態〔Ｇ…Ｇ′〕のもとで考察する場合の流動資本と同様に、最初の貨幣形態に復帰したのであり、そのさい、この一〇〇〇ポンドの貨幣資本がその年の終わりにふたたび機械の現物形態に再転化されるかされないかはどうでもよい。だからわれわれは、前貸しされた生産資本の総回転の計算にあたっては、貨幣形態への復帰が回転を締めくくるように、この資本の諸要素をすべて貨幣形態に固定させる。われわれは、価値をつねに貨幣で前貸しされたものとみなすのであり、価値のこの貨幣形態が計算貨幣の形態であるにすぎない連続的生産過程の場合でさえ、そうみなす。こうしてわれわれは平均を出すことができるのである。

（三）その結果、次のようになる。すなわち、前貸しされた生産資本のうちのはるかに大きい部分が、その再生産時間、したがってまた回転時間が多年にわたる循環を含むような固定資本からなっている場合でも、なお一年間に回転する資本価値が、一年間に反復される流動資本の回転の結果として、前貸資本の総価値よりも大きいことがありうる。

固定資本は八万ポンド、その再生産時間は一〇年としよう。したがって、そのうち八〇〇〇ポンドが年々貨幣形態に復帰する、換言すれば、固定資本はその回転の $\frac{1}{10}$ を行なう。流動資本は二万ポンドで、年に五回転するものとしよう。その場合には、総資本は一〇万ポンドである。回転する固定資本は八〇〇〇ポンド、回転する流動資本は $5 \times 20{,}000 =$ 一〇万ポンドである。したがって一年間に回転する資本は一〇万八〇〇〇ポンドであり、前貸資本より八〇〇〇ポンドだけ大きい。資本の $1+\frac{2}{25}$ 〔108,000÷100,000〕が回転したのである。

（四）このように、前貸資本の価値回転は、資本の現実の再生産時間または資本の構成諸部分の実
(185) 際の回転時間から分離する。四〇〇〇ポンドの資本が一年に、たとえば五回転するとしよう。その場

合には回転させられる資本は、5×4,000＝二万ポンド、である。しかし各回転の終わりに復帰してふたたび新たに前貸しされるのは、最初に前貸しされた資本四〇〇〇ポンドである。その大きさは、この資本が新たに資本として機能する回転期間の数によっては変化しない（剰余価値は別として）。

したがって、（三）の例では、前提によればその年の終わりに資本家の手にもどるのは、（a）彼が新たに資本の流動的構成諸部分に投下する二万ポンドの価値額と、（b）摩滅によって前貸固定資本の価値から分離した八〇〇〇ポンドという額とである。そのほかに同じ固定資本がこれまでどおり生産過程に存続する――ただしその価値は、八万ポンドではなく七万二〇〇〇ポンドに減少している。このように、前貸固定資本が生き尽くし、生産物形成者としても価値形成者としても機能し終えて、補填されなければならなくなるまでには、なお生産過程の九年間の継続が必要であろう。したがって前貸しされた資本価値は、諸回転からなる一循環を、たとえばこの場合には一〇年にわたる諸回転からなる一循環を経過しなければならない――しかもこの循環は、使用された固定資本の寿命、したがって再生産時間または回転時間によって規定されている。

したがって、資本主義的生産様式の発展につれ使用固定資本の価値の大きさおよび寿命が増大するのに比例して、産業の生命および各個別の投資における産業資本の生命も延びて、多年にわたるものに、たとえば平均して一〇年のものに、なる。一方で固定資本の発展がこの生命を延長するとすれば、他方でこの生命は、同様に資本主義的生産様式の発展につれてつねに増大する生産諸手段の不断の変革によって、短縮される。したがって資本主義的生産様式の発展につれて、生産諸手段の変化、および生産諸手段が物質的に生命を終えるよりもずっと以前に社会的摩滅（モラーリッシュ）のためにつねに補填される必要もまた増大する。大工業のもっとも決定的な諸部門については、この生命の循環はこんにちでは平均して一〇年と想定しうる。しかしここでは、特定の年数が問題ではない。ただ次のことだけは明らかである――資本がその固定的構成部分によって縛りつけられている連結した諸回転からなる、数年間にわたるこのような循環によって、周期的恐慌の一つの物質的基礎が生じるのであり、そのなかで、事業は、弛緩、中位の活気、大繁忙、恐慌、という継起する諸時期を経過するのである。なるほど資本が投下される時期は、非常にさまざまであり、一致することはない。とはいえ、恐慌はいつでも大きな新投資の出発点をなす。したがってまた――社会全体として考察すれば――多かれ少なかれ次の回転循環のための一つの新たな物質的基礎をつくり出す。（三二(a)）(186)

（三二(a)）「都市の生産は日々の循環に縛りつけられているが、これにたいして農村の生産は年々の循環に縛りつけられている」（アダム・Ｈ・ミュラー『国家学要論』、ベルリン、一八〇九年、第三部、＊一七八ページ）。これは、工業および農業についてのロマン派の素朴な考えである。

＊〔草稿、初版および第二版とも「第二部」となっていた。カウツキー版以後訂正〕

（五）回転の計算方法については、アメリカの一経済学者に語らせよう。

「いくつかの事業部門では、全前貸資本は一年に何度も回転または流通させられる。ほかのいくつかの部門では、一部分は一年に一度より多く回転するが、他の部分はそれほどたびたびは回転しない。資本家が利潤を計算するさいその基準としなければならないのは、全資本が彼の手を通り過ぎるのに要する、または一回転するのに要する平均期間である。ある人が一定の事業で一〇年に一度更新される建物および機械に彼の資本の半分を投下し、二年で更新される道具などに四分の一を投下し、一年に二度回転する労賃および原料に最後の四分の一を投下すると仮定しよう。彼の全資本は五万ドルとしよう。そうすると彼の年投資は次のようになる――

$$10年間に\ \frac{50{,}000}{2} = 25{,}000ドル = 1年間に\ 2{,}500ドル$$

$$2年間に\ \frac{50{,}000}{4} = 12{,}500ドル = 1年間に\ 6{,}250ドル$$

$$\frac{1}{2}年間に\ \frac{50{,}000}{4} = 12{,}500ドル = 1年間に 25{,}000ドル$$

1年間に ＝ 33,750ドル[*1]

〔……〕したがって、彼の全資本が一度回転する平均時間は、一六ヵ月[*2]である。……別の場合をとってみよう。五万ドルの全資本の四分の一が一〇年で流通し、四分の一が一年で流通し、残り二分の一が一年に二度流通するとしよう。そうすれば年々の投資は次のようになる――

$$\frac{12{,}500}{10} = 1{,}250ドル$$

$$12{,}500 = 12{,}500ドル$$

$$25{,}000 \times 2 = 50{,}000ドル$$

1年間の回転額 ＝ 63,750ドル　」

（スクループ『経済学』、アロンゾ・ポッター編、[*3] ニューヨーク、一八四一年、一四一、一四二〔正しくは一四二、一四三〕ページ〔ロンドン、一八三三年、一五六、一五七ページ〕）。

＊1〔引用原文ではこの式は左のようになっており、続く式も同様の形式になっている。

25.000ドル÷10 ＝ 2.500ドル
12.500ドル÷ 2 ＝ 6.250ドル
12.500ドル× 2 ＝25.000ドル
――――――――――――
33.750ドル〕

＊2〔引用の省略された部分で、スクループは、年投資三万三七五〇ドルに、全資本五万ドルにたいする七 1/2 ％の利潤三七五〇ドルをくわえ、年三万七五〇〇ドルとして、回転時間を計算している。一六ヵ月となっているのはそのためである〕

＊3〔ここで引用されている書物は、ポッターの著書『経済学。その対象、効用、および原理』、ニューヨーク、一八四一年、である。その序文によっても明らかなように、この本の第二部は、実質的には、一八三三年にロンドンで出版されたスクループの著書『経済学原理』の本論部分の最初の一〇章の復刻であり、ポッターは、ここに引用されている個所で原文のポンドを一ポンド＝五ドルのレートでドルに換算するなどの変更を加えた〕

(187) （六）資本の異なる諸部分の回転における現実上および外観上の相違。――右のスクループは、同じ個所〔一八四一年、一四一―一四二ページ。一八三三年、一五五―一五六ページ〕で言う――「工場主、農場経営者、または商人が労賃の支払いに投下する資本は、もっとも速く流通する。というのは、もし彼の被用者たちが毎週支払いを受けるとすれば、売り上げまたは手形の受取勘定からの毎週の入金によって、おそらく週に一度回転するだろうからである。原料または完成在庫品に投下された資本は、それほど速くは流通しない。それは、彼が同じ信用期限で売買するものとすれば、一方の購入と他方の販売とのあいだに費やされる時間に応じて、一年に二度または四度回転するであろう。道具および機械に含まれている資本は、もっと緩慢に流通する。というのは、それは平均しておそらく五年または一〇年に一度回転するだけ、すなわち消費され更新されるだけであろうからである——もっとも、ただ一連の作業だけで使い切られてしまうかなり多くの道具もあるのであるが。たとえば工場、店舗、倉庫、穀倉のような建物や、道路、潅漑設備などに投下された資本は、ほとんどまったく流通していないかのように見える。しかし実際には、これらの設備も、前述のものとまったく同様に、生産に寄与しているあいだに完全に使い果たされるのであり、生産者が作業を継続しうるように再生産されなければならない。ただ違う点は、これらのものが他のものよりもゆっくりと消費され再生産されるということだけである。……それらのものに投下された資本は、おそらく二〇年とか五〇年とかでやっと一回転するであろう」。

スクループはここで、流動資本の特定部分の流れにおける、個々の資本家にとって支払期限や信用関係によって引き起こされる区別を、資本の本性から生じる諸回転と混同している。労賃は、支払われた売り上げまたは手形勘定からの毎週の入金で毎週支払われなければならないと、彼は言う。ここで注意すべきことは、第一に、支払期限の長さ、すなわち労働者が資本家に信用を与えなければならない時間の長さに応じて、したがって、賃銀の支払期限が毎週か毎月か三ヵ月ごとか半年ごとか等々に応じて、労賃そのものにかんして区別が生じる、ということである。ここでは、「必要な支払手段の（したがって一度に前貸しされなければならない貨幣資本の）総量は、諸支払周期の長さに正比例*する」という、まえに展開された法則が妥当する（第一部、第三章、第三節b、一一四ページ〔本訳書、第一巻、二四六ページ〕）。

＊〔初版および第二版では「反比例」となっている。本訳書、第一巻、二四七ページの訳注＊1参照〕

(188)

第二に、毎週の生産物には、その生産において週労働によってつけ加えられた新価値の総体がはいり込むばかりでなく、週生産物に消費された原料および補助材料の価値もはいり込む。生産物とともに、生産物に含まれるこの価値も流通する。この生産物の販売によって、この価値は貨幣形態を受け取って、そしてまた新たに同じ生産諸要素に転換されなければならない。このことは、労働力にも原料および補助材料にも同じようにあてはまる。しかし、すでに見たように（第六章、第二節1〔本訳書、第二巻、二二二ページ以下〕）、生産の連続性には、生産諸手段の在庫が必要であって、この在庫は事業部門が異なれば異なり、また同じ事業部門でも流動資本の生産手段要素の構成部分が異なれば、たとえば石炭と綿花とでは、異なる。だから、これらの材料は、つねに〝現物で〟補填されなければならないとはいえ、つねに新たに購買される必要はない。この購買がどれほどひんぱんに更新されるかは、手持ちの在庫の大きさや、この在庫が尽きるまでにどれだけ長持ちするかに依存する。労働力の場合には、このような在庫という貯蔵は行なわれない。労働に投下された資本部分については、貨幣への再転化は、補助材料および原料に投下された資本部分のそれと並行して行なわれる。しかし一方では労働力への、他方では原料への、貨幣の再転化は、これら両構成部分の購買期限および支払期限が別個であるために、べつべつに行なわれる。その一方は生産用在庫として比較的長い期限で購買され、他方の労働力は、比較的短い期限で、たとえば週ごとに、購買される。他方、資本家は、生産用在庫のほかに、完成商品の在庫を保有しなければならない。販売の困難などは別としても、たとえば注文に応じて一定分量を生産しなければならないことがある。その最後の部分が生産されるあいだ、すでにできあがった部分は、注文がすっかり仕上げられるようになるときまで倉庫でねかされる。流動資本の回転にそのほかの区別が生じるのは、流動資本の個々の諸要素が他の諸要素よりも長く生産過程の準備段階（木材の乾燥など）にとどまらなければならないときである。

スクループはここで信用制度をもちだしているが、この信用制度は、商業資本と同様に、個々の資本家にとっての回転を変化させる。信用制度が社会的規模で回転を変化させるのは、信用制度が生産ばかりでなく消費までも促進させる限りでのことである。

（189）

第一〇章　固定資本と流動資本とにかんする諸学説。重農主義者たちとアダム・スミス*

*〔この章は、第二草稿では「2)」の「a)　固定資本と流動資本」を補足する諸学説批判「固定資本と流動資本とにかんする諸学説の批判について」のうち、「アダム・スミス」および「A・スミスのばかげた実例」と題された部分にあたる〕

ケネーの場合、固定資本と流動資本との区別は、〝原前貸し〟（アヴァンス・プリミティーヴ）と〝年前貸し〟（アヴァンス・アニュエル）*として現われる。彼は、正当にもこの区別を生産資本の内部の、すなわち直接的生産過程に合体された資本の内部の区別として述べている。彼にとっては、農業に使用される資本、したがって借地農場経営者の資本が、唯一の現実的に生産的な資本とみなされるので、これらの区別も借地農場経営者の資本についてのみ生じる。このことからまた、資本の一部分の回転時間は一年であり、他の部分の回転時間は一年よりも長い（一〇年）ということも生じる。ちなみに、重農主義者たちは、〔彼らの学説を〕展開していくなかで、この区別を他の種類の資本にも、産業資本一般にも、転用している。社会にとっては、年々の前貸しと多年にわたる前貸しとの区別は、やはりきわめて重要であって、A・スミス以後でさえ、多くの経済学者たちが、この規定に立ちもどっている。

*〔これらの用語は、経済学史上、「原前払い」「年前払い」と訳されているが、本訳書では本文のように訳出

した〕

この二種類の前貸しのあいだの区別は、前貸しされた貨幣が生産資本の諸要素に転化されたときにはじめて生じる。それは、もっぱら生産資本の内部だけでの区別である。だから、貨幣を原前貸しに属するとか年前貸しに属するとかみなすことはケネーの思いもつかないことである。生産への前貸しとしては――すなわち生産資本としては――、両者はともに、貨幣にも、市場にある諸商品にも対立している。さらに、生産資本のこの両要素の区別は、ケネーの場合、正当にも、それらが完成生産物の価値にはいり込む様式の相違に、したがってそれらの価値が生産物価値とともに流通させられる様
(190) 式の相違に、したがってまた、それらの補填または再生産の様式の相違に――一方の価値は年々全部が補填され、他方の価値はより長い期間に少しずつ補填されることによる――還元される。(二三)

（二三）ケネーについては、『経済表の分析』（デール編『重農主義学派』第一部、パリ、一八四六年〔平田清明・井上泰夫訳『ケネー　経済表』、岩波文庫、二〇一三年〕）参照。そこでは、たとえば次のように言われている。「年前貸しは、耕作労働のために年々なされる支出からなる。これらの前貸しは、耕作開設の元本をなしている原前貸しとは区別されなければならない」（五九ページ〔同前訳、一一二ページ〕）。――その後の重農主義者たちの場合には、すでに〝前貸し〟がしばしばはっきりと〝資本〟という言葉で表わされている――「〝資本または前貸し〟」、デュポン・ド・ヌムール『ドクトル・ケネーの箴言、または、その社会経済学原理の摘要』（デール編『重農主義学派』第一部、三九一ページ）。[*1] さらに、ル・トローヌは言っている。「労働生産物の多少とも長い耐久性によって、一国民はその年々の再生産から独立した富のかなり大きな貯えをもっているのであって、この貯えは、すでに長らく蓄積された資本を形成しており、もともとは生産物で支払われたもの

で、絶えず維持されかつ増大している」（『社会的利益について』〕デール編、第二部、九二八〔、九二九〕ページ）。――チュルゴは、すでに〝資本〟という言葉を〝前貸し〟の代わりに常用しており、しかもさらに、〝製造業者〟の〝前貸し〟と借地農場経営者の〝前貸し〟とを同一視するにいたっている（チュルゴ『富の形成および分配にかんする諸考察』、一七六六年〔とくに第四九節以下。津田内匠訳『チュルゴ経済学著作集』、岩波書店、一九六二年。永田清訳『富に関する省察』、岩波文庫、一九三四年〕）。[*2]

＊1〔初版および第二版では、「『新科学の起源と発展』、一七六七年（デール編『重農主義学派』第一部、二九一ページ）」となっていた〕

＊2〔この注は、第二草稿に書かれた抜粋をもとに、エンゲルスがつけたもの〕

A・スミスが行なう唯一の進歩は、諸カテゴリーの一般化である。それは、彼の場合には、もはや資本の一特殊形態である借地農場経営者の資本にではなく、あらゆる形態の生産資本にかかわるものである。したがっておのずから、農業に由来する年々の回転と多年にわたる回転との区別は、それぞれ時間を異にする回転の一般的な区別に取って代わられ、その結果、固定資本の一回転は、つねに流動資本の一回転よりも多くの回転を含むことになる。その場合、流動資本のこれらの回転の時間の長さが、一年であろうと、一年よりも長かろうと短かろうと、かまわない。こうしてスミスの場合、〝年前貸し〟は流動資本に転化し、〝原前貸し〟は固定資本に転化する。しかし彼の進歩は、諸カテゴリーのこのような一般化に限られる。解明はケネーよりもはるかに後退している。

スミスが研究を始めると、たちまちその粗雑な経験的方法が不明確さをもち込む――「資本がその使用者に収入または利潤をもたらすように用いられうる二つの異なる仕方がある」（『諸国民の富』、

（191）第二篇、第一章、一八九〔正しくは一八五〕ページ。アバディーン版、一八四八年〔大内兵衛・松川七郎訳、岩波文庫、㈡、一九六〇年、二三六ページ〕。

価値が資本として機能するように、その所有者に剰余価値をもたらすように、投下されうる仕方は、資本の投下諸部面と同じほどにさまざまであり、同じほどに多様である。それは、資本が投下されうる生産部門の違いの問題である。このように定式化すると、問題はさらに先へ進む。それは、どのようにして価値は、生産資本として投下されなくてもその所有者にとって資本として――たとえば利子生み資本、商人資本などとして――機能しうるか、という問題を含む。すなわちここでは、われわれはすでに、分析の現実的対象から――すなわち、生産資本のさまざまな要素への分割が、それらの要素の投下部面の違いは別として、それらの要素の回転にどのような作用をおよぼすかという問題から――はるかに遠ざかっている。

A・スミスは、すぐそのあとで言っている――「第一にそれ〔資本〕は、財貨を調達し、製造し、または購買し、ふたたびそれを売って利潤をあげるのに使用されうる」〔同前〕。A・スミスがここでわれわれに語っているのは、資本は、農業、製造業、および商業に使用されうる、ということにほかならない。すなわち彼は、資本のさまざまな投下部面のことだけを、また商業におけるように資本が直接的生産過程に合体されていない、すなわち生産資本としては機能しない部面のことを語っているのである。そうすることによって彼はすでに、重農主義者たちが生産資本〔内部〕の諸区別およびそれらの区別が回転におよぼす影響を説明するさいに立脚した基礎を放棄している。それどころか彼は、

（192）

生産物形成過程および価値形成過程における生産資本〔諸部分〕の諸差異――すなわち、それ自体がふたたび生産資本の回転と再生産とにおける諸差異を生み出すような諸差異――にもっぱらかかわっている一つの問題において、すぐにまた商人資本を例としてあげるのである。

彼は続ける――「このような仕方で使用される資本は、それがその使用者の所有にとどまっているか、または同じ姿態をもち続けているあいだは、その使用者になんの収入または利潤ももたらさない」〔同前〕。〝このような仕方で使用される資本〟！　ところがスミスが述べているのは、農業に、工業に投下されている資本のことであり、そして、そのあとになって彼は、このように投下された資本は固定資本と流動資本に分かれる、とわれわれに言うのである！　したがって、このような仕方でなされる資本の投下は、資本を固定資本にすることも流動資本にすることもできないのである。

それとも彼は、こう言おうとしたのであろうか？――すなわち、諸商品を生産してそれらの商品を売って利潤をあげるために使用された資本は、それが諸商品に転化されたのちに販売され、その販売によって、第一には売り手の所有から買い手の所有に移らなければならないのであり、第二には商品としての現物形態から貨幣形態に転換されなければならないのであり、したがってまたその資本が所有者の手にとどまるか、または――彼にとって――同じ形態にとどまるかするあいだは、所有者にとってはなんの役にも立たない、と。しかし、そうだとすれば、事態は次のようになる――同一の資本価値が以前は生産資本の形態で、すなわち生産過程に属する一形態で機能したが、いまでは商品資本および貨幣資本として、すなわち資本価値の流通過程に属する形態で機能するのであり、したがってもはや固定資本でも流動資本でもない[*1]。そしてこのことは、原料と補助材料によって、したがって流動資本によってつけ加えられる価値諸要素にも、労働諸手段の消費によって、したがって固定資本によってつけ加えられる価値諸要素にも、同じようにあてはまる。こういう仕方では、われわれは固定資本と流動資本との区別には一歩も近づかない[*2]。

＊１〔「したがってもはや」以下はエンゲルスによる〕
＊２〔この一文はエンゲルスによる〕

さらに続けて――「商人の財貨は、彼がそれを売って貨幣と引き換えるまでは、彼になんの収入またはり利潤ももたらさないし、またこの貨幣は、それがふたたび財貨と交換されるまでは彼になんの収入ももたらさない。彼の資本は、つねにある一つの形で彼の手を離れ、もう一つ別の形でその手に帰ってくるのであり、それが彼になんらかの利潤をもたらすことができるのは、このような流通〔流動〕、言い換えれば連続的交換のおかげによってだけなのである。そのために、このような資本は、きわめて適切に流動資本と呼ぶことができるであろう」〔同前〕。

ここでA・スミスが流動資本〔zirkulierendes Kapital〕と規定しているものは、私が流通資本〔Zirkulationskapital〕と名づけようとする資本[*1]、すなわち、流通過程――交換を媒介とする形態変換（素材変換および持ち手の変換）――に属する形態にある資本であり、したがって生産過程に属する資本形態、すなわち生産資本という形態に対立する商品資本および貨幣資本である。これらの資本形態は、産業資本家がその資本を分割する特殊な種類ではなく、同じ前貸資本価値がその〝人生行路[*2]〟

（193）においてつぎつぎに絶えず新たに身にまとっては脱ぎ捨てる相異なる形態である。これを、A・スミスは、次のような形態上の区別と混同している。すなわち、資本価値の流通の内部において、つぎつぎと諸形態をとることで進むその循環のなかで、資本価値が生産資本の形態にあるあいだに生じる形態上の区別――しかも、生産資本のさまざまな要素が価値形成過程に参加して、それらの価値を生産物に移転する様式の相違から生じる形態上の区別――と混同しているのであり、これは重農主義者たちに比べて一つの大きな後退である。われわれはあとで、一方では生産資本と流通部面にある資本（商品資本および貨幣資本）との、他方では固定資本と流動資本との、根本的な混同がどんな結果をもたらすかを詳しく見るであろう。固定資本に前貸しされた資本価値も、流動資本に前貸しされた資本価値と同様に、生産物によって流通させられるのであり、そして前者も後者と同様に商品資本の流通によって貨幣資本に転化する。区別はただ、前者の価値は少しずつ流通し、したがってまた、期間の長短はあるが、少しずつ補填され、現物形態で再生産されなければならない、という点からのみ生じる。

A・スミスがここで言う流動資本とは、流通資本、[*1]すなわち流通過程に属する形態にある資本価値（商品資本および貨幣資本）をさすものにほかならないことは、彼がとりわけまずく選び出した例に

＊1　〔「私が流通資本と名づけようとする資本」はエンゲルスによる〕

＊2　〔キケロ『ラビリオスのための弁論』第一〇巻、三〇の「自然の定める人生行路は短い」に由来する語が使われている〕

よって示されている。彼が例としてとりあげているのは、まったく生産過程には属さないで流通部面にだけとどまり流通資本だけから成り立つ[*2]種類の資本、すなわち商人資本である。

＊1〔「流通資本、すなわち」はエンゲルスによる〕
＊2〔草稿では、「流通部面にだけとどまり流通資本だけから成り立つ」は「流通部面にだけとどまる」となっている〕

資本がまったく生産資本として現われない例で始めることが、どんなにばかげているかについて、彼自身すぐあとで述べている――「商人の資本は、まったく流動資本である」〔同前訳、㈡、二三七ページ〕。しかし流動資本と固定資本との区別は、あとで述べられているように、生産資本そのものの内部における本質的区別から生じるものでなくてはならない。A・スミスは、一方では重農主義者たちの区別を、他方では資本価値が循環において身につける形態上の区別を念頭においている。そしてこの二つのものが、まったくごちゃまぜになっている。

しかし、貨幣と商品との形態変換によって、これらの形態の一方から他方へ価値が転化するだけで、どのようにして利潤が生まれるのかは、絶対にわからない。説明もまたまったく不可能となる。なぜなら、彼はここで、流通部面でだけ運動する商人資本をもって始めるからである。この点についてはあとで立ちもどってくることにして、さしあたり彼が固定資本について言うところを聞くことにしよう――

(194)「第二に、それ」（資本）「は、土地の改良に使用されうるし、もろもろの有用な機械や職業上の用具の購入にも使用されうる。言い換えればそれは、主人〔持ち主〕を替えることなしに、すなわち、もうそれ以上流通することなしに収入または利潤をもたらすような諸物に使用されうる。それゆえ、このような資本は固定資本と呼ばれるのがまったく適切であろう。職業が違うと、それらに使用される固定資本と流動資本とのあいだの割合も非常に違っている。……あらゆる手工業親方または製造業者の資本のある部分は、彼の職業上の用具に固定されなければならない。とはいえこの部分は、ある職業では非常に小さく、他の職業では非常に大きい。……しかし、すべてのこのような手工業親方たち」（裁縫師、靴屋、織布業者のような）「の資本のはるかに大きな部分は、彼らの職人たちの賃銀か、または彼らの材料の価格かのいずれかとして流通し、製品の価格となって利潤とともに払いもどされる」〔同前〕。

利潤の源泉についての子供じみた規定は別として、弱点と混乱は早くも次の点に現われている――たとえば機械製造業者にとって、機械は、商品資本として流通する生産物である。すなわちA・スミスの言葉で言えば――「手放され、主人を替え、それ以上に流通する」生産物である。したがって機械は、彼自身の規定によれば、固定資本ではなく流動資本であろう。この混乱はまた、スミスが、生産資本のさまざまな要素の流通の仕方の違いから生じる固定資本と流動資本との区別を、同一の資本が生産過程の内部では生産資本として機能し、それにたいして流通部面の内部では流通資本[*1]としてすなわち商品資本としてまたは貨幣資本として機能する限りで経過する形態上の区別と混同することから生じる。だから、A・スミスの場合には、資本の生活過程で占める位置に応じて、同一の物が、固

(195)定資本として〔労働諸手段、生産資本の諸要素として〕、また「流動」資本[*2]、商品資本として〔生産部面から流通部面へ突き放される生産物として〕機能しうるのである。

＊1〔草稿では「流動資本」となっている〕
＊2〔草稿には「『流動』資本」はない〕

ところがA・スミスは、突然に分類の基礎をまったく変えてしまい、自分が数行前に全研究を出発させた点と矛盾する〔ことを言う〕。この点は、とくに次の文章に表われている——「資本がその使用者に収入または利潤をもたらすように用いられるのには、二つの異なる仕方がある」〔同前訳、㈡、二三六ページ〕。すなわち、流動資本として使用されるか、または固定資本として使用されるか、である。したがってこれによると、たとえば工業に使用されうる資本か、それとも農業に使用されうる資本かというように、相互に独立したそれぞれ異なる資本の使用様式の相違が問題であった。——ところが、こんどは次のように言われる——「職業が違うと、それらに使用される固定資本と流動資本とのあいだの割合も非常に違っている必要がある」〔同前訳、㈡、二三七ページ〕と。固定資本と流動資本とは、いまや、それぞれ異なる自立的な資本投下ではなく、同じ生産資本の異なる部分のことであり、それらの部分は、投下部面が異なれば、この資本の総価値に占める分け前を異にするのである。だからそれは、生産資本そのものの事実に即した分割から生じる区別であり、したがってただ生産資本についてだけあてはまる区別である。ところがふたたびこれと矛盾して、商業資本が単なる流動資本として固定資本に対置させられる。というのは、スミス自身が次のように言うからである——「商人の資本は、まったく流動資本である」〔同前〕。商人の資本は実際上、流通部面内でだけ機能する資本であり、そのようなものとして、生産資本に、生産過程に合体された資本一般に対立するが、しかし、そうであるからこそ、生産資本の流動的構成部分として生産資本の固定的構成部分に対立することはできない。

スミスがあげる例では、彼は、〝職業上の用具〟〔労働用具〕を固定資本として規定し、労賃と、補助材料を含む原料とに投下された（〝製品の価格となって利潤とともに払いもどされる〟）資本部分を、流動資本と規定している〔同前〕。

（196）したがって、まずもって、労働過程のさまざまな構成部分、すなわち一方では労働力（労働）および原料、他方では労働用具が出発点とされるにすぎない。しかし、これらが資本の構成部分であるのは、資本として機能すべきある価値額がそれらに投下されているからである。その限りではそれらは、生産資本の、すなわち生産過程で機能している資本の素材的諸要素、定在様式である。それでは、なぜある部分が固定的と呼ばれるのか？　なぜなら、「資本のある部分は、職業上の用具に固定されなければならない」〔同前〕からである。しかし、他の部分も労賃および原料に固定されている。それにもかかわらず、機械および「職業上の用具……主人を替えることなしに、すなわち、もうそれ以上流通することなしに収入または利潤をもたらすような諸物……。それゆえ、このような資本は固定資本と呼ばれるのがまったく適切であろう」〔同前〕。

たとえば、鉱山業をとってみよう。ここでは原料は全然使用されない。というのは、労働対象、たとえば銅は、労働によりはじめて採取されるべき天然生産物であるからである。はじめて採取されるべき銅は、この採取の過程の産物であり、それはのちに商品として、または商品資本として流通するのであって、生産資本の要素をなすものではない。生産資本の価値のいかなる部分もそれには投下されていない。他方で、生産過程の他の諸要素である労働力も、石炭、水などのような補助材料も、同様に、素材的に生産物にはいり込むことはない。石炭は、全部消費されて、その価値だけが生産物にはいり込むが、それは機械などの価値部分が生産物にはいり込むのとまったく同じである。最後に、労働者は、機械と同様に、生産物である銅にたいして自立性を保持している。労働者が自分の労働によって生産する価値だけが、いまや銅の価値の構成部分となっている。したがってこの例では、生産資本のどの構成部分もその持ち主（〝主人〟）を替えない。または、どの構成部分もそれ以上流通しない。なぜなら、どの構成部分も素材的には生産物にはいり込まないからである。それではこの場合、流動資本はどこに残るのか？　Ａ・スミス自身の定義によると、銅山業で使用される資本は、すべて固定資本だけから成り立つことになるであろう。

（197）こんどはそれと違う別な産業――生産物の実体をなす原料を使用し、さらにたとえば燃料用石炭などのように価値の面から生産物にはいるだけでなく、物体として生産物にはいり込む補助材料も使用する産業――をとってみよう。生産物、たとえば糸とともに、それをつくっている原料の綿花も、持ち主を替え、生産過程から消費過程[*1]にはいり込む。しかし、綿花が生産資本の要素として機能するあいだは、所有主は綿花を売るのではなく、それを加工し、それから糸をつくらせる。彼は綿花を手放さない。または、スミスのまちがいだらけで浅薄な表現を用いれば、彼は、〝それを手放すことによって、それの主人を替えることによって、またはそれを流通させることによって〟では、利潤を得ない。彼は自分の材料も流通させない。それは自分の機械を流通させないのと同じである。材料は生産過程に固定されているのであり、それは紡績機械や工場の建物とまったく同じである。確かに生産資本のある部分は、つねに石炭や綿花などの形態に固定されていなければならない。それは〔生産資本の別の部分が〕労働諸手段の形態に固定されなければならないのと同様である。違うのは、次の点だけである。たとえば糸の毎週の生産に必要な綿花や石炭などは、毎週の生産物の生産においていつもすっかり消費され、したがって、綿花、石炭などの新品によって補填されなければならない。だから、生産資本のこれらの要素は、種類から見れば同一のままであっても、いつも同じ種類の新品から成り立つが、他方、同じ個々の紡績機械や同じ個々の工場の建物は、同じ種類の新品によって補填されることなしに、一連の週生産全体に参加し続ける。生産資本の諸要素としては、そのすべての構成部分はつねに生産過程に固定されている。それらの構成部分がなければ、生産過程は進行できないからである。そして生産資本のすべての要素は、固定的諸要素も流動的諸要素も、等しく生産資本として、流通資本[*2]に、すなわち商品資本および貨幣資本に、対立している。

労働力についても同じである。生産資本の一部分はつねに労働力に固定されていなければならず、

＊1〔草稿では「流通過程」となっている〕
＊2〔草稿では「流動資本」となっている〕

(198)

そしてまったく同一の労働力が――同じ機械がそうされるのと同じように――いたるところで比較的長期に同じ資本家によって使用される。この場合、労働力と機械との違いは、機械が一度に購入される（機械がたとえば分割払いされる場合はそうではないが）のに、労働者はそうではないという点にあるのではなく――労働者が支出する労働は、全部、生産物の価値のなかにはいり込むのにたいして、機械の価値は少しずつしかはいり込まないという点にある。

スミスが、固定資本に対比しながら流動資本について次のように言うとき、彼は相異なる規定を混同している――「このような仕方で使用される資本は、それがその使用者の所有にとどまっているか、または同じ姿態をもち続けているあいだは、その使用者になんの収入または利潤ももたらさない」〔前出訳、(二)、一二三六ページ〕。彼は、生産物――商品資本――が流通部面で通り抜け、そして諸商品の持ち手変換を媒介する、商品の単に形式的な変態と、生産資本のさまざまな要素が生産過程で通り抜ける物体的な変態とを同列においている。ここでは彼は、商品の貨幣への転化および貨幣の商品への転化を、購買および販売を、生産諸要素の生産物への転化と無造作に混同している。[*]流動資本について彼があげている例は、商品から貨幣に転化し、貨幣から商品に転化する商人資本であり、商品流通に属する形態変換W―G―Wである。しかし、流通内部でのこのような形態変換は、機能している産業資本にとっては、貨幣が再転化される諸商品は生産諸要素（労働諸手段および労働力）であるという意義を持ち、したがってこの形態変換は産業資本の機能の連続性を媒介し、生産過程を連続的なものとして、または再生産過程として媒介するという意義を持つ。この形態変換の全体が流通内で行なわれる。それは、一方の手から他方の手への諸商品の現実の移行を媒介するものである。これに反して、生産資本が生産過程の内部で通り抜ける諸変態は、生産諸要素を所期の生産物に転化するために必要な、労働過程に属する諸変態である。A・スミスが固執するのは、生産諸手段の一部分（本来の労働諸手段）は、現物形態を変えないで、ただ少しずつ消耗することによって労働過程で役立つ（このことを彼は誤って〝その主人に利潤をもたらす〟と表現する）が、他方、もう一つの部分である諸材料は、それ自身が変化し、しかもまさにこの変化によって生産諸手段としてのその使命を果たす、ということである。しかし、生産資本の諸要素が労働過程において違った作用をすることは、ただ固定資本と非固定資本との区別の出発点をなすだけで、この区別そのものをなしていないのであり、そのことは、この違った作用が資本主義的な、また非資本主義的な生産様式のいずれにも同じように見られる、ということからだけでも明らかである。しかし、このように素材上の相異なる作用には、生産物への価値の引き渡しが対応し、この価値引き渡しにはさらに生産物の販売による価値補填が対応する。そして、このことがはじめて前述の区別をなすのである。したがって資本が固定資本であるのは、それが労働諸手段に固定されているからではなく、むしろ労働諸手段に投下された価値の一部分がこの同じ労働諸手段に固定されたままになっており、他方、他の部分は生産物の価値構成部分として流通するからである。(199)

＊〔この一文はエンゲルスによる〕

「もし、それ」（資財（ストック）＊）「が将来の利潤を得るために使用されるならば、それはこの人」（使用者）

「のもとにとどまるか、または、この人のもとを離れるか、のいずれかによって、この利潤を得なければならない。一方の場合のそれは固定資本であり、他方の場合のそれは流動資本である」（一八九ページ〔前出訳、(二)、二四七ページ〕）。

＊〔スミスは、資財（財貨の貯え）を、収入をもたらすべき資本部分と、直接の消費を満たす部分とに大別している。ここでは前者をさす〕

ここでなによりもまず目につくのは、普通の資本家の物の見方からつくられた利潤にかんする粗雑で経験的な観念であり、これはA・スミスの比較的優れた奥義(エゾテーリッシュ)＊をつかんだ洞察とまったく矛盾する。生産物の価格において、諸材料の価格も労働力の価格も補填されるが、労働諸用具から摩滅によって生産物に移転される価値部分も同様に補填される。この補填からは決して利潤は湧き出さない。生産物の生産のために前貸しされた価値が生産物の販売によって全部補填されるのか、それとも少しずつなのか、一度に補填されるのか、それとも徐々になのか、ということは、ただ補填の仕方と時間とを変えることができるだけであって、決して、両者に共通なもの――価値補填――を剰余価値の創造に転化することはできない。ここで根底にあるのは、剰余価値は生産物の販売によって、生産物の流通によってはじめて実現されるのだから、剰余価値は販売からのみ、流通からのみ生じる、というありふれた観念である。実際には、ここ〔スミスの場合〕では、利潤のさまざまな発生様式なるものは、生産資本のさまざまな要素は異なった役立ち方をし、生産諸要素として労働過程で異なった作用をする、ということを表わす誤った決まり文句にすぎない。結局のところ、区別は、労働過程または価値増殖過程から、生産資本そのものの機能から導き出されるのではなくて、〔スミスによれば〕ただ主観的に個々の資本家に妥当するもの――個々の資本家にとっては、ある資本部分はこの仕方で有用であり、他の資本部分は別な仕方で有用である――とされる。

＊〔マルクスは、スミスの「俗論的な（エクソテーリッシュ）」見解と、「奥義をつかんだ（エゾテーリッシュ）」見解とを指摘しているが、本巻、第一一章および第一九章、第二節「アダム・スミス」でもこの語を使っている〕

これにたいして、ケネーはすでに、区別を再生産過程および再生産過程の必然性そのものから引き出していた。この過程が連続的であるためには、年前貸しの価値は年々の生産物の価値から年々全部補填されなければならないが、これにたいし、投下資本〔原前貸し〕の価値はただ少しずつ補填され、何年か、たとえば一〇年たってはじめて全部補填され、したがって全部再生産（同種類の新品によって補填）されればよい。このように、A・スミスは、ケネーに比べて大きく後退している。

（200）

このように、固定資本の規定として A・スミスのもとに残るものは、固定資本は労働諸手段であり、この労働諸手段は、その協力で形成される諸生産物とは反対に、生産過程で姿態を変えず、摩滅するまで引き続き生産に役立つものであるということ以外には、まったくなにもない。次のことが忘れられている――すなわち、生産資本のすべての要素はつねにその現物形態で（労働諸手段、諸材料、および労働力として）、生産物に、しかも商品として流通する生産物に相対立しているということ、また、諸材料および労働力から成り立っている部分と、労働諸手段から成り立っている部分との区別は、労働力について言えば、それが絶えず新たに買われる〔労働諸手段のようにその耐久期間にわたって買われるのではない〕という点だけにあり、諸材料について言えば、まったくの同一品ではなく絶えず同種類の新品が労働過程で機能するという点だけにあるということが、忘れられている。それと同時に、あたかも固定資本の価値は流通もしないかのような誤った外観がもちだされる——もっとも、A・スミスは、もちろん、以前には固定資本の摩滅を生産物価格の一部分として説明していたのであるが。

固定資本の対立物である流動資本については、流動資本がこのように対立するのは、それが、生産資本の構成部分のうち、生産物の価値から全部補填されなければならず、したがって生産物の諸変態に全体として参加しなければならない部分であり、他方、固定資本の場合にはそうではないからにすぎない、という点は強調されていない。〔スミスの場合には〕流動資本はむしろ、資本が生産部面から流通部面へ移行するさいに商品資本および貨幣資本としてとる姿態と混同される。しかしこれら二つの形態、商品資本および貨幣資本は、生産資本の流動的な構成部分の価値の担い手であるのと同様に固定的構成部分の価値の担い手でもある。これら二つの形態は、生産資本に対立する流通資本ではあるが、固定資本に対する流動資本ではない。*

＊〔この一文はエンゲルスによる〕

最後に、固定資本によって利潤が得られるのは固定資本が生産過程にとどまるからであり、流動資本によって得られるのは流動資本が生産過程を去って流通するからである、というまったくまちがっ

（201）

た説明によって、可変資本と不変資本の流動的構成部分とが回転にさいしてとる形態の同一性のために、価値増殖過程および剰余価値形成における両者の本質的区別が隠蔽され、したがって資本主義的生産の全秘密がさらにいっそうあいまいにされる。流動資本という共通の名称によって、この本質的な区別が除去される。次いで、その後の経済学は、可変資本と不変資本との対立ではなく、固定資本と流動資本との対立が本質的なものであり、かつ唯一の区別であるとして固執することによって、さらに進めたのである。

　A・スミスはまず、固定資本と流動資本とを、それぞれをそれ自体で考察して、利潤をもたらす資本投下の二つの特殊な仕方と呼んだあとで、次のように言う――「どのような固定資本も、流動資本を用いないで収入をもたらすことは決してできない。もっとも有用な機械や職業上の用具でも、それらによって加工される材料と、それらを使用する労働者たちの生活維持費とを供給する流動資本がなければ、なに一つ生産しないであろう」（一八八ページ〔前出訳、㈡、二四四―二四五ページ〕）。

　ここで、〝収入をもたらす〟とか、〝利潤をあげる〟とかいう以前の説明がなにを意味するのかが明らかとなる。すなわち、両資本部分が生産物形成者として役立つということである。

　ところで、A・スミスは次のような例をあげる――「借地農場経営者の資本といっても、農業用具に使用される部分は固定資本であり、労働使用人たちの賃銀や生活維持費に使用される部分は流動資本である」〔前出訳、㈡、二三八ページ〕。（このようにここでは、固定資本と流動資本との区別は、正当に、生産資本の異なった構成諸部分の流通の相違、回転の相違にだけ関連づけられている）。「彼は、

（202）

前者〔固定資本〕を自分自身の所有として保持することによって利潤をあげ、また後者〔流動資本〕を手放すことによって利潤をあげる。彼の役畜の価格または価値は、営農用具のそれと同様に固定資本であり」（ここでもまた正当にも、区別が関連づけられているのは価値であって、素材的要素ではない）、「それらの」（役畜の）「維持費は、労働使用人のそれと同じように流動資本である。借地農場経営者は、役畜を保持することによって、またその維持費を手放すことによって、利潤をあげる」〔同前〕。（借地農場経営者は役畜の飼料を保持するのであり、それを売るのではない。彼は、それを家畜飼料として消費し、他方、役畜そのものを労働用具として消費する。違うのはただ、役畜の生存のために用いられる家畜飼料は残らず消費され、農産物またはその販売から得られる新しい飼料によってつねに補塡されなければならないが、役畜そのものは、その一頭一頭が順番に働けなくなるのに応じて補塡されるということだけである）。「使役するためではなく、販売するために買い入れられ肥育される家畜の価格や維持費は、いずれも流動資本である。借地農場経営者は、これらを手放すことによって自分の利潤をあげる」〔同前〕。（どの商品生産者も、したがってまた資本主義的商品生産者も、彼の生産過程の結果である生産物を売るが、それだからといって、この生産物は、彼の生産資本の固定的な構成部分をなすのでもなければ、流動的な構成部分をなすのでもない。それは、いまやむしろ、生産過程から押し出され、商品資本として機能しなければならないときの形態をとっている。肥育家畜は、生産過程では原料として機能するのであり、役畜のように用具として機能するのではない。だからこれは、実体として生産物にはいり込み、その全価値が、補助材料〔飼料〕の価値と同様に、生産物にはいり込む。だからこれは、生産資本の流動的部分なのであるが、それが流動的部分であるのは、売られる生産物――肥育家畜――がこの場合に原料すなわちまだ肥育中の家畜と同じ現物形態をもっているからでは決してない。このようなことは偶然である。しかし同時にスミスは、この例から、生産要素のなかに潜んでいる価値に固定的なものおよび流動的なものという規定を与えるものは、生産要素の物的姿態ではなく、生産過程内における生産要素の機能であるということを、見てとることもできたであろうに)。「種子の全価値もまた、〔厳密には〕固定資本である。種子は土地と穀倉とのあいだを行ったり来たりするが、決して主人を替えはしないし、したがってそれはもともと流通もしない。借地農場経営者が彼の利潤をあげるのは、その〔種子の〕販売によってではなく、その増殖によってなのである」〔前出訳、(二)、二三八―二三九ページ〕。

(203)
スミスの立てた区別がまったく皮相なものであることがここで明らかとなる。彼によれば、もし〝主人の変更〟が起こらなければ、すなわち種子が直接に年々の生産物から補填され、年々の生産物から控除されるならば、種子は固定資本ということになるであろう。これにたいし、もし全生産物が売られて、その価値の一部分で他人の穀種が買われるならば、種子は流動資本になるであろう。一方の場合には〝主人の変更〟が起こり、他方の場合にはそれが起こらない。スミスは、ここでふたたび流動資本と商品資本とを混同する。生産物は、商品資本の素材的な担い手である。しかし、言うまでもないことであるが、生産物のうちで、現実に流通にはいり、自分が生産物として出てきた生産過程にふたたび直接にはいり込まない部分だけがこの担い手なのである。

種子が直接に生産物の一部分として控除されようと、全生産物が売られてその価値の一部分が他人の種子の購入によって種子に転換されようと、どちらの場合にも補塡が行なわれるだけであり、しかもこの補塡によってはなんの利潤も得られない。後者の場合には種子は生産物の残りとともに商品として流通にはいり、前者の場合には簿記のうえで前貸資本の価値構成部分として現われるだけである。しかし、どちらの場合にも、種子が、生産資本の流動的構成部分であることに変わりはない。種子は、生産物を完成するために残らず消費されるのであり、再生産を可能にするために全部が生産物から補塡されなければならない。

「原料と補助材料は、それらが使用価値として労働過程にはいり込んだときの自立的な姿態を失う。本来の労働諸手段の場合は、違っている。用具、機械、工場の建物、容器などは、それらが最初の姿態を保持し、きのうとまったく同じ形態であすもふたたび労働過程にはいり込む限りにおいてのみ、労働過程で役に立つ。それらは、その存命中に、すなわち労働過程中に、生産物にたいしてその自立的な姿態を保持するが、その死後にもやはりそうする。機械、道具[*1]、作業用建物などの遺骸は、それらの助けでつくられた諸生産物とは依然として別個に自立的に存在する[*2]」（第一部、第六章、一九二ページ〔本訳書、第一巻、三五三ページ〕）。

＊1〔初版および第二版では「仕事場」となっているが、引用された第一部の本文によって訂正〕

＊2〔「自立的に」は第一部初版にはあったが、第二版以降削除されている〕

一方の生産諸手段は生産物にたいしてその自立的な姿態を保持し、他方の生産諸手段はその姿態を

（204）

変えるかまたはすっかりなくしてしまうという、生産諸手段が生産物形成のために消費されるさいの異なる様式——これは、労働過程そのものに属する区別であり、したがってたとえば、家父長制家族の場合のように自家需要だけをめざし、交換はいっさい行なわれず商品生産もない労働過程にも同様にあてはまる区別であるが——Ａ・スミスは、これを、次のようにすることによって歪曲している。すなわち、彼は、（一）ここにはまったく不適切な利潤の規定——一方の生産諸手段はその姿態を保持することで所有者に利潤をもたらすが、他方の生産諸手段はその姿態を失うことで所有者に利潤をもたらすという規定——をもち込むことによって、また（二）彼は、労働過程において生産諸要素の一部に起こる変化を、諸生産物の交換、商品流通に属する形態変換（販売と購買）——これは同時に流通する諸商品の所有の変換を含む——と混同することによって、そうするのである。

回転は、再生産が流通によって、すなわち生産物の販売、生産物の貨幣への転化および貨幣から生産物の生産諸要素への再転化によって媒介されることを前提する。しかし、資本主義的生産者自身にとって自分自身の生産物の一部分がふたたび直接に生産手段として役立つ限りは、生産者は自分自身へのこの生産物の売り手として現われるのであり、彼の帳簿にもそう表わされる。その場合には、再生産のこの部分は、流通によって媒介されるのではなく、直接的である。しかし、生産物のうち、このようにふたたび生産手段として役立つ部分は、（一）その価値が全部生産物にはいり込み、（二）それ自身が新たな生産物からの新品によって〝現物で〟全部補填されている限りは、流動資本を補填するのであって、固定資本を補填するのではない。

　次にＡ・スミスは、流動資本および固定資本がなにから成り立っているかをわれわれに語る。彼は、固定資本を形成するもろもろの物、すなわち素材的諸要素を、また流動資本を形成する素材的要素を数え上げている――まるで、この規定性は、資本主義的生産過程内でのこれらの物の一定の機能から生じるものではなく、むしろこれらの物に素材的に天然にそなわっているものであるかのように。それにもかかわらず彼は、同じ章（第二篇、第一章）で、次のようなことを言う。たとえば家屋のように、直接的消費のためにとっておかれている特定の物は、「その所有者に収入をもたらし、またそれによって彼にたいして資本の機能を果たす」としても、「公共社会にたいしてはなんの収入ももたらすことができないし、資本の機能を果たすこともできないのであり、人民全体の収入がそれによってほんの少しでも増加するなどということは決してありえない」（一八六ページ〔前出訳、㈡、二四〇ページ。強調はマルクスのもの〕）。すなわち、ここでＡ・スミスは、資本という属性は物そのものにどのような事情のもとでもそなわっているものではなく、これらの物が事情に応じて身につけたりつけなかったりする一機能であるということを、はっきり言い表わしている。しかし資本一般について言えることは、資本の細区分についても言える。*

　*〔「すなわち、ここで」以下ここまではエンゲルスによる〕

(205)　同じ物でも、労働過程で果たす機能の違いに応じて、流動資本の構成部分をなすか、あるいは固定資本の構成部分をなす。たとえば、家畜は、役畜（労働手段）としては借地農場経営者の固定資本の素材的存在様式をなすが、これにたいし肥育家畜（原料）としては彼の流動資本の構成部分をなす。

他方では、同じ物が、ときには生産資本の構成部分として機能し、ときには直接的な消費元本に属することがありうる。たとえば、家屋は、労働場所として機能する場合には、生産資本の固定的構成部分である。住宅として機能する場合には、住宅〝としては〟決して資本の形態ではない。同じ労働手段が、多くの場合に、ときには生産手段として、ときには消費手段として、機能することがありうる。

固定資本および流動資本という性格を物にそなわる性格と解することは、スミスの見解から出てくる誤りの一つであった。すでに労働過程の分析（第一部、第五章〔本訳書、第一巻、三一八ページ〕）は、労働手段、労働材料、生産物という規定が、同じ一つの物がこの過程で演じる役割の違いに応じてどのように入れ替わるか、を示している。しかし固定資本および非固定資本という規定そのものもまた、これらの要素が労働過程で、したがってまた価値形成過程で演じる一定の役割にもとづいている。

そして第二に、固定資本と流動資本とを構成する物を数え上げる場合にすっかり明白になるのは、スミスが、生産資本（生産的形態にある資本）にかんしてのみ妥当し意味をもつ、生産資本の固定的構成部分と流動的構成部分との区別を、生産資本と、流通過程にある資本のとる資本の諸形態——商品資本および貨幣資本——との区別と混同しているということである。彼は同じ個所（一八七、一八八ページ〔正しくは一八八ページ。前出訳、㈡、二四四ページ〕）で言う——「流動資本は……それぞれの商人の手もとにあるすべての種類の食料品、材料、および完成品と、それらのものを流通させ〔……〕分配するために必要な貨幣とから成り立っている」。事実、さらに詳しく検討してみると、ここではこれまでとは反対に、流動資本がふたたび商品資本および貨幣資本と、したがって生産過程にはまったく属さず、固定資本に対立する流通資本ではなく生産資本に対立する流通資本を形成する二つの資本形態*と、同一視されている。その次に、ただこれら二つの資本形態とならんでいるものとしてのみ、生産資本の構成部分のうち諸材料（原料または半製品）に前貸しされ現実に生産過程に合体された部分が、ふたたび姿を見せる。彼は言う――

(206)
「……社会の総資財（ストック）が自然に分かれる三つの部分のうち第三の最後のものは、流動資本であり、その特徴は、それが流通することとまたは主人を替えることによってのみ収入をもたらすということである。これもまた四部分から成り立つ。第一は貨幣からなり……」（しかし、貨幣は決して生産資本、生産過程で機能する資本の一形態ではない。それは、つねに、資本がその流通過程内でとる諸形態の一つにすぎない。）――「第二は、食肉処理業者、牧畜業者、借地農場経営者……が所有する食料品の貯えからなり、彼らはその販売から利潤を引き出そうと期待している。……第四で最後のものは、仕上げられ完成されてはいるが、なお商人または製造業者の手もとにある〔……〕製品からなっている」。――そして「第三は、衣服、家具、および建物の、まったく未加工か、または多少とも加工された材料のうち、まだこの三つの姿態のいずれにも仕上げられず、その栽培者、製造業者、絹織物商および服地商、材木商、大工、指物師、煉瓦製造業者などの手もとにとどまっているものからなっている」〔前出訳、㈡、二四三―二四四ページ〕。

＊〔草稿では、「固定資本に対立する」以下は、「生産資本と対立を形成する二つの資本形態」となっている〕

第二と第四は、生産物として生産過程から突き放されていて販売されなければならないもののほか

(207)

にはなにも含まない。要するに、これらの生産物は、いまや商品として、したがってまた商品資本として機能するのであり、したがってそれらの最終的な用途がなんであろうと、すなわち、それらの目的（使用価値）から見て最終的には個人的消費に向けられるべきものであろうと、生産的消費に向けられるべきものであろうと、〔現在は〕生産資本の要素には決してならないような形態をもち、過程内で位置を占めるのである。このような生産物は、第二では食料品であり、第四ではその他のすべての完成品であり、したがってこの完成品自体もまた完成した労働手段または完成した嗜好品（第二に含まれる食料品以外の）からのみ成り立つ。

スミスがここで商人のことにまでふれていることは、彼の混乱を示すものである。生産者が自分の生産物を商人に売ってしまった限りでは、その生産物はもはや決して彼の資本のいかなる形態もなさない。社会的に考察すれば、その生産物は、たとえその生産者とは別の人の手もとにあるとはいえ、もちろん依然として商品資本である。しかし商品資本であるからこそ、固定資本でも流動資本でもない。

直接的な自家需要に向けられていないいずれの生産でも、生産物は、商品として流通しなければならない、すなわち、販売されなければならない――それで利潤をあげるためではなく、そもそも生産者が生活できるようにするために。資本主義的生産の場合には、商品の販売とともに商品に含まれる剰余価値も実現されるということが加わる。生産物は商品として生産過程から出てくるのであり、したがって生産過程の固定的要素でも流動的要素でもない。

なお、スミスはここで、自分の言ったことを自分で破棄する。もろもろの完成生産物は、それらの素材的姿態またはそれらの使用価値、有用効果がどうであろうとも、この場合すべて商品資本、すなわち流通過程に属する形態にある資本である。このような形態にあるものとして、完成生産物は、それらの所有者のいかなる生産資本のどんな構成部分も決してなさない。このことは、完成生産物が販売されてしまうと、それらが買い手の手中で、流動的構成部分であれ固定的構成部分であれ、生産資本の構成部分と*なる*、ということを決してさまたげない。ここで明らかなように、あるときには生産資本に対立する商品資本として市場に現われるその同じ物が、市場から引きあげられるやいなや、生産資本の流動的または固定的構成部分として機能しうることもあるし、機能しえないこともある。

綿紡績業者の生産物である糸は、彼の資本の商品形態であり、彼にとっては商品資本である。それは彼の生産資本の構成部分としてふたたび機能することはできない――労働材料としても労働手段としても。しかし糸を買う織布業者の手中では、それは流動的構成部分の一つとして彼の生産資本に合体される。しかし、紡績業者にとっては、糸は、彼の固定資本ならびに流動資本の一部分の価値（剰余価値は別として）の担い手である。同様に機械は、機械製造業者の生産物としては、彼の資本の商品形態であり、彼にとっては商品資本である。そして、この形態にとどまる限り機械は流動資本でも固定資本でもない。機械は、それを使用する製造業者に売られると、生産資本の固定的構成部分となる。たとえば石炭が石炭生産にふたたびはいり込みうるように、生産物の一部がその使用形態に応じて、この生産物の出てきた過程に生産手段としてふたたびはいり込みうる場合であっても、石炭生産物のうち販売に予定された部分は、流動資本や固定資本ではなく、商品資本を表わしている。

他方では、生産物がその使用形態から見て、労働材料としてであれ労働諸手段としてであれ、生産資本のなんらかの要素となることがまったくできない場合もありうる。たとえば、なんらかの生活諸手段がそうである。そうであっても、生産物は、その生産者にとっては商品資本であり、固定資本ならびに流動資本の価値の担い手である。そして、その生産に使用された資本が、全部補填されなければならないかそれとも部分的に補填されればよいか、その価値を全部生産物に移転したかそれとも部分的に移転したかによって、この生産物は、流動資本の価値の担い手になるか、または固定資本の価値の担い手になるのである。

(208)スミスの場合、第三では、材料（原料、半製品、補助材料）は、一方で、すでに生産資本に合体された構成部分としては現われないで、事実上ただ、社会的生産物一般を構成する特殊な種類の諸使用価値として――すなわち、第二および第四で列挙された他の素材的な構成諸部分、生活諸手段などとならぶ特殊な種類の商品群として――現われるにすぎない。他方で、それにもかかわらずそれら材料は、生産資本に合体されたものとして、したがってまた生産者の手にある生産資本の諸要素として、あげられる。混乱は、それら材料が、一方では生産者の手のなかで（〝栽培者、製造業者などの手のなかで〟）機能するものとして理解され、他方では商人（〝絹織物商、服地商、材木商〟）の手のなかで――そこでは、それら材料は単なる商品資本であって生産資本の構成諸部分ではない――機能するものとして理解される点に見られる。

事実、Ａ・スミスは、ここで流動資本の諸要素を数え上げるときに、生産資本だけにあてはまる固定資本と流動資本との区別をまったく忘れている。彼はむしろ、商品資本と貨幣資本、すなわち流通過程に属する二つの資本形態を、生産資本と対立させる――しかし、それもただ無意識的にではあるが。

　最後に目につくのは、Ａ・スミスが流動資本の構成諸部分を数え上げるさいに労働力を忘れていることである。これには二つの理由がある。

　貨幣資本を別とすれば、流動資本が〔彼の場合には〕商品資本の別名にすぎないことはいま見たとおりである。しかし労働力は、市場で流通する限りでは資本ではなく、商品資本のいかなる形態でもない。労働力は、決して資本ではない。労働者は、一つの商品を、すなわち自分自身の皮〔身体〕を市場に出す*とはいえ、決して資本家ではない。労働力は、売られて生産過程に合体されたときにはじめて――したがって商品として流通することをやめたのちにはじめて、生産資本の構成部分となる。すなわち、剰余価値の源泉としては可変資本となり、労働力に投下された資本価値の回転との関連では生産資本の流動的構成部分となる。スミスはここで、流動資本を商品資本と混同しているので、労働
(209) 力を彼の言う流動資本の項目に入れることができない。だから可変資本は、ここでは、労働者が自分の賃銀で買う諸商品すなわち生活諸手段の形態で現われる。この形態で、労賃に投下された資本価値は流動資本に属するというのである。〔しかし〕生産過程に合体されるものは労働力であり、労働者自身であって、労働者がみずからを維持するための生活諸手段ではない。確かに、われわれが明らかに

したように〔第一部、第二一章〔本訳書、第一巻、九九四ページ以下〕〕、社会的に考察すれば、労働者の個人的消費による労働者自身の再生産も、社会的資本の再生産過程に属する。しかし、このことは、われわれがここで考察しているような個々の、それ自身で完結する生産過程にはあてはまらない。スミスが固定資本の項目に入れている〝習得された有用な諸能力〟（一八七ページ〔前出訳、㈡、二四二ページ〕）は、それが賃労働者の〝諸能力〟であって、賃労働者が自分の労働をその〝諸能力〟とともに売ってしまうやいなや、反対に流動資本の構成部分をなすのである。

＊〔ローマ法に由来するドイツの諺的用語。本訳書、第一巻、三〇八ページの訳注＊参照〕

スミスは、社会的富全体を、（一）直接的消費元本、（二）固定資本、（三）流動資本に分類しているが、これは彼の重大な誤りである。これによると、富は、（一）消費元本――その諸部分はいつでも資本として機能しうるとはいえ、機能しつつある社会的資本のどの部分もなさない――と、（二）資本とに、分類されることになる。したがって、富の一部分は資本として機能し、他の部分は非資本または消費元本として機能する。そしてこの場合、たとえば哺乳動物にとって雌雄のいずれかであることが自然的必然であるように、固定的か流動的かのいずれかであることが、あらゆる資本にとって避けられない必然として現われる。しかしすでに見たように、固定的と流動的との対立は生産資本の諸要素にだけ適用されるのであり、したがってそのほかにもなお、固定的でも流動的でもありえない形態をとるきわめて多くの資本――商品資本および貨幣資本――がある。

生産物のうち、個々の資本主義的生産者自身が、売買することなく直接に、現物形態でふたたび生

(210) 産諸手段として利用する部分をのぞけば、社会的生産物の全量が——資本主義的基礎上では——商品資本として市場で流通するから、生産資本の固定的要素および流動的要素も、消費元本のすべての要素も、ともにこの商品資本から引き出されることは、明らかである。このことは事実上、生産諸手段も消費諸手段も、資本主義的生産の基礎上では、たとえそれらがのちには消費諸手段または生産諸手段として役立つという用途をもっているにしても、まず第一に商品資本として現われるということ以外のなにも意味しない。それと同じように労働力そのものも、商品資本としてではないが商品として市場で見いだされる。

ここからA・スミスには続いて新たな混乱が起こる。彼は言う——

「これら四部分のなかの」（というのは、〝流動資本〟すなわち商品資本および貨幣資本という流通過程に属する形態にある資本の、四つの部分であって、スミスが商品資本の構成諸部分をさらに素材的に区別したために、右の二つの部分が四部分となったのである）「三者、すなわち食料品、材料、および完成品は、年々かまたはそれよりも長いまたは短い期間のうちに、流動資本のなかから規則正しく引きあげられ、固定資本か、または直接の消費用に留保される資財かのいずれかのなかに繰り入れられる。あらゆる固定資本は、もとはといえば流動資本から引き出されたものなので、また絶えずそれによって維持される必要がある。いっさいの有用な機械や職業上の用具は、本来これらの物をつくるための材料と、これらの物をつくる労働者の生活維持費とを提供する流動資本から引き出される。そのうえこれらの物は不断の修理をしておくためにも同種の資本を必要とするのである」（一八八ページ〔前出訳、(二)、二四四ページ〕）。

生産物のうち、その生産者たちによって直接にふたたび生産諸手段として消費される部分をつねに除外するならば、資本主義的生産については次の一般的命題が妥当する――すべての生産物は商品として市場に現われ、そのため資本家にとっては、彼の資本の商品形態として、商品資本として、流通する。この場合にこれらの生産物が、その現物形態、その使用価値から見て、生産資本（生産過程の諸要素として、生産諸手段として、したがって生産資本の固定的または流動的諸要素として、機能しなければならない、あるいは機能することができるか、それとも個人的消費の諸手段として役立つだけであって、生産的消費の諸手段としては役立つことができないかといったことは、問題ではない。すべての生産物は商品として市場に投げ出される。したがって、すべての生産諸手段および消費諸手段、生産的消費および個人的消費のすべての要素は、購買により商品としてふたたび市場から引きあげられなければならない。この決まり文句はもちろん正しい。だからこのことは、生産資本の固定的諸要素にも流動的諸要素にも、あらゆる形態の労働諸手段にも労働諸材料にも、あてはまる。（なお、（211）そのさい、天然に現存していて生産物ではない生産資本の諸要素があることが忘れられている。）機械は、綿花と同じように市場で買われる。しかしこのことからは、どの固定資本ももとは流動資本から出ているということには決してならない――そのような結論は、流通資本と、[*1]流動資本すなわち非固定資本とのスミス的混同からのみ生じる。さらにそれだけでなく、スミスは自分の言ったことを自分で破棄する。機械は、商品としては、彼自身の言うところによれば、流動資本の第四の部分をなす。

したがって、機械が流動資本から出てくるということは、機械は機械として機能するまえには商品資本として機能したということを、しかも機械は素材的にはそれ自体から出てくるのであって、紡績業者の資本の流動的要素としての綿花が市場にある綿花から出てくるのと同じであるということを意味するにすぎない。しかしスミスは、そのあとの説明で、機械をつくるには労働と原料とが必要であるという理由で固定資本を流動資本から導き出すのであるが、第一に、機械をつくるにはさらに労働諸手段、すなわち固定資本が必要であり、第二に、原料をつくるには、やはり機械など固定資本が必要である。というのは、生産資本はつねに労働諸手段を含むが、つねに労働材料を含むとは限らないからである。彼自身、すぐに続けて言う――「土地、鉱山、および漁場を経営するには、いずれも固定資本と流動資本との両方が必要である」（すなわち、彼は、原料の生産には流動資本ばかりでなく、固定資本も必要なことを認めるのである）。「そして」（ここに新たな錯誤がある）「これらの生産物は、これらの資本ばかりでなく、その社会における他のすべての資本をも、その利潤とともにつぐなう」（一八八ページ〔前出訳、㈡、二四六ページ。強調はマルクスのもの〕）。これは、まったくの錯誤である。これらの生産物は、他のすべての産業部門のために原料、補助材料などを供給する。しかし、これらの生産物の価値は、他のすべての社会的諸資本の価値を補填しはしない。この価値は、それ自身の資本価値（プラス剰余価値）を補填するにすぎない。ここではA・スミスは、ふたたび重農主義者たちの思い出に逃げ込んでいる。[*2]

＊1　〔草稿では、「流通資本と、流動資本すなわち非固定資本」は「流通しつつある資本と流動（非固定）資

本」となっている〕

＊2〔スミスが、右の引用文に続いて、農業者は製造業者に食料品等をつぐなってやり、製造業者は農業者に完成品をつぐなってやると叙述していることをさす〕

社会的に考察すれば、商品資本のうち、労働手段としてのみ役立つことができる諸生産物からなる部分は、遅かれ早かれ――それらが決してむだに生産されたものでなく、売れないものでないならば――やはり労働諸手段として機能しなければならないということ、すなわち、資本主義的生産の基礎上では、それらが商品であることをやめるやいなや、社会的生産資本の固定的部分の、まえもってすでに予想されうるような、現実的な要素をなさなければならないということは、正しい。(212)

ここに現われているのは、生産物の現物形態から生じる区別である。

たとえば、紡績機械は、紡績に使用されなければ、すなわち生産要素として機能しなければ、したがって資本主義的立場から見て生産資本の固定的構成部分として機能しなければ、なんの使用価値ももたない。しかし、紡績機械は、移動可能なものである。それは、生産された国から輸出され、外国で、原料などとかシャンパン酒とかと引き換えに、直接または間接に売られうる。この場合、紡績機械は、それが生産された国では商品資本としてのみ機能したのであって、それらが売られたあとであっても、決して固定資本としては機能しない。

これに反し、土地と合体されているため位置が固定され、したがってまたその所在地でしか利用できない諸生産物、たとえば工場の建物、鉄道、橋梁、トンネル、ドックなどや、土地改良などは、物体としては、すなわちまるごとでは輸出できない。それらは、移動可能ではない。これらは、むだになるか、または売られた場合にはそれらが生産された国で固定資本として機能しなければならないか、どちらかである。思惑で工場を建てたり土地を改良したりして、これを売ろうとする資本主義的生産者*にとっては、これらの物は彼の商品資本の形態であり、したがってA・スミスに従えば流動資本の形態である。しかし社会的に考察すれば、これらの物は――むだにならないためには――結局は自国内で、それら自身の所在地によって固定された生産過程で、固定資本として機能せざるをえない。だからといってそのことから、移動できない物はそれ自体ただちに固定資本である、ということにはけっしてならない。それらの物は、住宅などとして消費元本に属し、したがって、社会的富――資本はその一部分にすぎない――の一要素をなすとはいえ、決して社会的資本に属さないということがありうる。これらの物の生産者は、スミス流に言えば、それらの販売によって利潤を得る。だから流動資本だ！　それらの利用者、その最終の買い手は、生産過程で使用することによってのみ、それらを利用することができる。だから固定資本だ！

＊〔草稿では、このあとに「あるいは、職業的に鉄道ないし橋梁を建設しこれらを売ろうとする請負業者」とある〕

(213)
所有権原、たとえば鉄道のそれは、毎日でも持ち手を変更することができ、またその所有者は、この権原を外国にさえ売って――このように、鉄道そのものは輸出できないとしても、所有権原は輸出できる――利潤を得ることができる。しかし、それにもかかわらず、これらの物は、所在地を固定されているその国内そのものでは、遊休するか、それとも生産資本の固定的構成部分として機能するかしなければならない。同様に製造業者Aは、自分の工場を製造業者Bに売ることによって利潤を得ることができるが、しかしそのことは、この工場が相変わらず固定資本として機能することをさまたげはしない。

だから、所在地を固定されていて土地から分離できない労働諸手段は、それらの生産者にとっては商品資本として機能しうるのであり、彼の固定資本のいかなる要素をも形成しないとはいえ（彼にとって固定資本は、建物や鉄道などを建設するのに自分が必要とする労働諸手段から成り立つ）、それにもかかわらずその国内では必然的に予想どおりに固定資本として機能せざるをえないのであるが、だからといって逆に、固定資本は必然的に移動できない物から成り立つということには決してならない。船舶や機関車はそれらの運動によってのみ役に立つ働きをする。しかもこれらのものは、その生産者にとってではないが、その運用者にとっては固定資本として機能する。他方では、真に生産過程に固定され、そこで生きそこで死に、そこにはいった以上は二度と離れることのない物のなかにも、生産資本の流動的構成諸部分をなすものがある。たとえば、生産過程で機械の運転に消費される石炭、工場の建物で照明に消費されるガスなどである。これらのものが流動的であるのは、生産物とともに物体として生産過程を去って商品として流通するからではなく、それらの価値が、その助けによって生産される商品の価値に全部はいり込み、したがってまた商品の販売によって全部補填されなければならないからである。

すぐまえに引用したA・スミスの文章中[*]には、なお注意すべき文句がある――「これらの物」(機械など)「をつくる労働者の生活維持費を提供する流動資本」〔前出訳、(二)、二四四ページ〕。

*〔本訳書、第二巻、三三六ページ参照〕

重農主義者たちにおいては、労賃に前貸しされた資本部分は、正しく、〝原前貸し〟に対立する〝年前貸し〟のなかに入れられている。他方、彼らの場合に、借地農場経営者によって使用される生産資本の構成部分として現われるのは、労働力そのものではなく、農業労働者に与えられる生活諸手段(スミスの言う〝労働者の生活維持費〟)である。このことは、彼らの独特な学説と厳密に連関している。すなわち彼らの場合には、労働が生産物につけ加える価値部分は(原料、労働諸用具など、要するに不変資本の素材的構成諸部分が生産物につけ加える価値部分とまったく同様に)、労働者たちに支払われ、彼らの労働力としての機能を維持するために必ず消費されるべき生活諸手段の価値に等しいだけである。不変資本と可変資本との区別を発見することは、彼らの学説そのものにより彼らには許されていないのである。(労働そのものの価格を再生産するほかに)剰余価値を生産するのが労働であるとすれば、それは、農業とまったく同様に工業においても剰余価値を生産する。しかしこの体系によれば、労働は一方の生産部門、農業においてのみ剰余価値を生産するので、剰余価値は労働から生じるのではなく、この部門における自然の特殊な活動(援助)から生じる。そして、ただそれだけの理由から、彼らは、農業労働を他の労働種類とは区別して生産的労働と呼ぶのである。

A・スミスは、労働者たちの生活諸手段を固定資本に対立する流動資本として規定する。それは、

（一）　彼が、固定資本に対立する流動資本を、流通部面に属する資本の諸形態、すなわち流通資本と混同するからである。＊この混同は、彼以後も無批判に受け継がれた。だから彼は、商品資本を生産資本の流動的構成部分と混同する。そして、社会的生産物が商品の形態をとる場合には、労働者たちの生活諸手段も、非労働者たちの生活諸手段も、諸材料も、労働諸手段そのものも、商品資本のうちから提供されなければならないことは自明である。

＊〔草稿では、「すなわち」以下は、「すなわちその資本が流通部面の内部で機能し、したがって流通するあいだに帯びる諸形態と」となっている〕

（二）　しかしスミスには、重農主義的な観念もまぎれ込んでいる。もっとも、それは、彼独自の展開の奥義をつかんだ――真に科学的な――部分とは矛盾しているのであるが。

前貸しされた資本は、一般に生産資本に転換される。すなわち、それはそれ自体が以前の労働の生産物である生産諸要素の姿態をとる（生産要素には労働力も含まれる）。この形態でのみ、前貸しされた資本は生産過程内で機能することができる。そこで、資本の可変部分が転換されたものである労働力そのものの代わりに労働者の生活諸手段をおくならば、この生活諸手段それ自体が価値形成にかんしては生産資本の他の諸要素から、すなわち原料からも役畜の生活諸手段〔飼料〕からも区別されないことは明らかである。そこでスミスは、重農主義者たちの先例にならい、まえに引用した個所〔本訳書、第二巻、三二四ページ参照〕でも、労働者の生活諸手段を役畜の生活諸手段〔飼料〕と同列におくのである。生活諸手段はみずからその価値を増殖すること、すなわち自己の価値に剰余価値をつけ

（215）加えることはできない。生活諸手段の価値は、生産資本の他の諸要素の価値と同様に、生産物の価値に再現することができるだけである。生活諸手段は、それ自身がもっているよりも多くの価値を生産物につけ加えることはできない。生活諸手段が、原料や半製品などと同様に、労働諸手段からなる固定資本から区別されるのは、ただ、生活諸手段が（少なくともその代価を支払う資本家にとっては）、それらの関与によってつくられる生産物〔の生産〕において全部消費されてしまい、したがってその価値が全部補填されなければならないのに、固定資本の場合には、このことは徐々に少しずつ行なわれるにすぎない、ということによってだけである。したがって生産資本のうち、労働力（または、労働者の生活諸手段）に前貸しされた部分は、労働過程および価値増殖過程にかんしてではなく、いまや素材的にのみ、生産資本の他の素材的要素から区別される。この部分は、客体的な生産物形成者の一部分（スミスが一般的に〝諸材料〟と呼ぶもの）とともに流動資本のカテゴリーに属するものとしてのみ——客体的な生産物形成者のうち固定資本のカテゴリーに属する他の部分に対立して——区別されるのである。

労賃に投下された資本部分が[*]、生産資本の流動的部分に属し、生産資本の固定的構成部分と対立しながら、対象的な生産物形成者の一部分である原料などと共通に流動性をもつということは、資本のこの可変部分が不変部分と対立して価値増殖過程で演じる役割とは、絶対になんの関係もない。それはただ、どのようにして前貸資本価値のこの部分が流通に媒介されて生産物の価値から補填され、更新され、したがって再生産されなければならないかということだけに関係する。労働力の購買および再購買は、流通過程に属する。しかし労働力に投下された価値は生産過程の内部においてはじめて（労働者にとってではなく資本家にとって）一定の不変の大きさから可変の大きさに転化するのであり、そもそもこのことによってはじめて、前貸価値が資本価値に、資本に、自己を増殖する価値に転化される。しかし、スミスの場合のように、労働力に投下された価値ではなく労働者の生活諸手段に投下された価値が生産資本の流動的構成部分と規定されることによって、可変資本と不変資本との区別の把握が、したがって資本主義的生産過程一般の把握が、不可能となる。対象的な生産物形成者に投下された不変資本に対立する可変資本であるというこの資本部分の規定が、労働力に投下された資本部分は回転にかんしては生産資本の流動的部分に属するという規定のもとに葬り去られる。この埋葬は、労働力の代わりに労働者の生活諸手段が生産資本の要素として数え上げられることによって完成される。労働力の価値が貨幣で前貸しされるか、または直接に生活諸手段で前貸しされるかどうか（216）ということは、どうでもよい。もちろんこの後者は資本主義的生産の基礎上では例外でしかありえないのであるが(二四)。

(二四)　A・スミスが価値増殖過程において労働力が果たす役割を理解する道を自分自身でいかに閉ざしたかは、重農主義的やり方に従って労働者の労働を役畜の労働と同列視する次の文章が示している――「彼の」〔借地農場経営者の〕「労働使用人ばかりでなく、彼の役畜もまた生産的労働者である」（第二篇、第五章、二四三ページ〔前出訳、(二)、三九六ページ〕）〔引用以外の文章はエンゲルスによる〕。

＊〔草稿およびエンゲルスの編集原稿では「労賃」ではなく「労働力」となっている〕

このようにA・スミスが流動資本という規定を労働力に投下された資本価値にとって決定的なものとして固定したこと——重農主義者たちの前提を欠いたこの重農主義的規定——によって、スミスは、首尾よく、彼の後継者たちが労働力に投下された資本部分を可変資本として認識することを不可能にした。他の個所で彼自身もっと深く正しい展開を行なっているが、これは勝利をおさめないで、彼のこの誤謬(ごびゅう)が勝利をおさめた。実際、その後の著述家たちはさらに歩を進めた。彼らは、流動資本——固定資本に対立する——であるということを、労働力に投下される資本部分の決定的な規定としたばかりでなく、労働者の生活諸手段に投下されるということを流動資本の本質的な規定とした。その結果として当然のことながら、ある与えられた大きさのものとしての必要生活諸手段から成り立つ労働元本*の学説が生まれた。その大きさは、一方では、社会的生産物のなかの労働者の分け前の限界を物理的に制限し、他方ではまた、労働力の購入にその全部が支出されなければならない、というのである。

＊〔本書、第一巻、第七篇、第二二章、第五節「いわゆる労働元本」参照〕

（217）

第一一章　固定資本と流動資本とにかんする諸学説。リカードウ*

*〔この章は、第二草稿「a） 固定資本と流動資本」を補足する諸学説批判のうち、「固定資本と流動資本とにかんするリカードウ」と題された部分にあたる〕

リカードウが、固定資本と流動資本との区別をもちだすのは、価値法則の例外を説明するため、すなわち労賃の率が価格に影響するような場合を説明するためにすぎない。このことについては第三部にはいってから論じることにしよう。*

*〔第三巻、第二篇、第一一章参照〕

しかし、彼が本来もっている不明確さは、次のような無頓着な並列のうちに最初から現われている――「固定資本の耐久度のこの差異、および二種類の資本が組み合わされるであろう割合のこの多様性」（二五）。

（二五） リカードウ*『経済学および課税の原理』、〔第三版、ロンドン、一八二一年、〕二五ページ〔堀経夫訳『リカードウ全集』I、雄松堂書店、一九七二年、三四ページ〕。

*〔ドイツ語版では、ここに英文でリカードウの引用がある。以下、注に引用された英文は省略し、本文のドイツ語と著しい相違がある場合は、注記する〕

そこで、二種類の資本とはなにかと問えば、次のような答えが聞かれる――「労働を維持すべき資本と、道具、機械、および建物に投下される資本とが組み合わされる割合もまたさまざまでありうる」(二六)。すなわち、固定資本とは労働諸手段のことであり、流動資本とは労働に投下されている資本のことである。労働を維持すべき資本、これがすでに、A・スミスから受け継がれたばかげた表現である。ここでは、一方では流動資本が可変資本と、すなわち生産資本のうち労働に投下された部分と混同される。しかし他方では、この対立が価値増殖過程から引き出される――不変資本と可変資本――のではなくて、流通過程から引き出されるので（古くから言われているスミス的混乱）、二重に誤った規定が出てくる。

(218)

（二六）　リカードウ、同前。〔同前訳、同ページ〕

第一に、固定資本の耐久度の差異と、不変資本と可変資本とからなる資本構成の多様性とが、同等なものとして把握される。しかし、後者の区別は剰余価値の生産における区別を規定する。これにたいして、前者の区別は、価値増殖過程が考察される限りでは、ある与えられた価値が生産諸手段から生産物に移転される仕方だけに関係するのであり、流通過程が考察される限りでは、投下資本の更新の周期だけに、または別な見方をすれば、資本が前貸しされている時間だけに関係する。もし資本主義的生産過程の内的機構を見抜こうとはしないで既成の現象の立場に立つならば、これらの区別は事実上一致する。さまざまな経営部門に投下された諸資本のあいだに社会的剰余価値が分配されるさいには、資本が前貸しされるさまざまな期間の差異（したがって、たとえば固定資本の場合には寿命の相違）と、資本の有機的構成の相違（したがってまた、不変資本と可変資本との流通の相違）とは、一般的利潤率の均等化にも、価値の生産価格への転化にも、いずれも同様に作用する。*

＊〔第三巻、第二篇参照〕

第二に、流通過程の立場から見れば、一方の側には労働諸手段すなわち固定資本があり、他方の側には労働材料および労賃すなわち流動資本がある。それにたいして、労働過程および価値増殖過程の立場から見れば、一方の側には生産諸手段（労働諸手段および労働材料）すなわち不変資本があり、他方の側には労働力すなわち可変資本がある。資本の有機的構成（第一部、第二三章、第二節、六四七ページ）*にとっては、同じ価値分量の不変資本が多くの労働諸手段と少ない労働材料とからなっているか、それとも多くの労働材料と少ない労働諸手段とからなっているかは、まったくどうでもよいことであり、いっさいは、労働力に投下された資本にたいする生産諸手段に投下された資本の比率に依存する。逆に、流通過程――固定資本と流動資本との区別――の立場から見れば、ある与えられた価値分量の流動資本が、どのような比率で労働材料と労賃とに分割されるかは、同じようにどうでも(219)よいことである。一方の立場〔労働過程および価値増殖過程の立場〕からすれば、労働材料は、労働力に投下された資本価値に対立して、労働諸手段と同じカテゴリーに入れられる。他方の立場〔流通過程の立場〕からすれば、労働力に投下された資本部分は、労働材料に投下された資本部分と同列になって労働諸手段に投下された資本部分に対立する。

＊〔ここで指示されているのは第一部第二版での節とページ数である。とくに蓄積にかんする諸章においては、

第三版で、フランス語版を参照してさまざまな改訂が加えられた。「資本の有機的構成」が最初に出てくるのは第二版ではここで指示されているように第二節のはじめであるが、第三版以後は第一節のはじめになっている。本訳書、第一巻、一〇六九ページ参照〕

だからリカードウの場合には、労働材料（原料および補助材料）に投下された資本価値部分は、どちらの側にも現われない。それはまったく消えうせる。すなわち、それは固定資本の側にしかるべき場所をもたない。なぜなら、その流通様式において、労働力に投下された資本部分とまったく一致するからである。また他方では、それは流動資本の側におかれてはならない。なぜなら、もしそうするならば、Ａ・スミスから伝えられ暗黙のうちに行きわたっている固定資本対流動資本の対立と、不変資本対可変資本の対立との同一視が、おのずから破壊されるであろうからである。このことを感知しないでいるには、リカードウは論理的な本能を多くもちすぎており、したがって彼にとってはこの資本部分は完全に消えうせるのである。

ここで注意しなければならないのは、資本家は、賃銀をたとえば毎週支払うか毎月支払うか三ヵ月ごとに支払うかに応じて、労賃に投下される資本をさまざまな期限で、経済学の用語で言えば、前貸しするということである。実際には、事態は逆である。労働者は毎週か毎月か三ヵ月ごとかに支払われるのに応じて、自分の労働を資本家に、一週とか一ヵ月とか三ヵ月とかのあいだ前貸しする。*もし資本家が労働力の代価をあと払いするのでなく、労働力を**買っ**たとすれば、すなわち彼が労働者に労賃を、一日につき、一週につき、一ヵ月につき、三ヵ月につき、前払いしたとすれば、これらの期間にたいする前貸しであると言ってもよいであろう。しかし資本家は、労働が何日か何週か何ヵ月か続けられたあとで支払うのであって、労働を買ってこれから労働が続けられるはずの期限にたいして支払うのではないのであるから、全体が資本主義的な〝取り違え〔quid pro quo〕〟であり、労働者によって資本家に労働で与えられる前貸しは、資本家が貨幣で労働者に与える前貸しに変貌させられる。資本家が生産物そのもの、または生産物の価値を――その生産が必要とする時間の長さの相違に応じて、あるいはまた生産物の流通にとって必要な時間の長さの相違に応じて――短期または長期の期限を経てのみ、（それに合体された剰余価値と一緒に）流通から回収し、またはこれを実現するということは、少しも事態を変えるものではない。商品の買い手がその商品でなにを始めるつもりであるかは、売り手にとってはまったくどうでもよい。機械の価値は流通から資本家の手に徐々にそして少しずつしか還流しないが、彼はその全価値を一度に前貸ししなければならないからといって、資本家は機械をより安く手に入れはしない。また、綿花の価値は綿花からつくられた生産物の価値に全部はいり込み、したがって生産物の販売によって全部一度に補填されるからといって、彼は綿花により高く支払いもしない。

＊〔本訳書、第一巻、三〇三ページ参照〕

(220)

リカードゥにもどろう。

（一）可変資本の特徴は、一定の与えられた（したがってその意味で不変な）資本部分、すなわち与えられた価値額（労働力の価値に等しいと仮定される――ただしこの場合に、労賃が労働力の価値に等しいか、それより大きいか、小さいか、はどうでもよい）が、自己増殖し価値を創造する力——資本家によって支払われた自己の価値を再生産するだけでなく、同時に剰余価値、すなわち以前から現存したのではなくなんらかの等価物によって買い取られたのでもない価値を生産する労働力——と交換されるということである。労賃に投下された資本部分のこの特徴的な属性——この資本部分を可変資本として〝全面的に〟不変資本から区別するこの属性——は、労賃に投下された資本部分が単に流通過程の立場から考察されて、労働諸手段に投下された固定資本にたいして流動資本として現われると、たちまち消えうせる。このことは、すでに、労賃に投下された資本部分が、このさい、不変資本のなかの労働材料に投下された構成部分と一緒に、流動資本という一つの項目のもとにおかれ、不変資本のうちの労働諸手段に投下された他の構成部分に対置されることから生じる。この場合、剰余価値は、したがって投下される価値額を資本に転化する事情そのものは、まったく度外視される。同様に、労賃に投下された資本が生産物につけ加える価値部分は、新たに生産される（したがってまた現実に再生産される）が、他方、原料が生産物につけ加える価値部分は、新たに生産されるのでもなく、現実に再生産されるのでもなく、生産物価値のなかに維持され保存されているにすぎず、したがって生産物の価値構成部分として再現するにすぎない、ということも度外視される。流動資本と固定資本との対立という観点から*いま現われる区別は、次の点にあるだけである——商品の生産に使用された労働諸手段の価値は、部分的にのみその商品の価値にはいり込み、したがってその商品の販売によってやはり部分的にのみ補填されるのであり、したがってまた一般に少しずつ徐々にのみ補填され

（221）る。他方において、商品の生産に使用された労働力および労働諸対象（原料など）の価値は、全部その商品にはいり込み、したがってその販売によって全部補填される。その限りで流通過程との関連から見ると、資本の一方の部分は固定資本として現われ、他方の部分は流動資本として現われる。どちらの場合にも、問題は、与えられた前貸価値が生産物に移転することであり、また生産物の販売によって前貸価値が再補填されることである。いまや区別は、価値移転が、したがって価値補填が、少しずつ徐々に行なわれるか、または一度に行なわれるか、という点だけである。それによって、可変資本と不変資本とのすべての決定的な区別は消し去られ、したがって、剰余価値形成と資本主義的生産との全秘密、ある一定の諸価値とそれらを表わす諸物とを資本に転化する諸事情は、消し去られる。資本のすべての構成部分はもはやわずかに流通様式によって区別されるにすぎない（そして、商品の流通は、もちろん既存の与えられた諸価値とのみ関係する）。そして、労賃に投下された資本と、原料・半製品・補助材料に投下された資本部分とには、一つの特定の流通様式が共通しており、労働諸手段に投下された資本部分とは対立する。

＊〔「流動資本と固定資本との対立という観点から」はエンゲルスによる〕

以上に述べたことから、A・スミスが行なった「不変資本および可変資本」というカテゴリーと「固定資本および流動資本」というカテゴリーとの混同を、なぜブルジョア経済学が本能的に固執し、一世紀にわたって代々無批判的に口まねしてきたのかが理解される。ブルジョア経済学においては、労賃に投下された資本部分は、もはや原料に投下された資本部分からまったく区別されず、ただ形式的に――それが生産物によって少しずつ流通させられるか全部流通させられるかによって――のみ不変資本から区別される。こうして、資本主義的生産の、したがってまた資本主義的搾取の現実の運動を理解するための基礎が一挙に埋没させられてしまう。前貸価値の再現だけが問題となる。

リカードウの場合には、スミス的混同の無批判的な受け入れが、その後の弁護論者たちの場合――彼らの場合には、概念の混乱はむしろ妨害するものとはなっていない――に比べていっそう妨害となっているだけでなく、A・スミス自身の場合に比べてもいっそう妨害となっている。なぜなら、リカードウは、スミスとは対照的に、価値および剰余価値をいっそう首尾一貫して、しかもいっそう鋭く展開しており、事実上、俗論的なA・スミスにたいして奥義をつかんだA・スミスを固守しているからである。

重農主義者たちの場合には、こうした混同は少しも見られない。〝年前貸し〟と〝原前貸し〟との(222)区別は、資本、とくに農業資本のさまざまな構成部分の再生産期間の相違にのみ関連する。他方、剰余価値の生産にかんする彼らの見解は、彼らの理論のうちでこの区別にはかかわりのない一部分を、しかも彼らが理論の核心として提示するものを、なしている。剰余価値の形成は、資本そのものからは説明されないで、資本の特定の生産部面である農業にのみ求められる。

(二) 可変資本の規定において――したがってある任意の価値額の資本への転化にとって――本質的なことは、資本家が一定の与えられた（そしてその意味では不変の）価値の大きさを価値創造的な力と交換するということ、つまりある価値の大きさを価値生産、自己増殖と交換するということであ*

る。資本家が労働者に貨幣で支払うか生活諸手段で支払うかは、この本質的な規定をなに一つ変えはしない。それは資本家によって前貸しされた価値の存在様式を変えるだけであって、この価値は、ある場合には貨幣の形態で存在し、この貨幣で労働者は自分自身で市場において生活諸手段を買うのであり、他の場合には生活諸手段の形態で存在し、労働者は直接これを消費する。発展した資本主義的生産が一般に流通過程によって媒介された生産過程を、すなわち貨幣経済を前提するのと同じように、発展した資本主義的生産は事実上、労働者が貨幣で支払われることを前提する。しかし、剰余価値の創造——したがって前貸価値額の資本化——は、労賃、すなわち労働力の購入に投下された資本の貨幣形態からも現物形態からも生じない。剰余価値の創造は、価値と価値を創造する力との交換から、ある不変の大きさの、ある可変の大きさへの転換から生じる。——

＊〔草稿およびエンゲルスの編集原稿では、「価値の大きさを」以下は「価値の大きさを労働力と、ある価値を価値創造的な力と交換する」となっている〕

労働諸手段の固定性の大小は、その耐久度に、すなわち物質的属性に、依存する。労働諸手段は、他の事情が不変とすれば、その耐久度に応じて、より遅くまたはより速く摩滅し、したがってより長くまたはより短く固定資本として機能するであろう。しかし労働諸手段が固定資本として機能するのは、決して単に耐久性というこの物質的属性だけによるのではない。金属工場における原料は、その製造に用いられる機械とまったく同じように耐久性があり、またこの機械の多くの部品、革や木などよりも耐久性がある。それにもかかわらず、原料として役立っている金属は流動資本の一部分をなし、おそらく同じ金属でつくられて機能している労働手段は固定資本の一部分をなす。したがって、同じ金属が、一方の場合には固定資本の部類に入れられ、他方の場合には流動資本の部類に入れられるのは、素材的な物質的性質、その金属の朽ちやすさの大小によるものではない。この区別は、むしろ、その金属が生産過程で、一方の場合には労働対象として、他方の場合には労働手段として、果たす役割から生じる。（223）

生産過程における労働手段の機能は、一般的に言って、期間の長短はあるが反復される労働過程のなかで労働手段が絶えず新たに役立つことを必要とする。だから、労働手段の機能によって、その素材の耐久性の大小があらかじめ決められている。しかし労働手段をつくっている素材の耐久性がそれ自体として労働手段を固定資本にするのではない。同じ素材でも、原料であれば流動資本になるのであり、商品資本と生産資本との区別を流動資本と固定資本との区別と混同する経済学者たちの場合には、同じ素材、同じ機械が、生産物としては流動資本であり、労働手段としては固定資本である。

ところで、労働手段をつくっている素材の耐久性が労働手段を固定資本にするのではないとはいえ、やはり労働手段としての素材の役割は、それが比較的耐久性のある材料から成り立つことを必要とする。つまり労働手段の素材の耐久性は、それが労働手段として機能する一条件であり、したがってまた、労働手段を固定資本にする流通様式の物質的基礎である。他の事情が不変とすれば、労働手段の素材の朽ちやすさの大小は、この労働手段に刻印される固定性を低くしたり高くしたりするのであり、したがって、労働手段の固定資本としての資格と非常に本質的に緊密に結びついている。

させて、労働力に投下された資本部分がもっぱら流動資本の観点から――したがって固定資本に対立させて――考察されるならば、またこうして不変資本と可変資本との区別が固定資本と流動資本との区別と混同されるならば、労働手段の素材的実在が固定資本としての労働手段の性格の本質的基礎をなすのと同じように、こんどは固定資本に対立させて、労働力に投下された資本の素材的実在からその資本の流動資本としての性格を導き出し、それからふたたび可変資本の素材的実在によって流動資本を規定するようになるのは、当然のことである。

労賃に投下された資本の現実的素材は、労働そのもの、活動し価値を創造しつつある労働力、生きた労働であって、これを資本家は死んだ対象化された労働と交換して自分の資本に合体したのであり、そうすることによってはじめて、彼の手のなかにある価値は自分自身を増殖する価値に転化するのである。しかし資本家は、この自己増殖力を売るのではない。この自己増殖力はつねに、資本家の労働諸手段と同様に、彼の生産資本の構成部分をなしているにすぎず、たとえば彼が売る完成生産物のように彼の商品資本の構成部分をなすことは決してない。生産過程の内部では、生産資本の構成諸部分として、労働力にたいして労働諸手段が固定資本として対立しないことは、労働材料および補助材料が流動資本として労働力と一致しないのと同様である。両者〔労働諸手段と労働材料・補助材料〕は物的諸要因であるが、労働力は人的諸要因としてこれに対立する――これは労働過程の立場から見てのことである。両者は不変資本として、可変資本である労働力に対立する――これは価値増殖過程の立場から見てのことである。あるいは、ここでは素材上の相違について、それが流通過程に影響する限り

(224)

において問題とすべきだというのであれば、ただ次のようになるだけである——対象化された労働にほかならない価値の本性から、また、自己を対象化しつつある労働にほかならない活動しつつある労働力の本性から、労働力はその機能の継続期間中つねに価値および剰余価値を創造するということになり、労働力の側では運動として、価値創造として現われるものが、その生産物の側では静止している形態で、創造された価値として現われるということになる。労働力が作用し終えたならば、資本はもはや、一方における労働力、他方における生産諸手段から成り立ちはしない。労働力に投下されていた資本価値は、いまや（剰余価値をプラスされて）生産物につけ加えられた価値である。過程を反復するためには、生産物は売られ、売って得られた貨幣でつねに新たに労働力が買われ、生産資本に合体されなければならない。そしてこのことから、労働力に投下された資本部分にたいして、労働材料などに投下された資本部分にたいしてと同様に、労働諸手段に固定されたままの資本に対立する流動資本という性格が与えられるのである。

これにたいして、流動資本という、第二義的な、そして労働力に投下された資本部分と不変資本の一部分（原料および補助材料）とに共通な規定——すなわち、流動資本に投下された価値は、この資本が消費されて生産される生産物に全部移転され、固定資本の場合のように徐々に少しずつ移転されはしないという、したがってまたこの価値は生産物の販売によって全部補塡されなければならないという規定——が、労働力に投下された資本部分の本質的な規定とされるならば、労賃に投下された資本部分も、素材的には、活動しつつある労働力から成り立つのではなく、労働者が自分の賃銀で買う素材的な諸要素から、すなわち社会的商品資本のうち労働者の消費にはいり込む部分から——生活諸手段から——成り立つことにならざるをえない。そうなれば、固定資本は、より緩慢に朽ちていき、したがってより緩慢に補填されなければならない労働諸手段から成り立ち、労働力に投下された資本は、より急速に補填されなければならない生活諸手段から成り立つことになる。*

＊〔草稿では「より急速に朽ちていき、したがってより急速に補填される生活諸手段」となっている〕

(225)

しかし、朽ちやすさがより急速かより緩慢かの限界は、あいまいになる。「労働者が消費する食物と衣服、彼が仕事をするさいの建物、彼の労働の助けとなる道具は、すべて朽ちやすい性質をもっている。しかし、これらさまざまな資本が長持ちする時間には大きな差異がある。蒸気機関は船舶よりも長持ちし、船舶は労働者の衣服よりも、労働者の衣服は彼が消費する食物よりも、長持ちするであろう」(二七)。

(二七)　リカードウ『経済学および課税の原理』、二七〔正しくは二六〕ページ〔堀訳『リカードウ全集』I、雄松堂書店、三四—三五ページ〕。

この場合リカードウは、労働者が住む家、彼の家具、ナイフやフォークや容器などのような彼の消費用器具——これらすべては労働諸手段と同じように耐久性という性格をもつ——を忘れている。同じ物、同じ部類の物が、こちらでは消費諸手段として現われ、あちらでは労働諸手段として現われる。

区別は、リカードウの言うところによると、こうである——「資本が急速に朽ちやすくたびたび再生産されることを必要とするか、あるいは緩慢に消費されるものであるかに応じて、それは流動資本の項目かあるいは固定資本の項目かに分類される」[二八]。彼はこれに注をつけている――「これは本質的な区分ではなく、そこに正確に境界線を引くことはできない」[二九]。

（二八）〔英文引用省略。同前、二六ページ。同前訳、三五ページ〕

（二九）〔同前〕

(226)

こうしてわれわれは、ふたたび無事に重農主義者たちのところに到達した。重農主義者たちのところでは〝年前貸し〟と〝原前貸し〟との区別は、使用資本の消費時間における区別、したがってまた再生産時間の違いにおける区別であった。ただ、重農主義者たちの場合に社会的生産にとって重要な一現象を表現しており〝経済表〟のなかでも流通過程と関連して叙述されているものが、ここでは、主観的な、そしてリカードウ自身が言うところによると余計な区別となるのである。

労働に投下された資本部分が、その再生産期間、したがってまたその流通期間によってのみ、労働諸手段に投下された資本部分と区別されるならば、あるいは、一方の部分は生活諸手段から成り立ち、他方の部分は労働諸手段から成り立っているので、前者が後者と区別されるのはより急速な朽ちやすさの度合いによってのみであり、しかも前者そのものがやはりさまざまな朽ちやすさの度合いをもつということになれば――当然、労働力に投下された資本と生産諸手段に投下された資本とのすべての〝種差〟はただちに消え去ってしまう。

＊〔草稿および初版以来、「後者が前者と」となっていた。ヴェルケ版で訂正〕

このことは、リカードウの価値論と、さらにまた事実上剰余価値論である彼の利潤論と、まったく

(227)
矛盾する。一般的に言って、彼は、固定資本と流動資本との区別を、資本の大きさは同じとして、種々の事業部門における両者の割合の相違が価値法則に影響をおよぼす限りで、しかもこの事情の結果として労賃の騰落がどの程度まで物価に影響するかを、考察しているだけである。しかし、この限られた研究の内部ででさえも、彼は、固定資本および流動資本を不変資本および可変資本と混同することによってきわめて大きな誤りを犯し、事実上まったく誤った研究の基礎から出発している。したがって、(一) 資本価値のうち労働力に投下された部分が流動資本の項目に包摂される限りでは、流動資本そのものの諸規定が誤って展開され、ことに、労働に投下された資本部分をこの項目に包摂する諸事情が誤って展開される。(二) 労働に投下された資本部分を可変資本であるとする規定と、それを固定資本に対立する流動資本であるとする規定との混同が生じる。

はじめから明らかなことであるが、労働力に投下された資本を流動的とする規定は第二義的な規定であり、この規定では生産過程におけるこの資本の〝種差〟が消し去られている。というのはこの規定では、一方では、労働に投下された資本と原料などに投下された資本とが同等のものとされているからである。不変資本の一部分を可変資本と同一視する項目は、不変資本に対立する可変資本の〝種差〟とはなんのかかわりもない。他方では、労働に投下された資本部分と労働諸手段に投下された資本部分とが互いに対置されるのであるが、しかしそれは決して、この二つの資本部分がまったく異なる様式で価値の生産にはいり込むという点にかんして対置されるのではなく、両方の資本部分によって、その与えられた価値が生産物に移転される期間が違うだけであるという点にかんして対置されるのである。

　これらすべての場合に問題なのは、商品の生産過程で投下されるある与えられた価値が――労賃であれ、原料の価格であれ、または労働諸手段の価格であれ――どのようにして、生産物に移転されるのか、したがって生産物によって流通させられ、生産物の販売によってその出発点にもどされるのか、もしくは補填されるのか、ということである。ここでの唯一の区別は、この「どのようにして」ということに、すなわちこの価値の移転の、したがってまたその流通の、特殊な仕方にある。

　どちらの場合にも契約によってあらかじめ決められた労働力の価格が、貨幣で支払われるか生活諸手段で支払われるかは、一定の与えられた価格であるというこの労働力の価格の性格をなにも変えない。しかしながら、労賃が貨幣で支払われる場合に、生産諸手段がその価値だけでなくその素材もまた生産過程にはいり込むのと同じ仕方で、貨幣そのものが生産過程にはいり込むのではないということは明らかである。これにたいして、労働者が自分の賃銀で買う生活諸手段が、直接に流動資本の素材的姿態として、原料などと一緒に同一の項目に入れられて、労働諸手段に対置されるならば、それは事態に別の外観を与える。一方の物の、すなわち生産諸手段の価値が、労働過程で生産物に移転されるとすれば、他方の物の、すなわち生活諸手段の価値は、それを消費する労働力に再現し、労働力の活動によってやはり生産物に移転される。これらいずれの場合にも一様に問題にされているのは、生産中に前貸しされた諸価値が生産物に単に再現することである（重農主義者たちはこのことを非常に重大にとり、したがって工業労働が剰余価値を創造するということを否認した）。すでにウェイランドから引用した個所〔本訳書、第一巻、三六一ページ〕でもそうである――「どのような形態で資本が再現するかということは重要ではない。……人間の生存および安楽のために必要なさまざまな種類の食料、衣料、住宅もやはり変化させられる。それらは時のたつうちに〔原文と第一巻では「ときどき」〕消費され、そしてそれらの価値は〔……〕再現する」（『経済学要論』、三二、三三ページ）。生産諸手段および生活諸手段の姿態で生産に前貸しされた資本価値は、ここでは一様に生産物の価値に再現す（228）る。したがってそれで、資本主義的生産過程の完全な神秘化が首尾よくなしとげられて、生産物のなかに現存する剰余価値の起源はまったく隠蔽される。

さらに、それとともに、諸物が社会的生産過程のなかで刻印されて保持している社会的経済的性格を、これらの物の素材的な本性から生じる一つの自然的な性格に転化する、ブルジョア経済学に特有な物神崇拝が完成される。たとえば、労働諸手段は固定資本である――これは、矛盾と混乱に帰着するスコラ学的な規定である。労働過程のところ（第一部、第五章〔本訳書、第一巻、三〇九ページ以下〕）で、対象的構成部分が労働手段として機能するか、労働材料として機能するか、それとも生産物として機能するかは、まったくこれら構成部分が一定の労働過程で果たすそのつどの役割に、それらの機能に、依存することが証明されたが――それとまったく同様に、〔第一に〕労働手段は、生産過程が一般に資本主義的生産過程であり、したがって生産手段が一般に資本であり、資本という経済的規定性、社会的性格をもっているところでのみ、固定資本である。第二に、労働手段は、それらが特殊な様式で自分の価値を生産物に移転する場合にのみ、固定資本である。そうでない場合には、それらは労働手段にとどまり、固定資本であることはない。同様に、肥料のような補助材料は、もしそれらが労働諸手段の大部分と同じ特殊な仕方で価値を引き渡すならば、少しも労働諸手段ではないのに固定資本になる。ここでは、諸物が包摂される諸定義が問題なのではない。一定の諸カテゴリーで表現される一定の諸機能が問題なのである。

労賃に投下された資本であるということが、生活諸手段それ自体にどのような事情のもとでもそなわっている属性であると言いうるならば、「労働を維持する」〔リカードウ〔『経済学および課税の原理』〕二五ページ〔堀訳、前出、三四ページ〕〕ということもまたこの「流動」資本の性格となる。したがって、生活諸手段が「資本」でないとすれば、生活諸手段は労働力を維持することはないであろう。ところが、生活諸手段のもっている資本としての性格こそが生活諸手段に、まさに、他人の労働によって資本を維持するという属性を与えるのである。

生活諸手段それ自体が流動資本であるとすれば――この流動資本が労賃に転化したあとでは――、さらに、労賃の大きさは、流動資本の与えられた量にたいする労働者数の比率に依存する――好んで用いられる経済学的命題――ということになるが、しかし実際には、労働者が市場から引きあげる生活諸手段の量も、資本家が自分の消費のために自由利用できる生活諸手段の量も、労働の価格にたいする剰余価値の比率に依存する。

(229) バートン[二九（a）]と同じように、リカードウはいたるところで、不変資本にたいする可変資本の比率を、固定資本にたいする流動資本の比率と混同する。このことが利潤率にかんする彼の研究をいかに誤らせているかは、のちに見る[*]であろう。

（二九a）『社会の労働階級の状態に影響をおよぼす諸事情にかんする諸考察』、ロンドン、一八一七年〔真実一男訳『社会の労働者階級の状態』、法政大学出版局、一九九〇年〕。これに該当する個所は第一部、六五五ページ〔本訳書、第一巻、一一〇二―一一〇三ページ〕、注七九に引用されている〔エンゲルスによる〕。

＊〔第三巻、第一篇、第一―三章〕

リカードウは、さらに、固定資本と流動資本との区別とは別の諸原因から回転において生じる区別を、固定資本と流動資本との区別と同一視する――「流動資本が非常に異なる時間で流通する、すなわちその使用者のもとに回収されうるということも注目されるべきである。借地農場経営者によって播種のために買われる小麦は、製パン業者によってパンを焼くために買われる小麦と比較すれば、一つの固定資本である。前者はそれを地中に放置して、一年後にはじめて回収することができる。[*]後者はそれを粉に挽かせ、パンとして自分の顧客に売り、そして一週間以内に自分の資本を自由にして同じ仕事を繰り返すか、またはなにか他の仕事を始めることができる（三〇）」。

（三〇）〔リカードウ『経済学および課税の原理』〕二六、二七ページ〔堀訳、前出、三五ページ〕。

＊〔リカードウの原文では「一年間はなんの収益も手に入れることができない」となっている〕

ここで特徴的なのは、小麦は、播種用小麦としては生活手段としてでなく原料として役立つにもかかわらず、第一に、それ自体生活手段であるから流動資本であり、第二に、その還流が一年間にもわたるから固定資本である、ということである。しかし、ある生産手段を固定資本にするものは、単に

(230)

還流の緩急ではなく、価値が生産物に引き渡されるさいの特定の仕方である。

Ａ・スミスによって引き起こされた混乱は、次のような諸結果をもたらした――

（一）固定資本と流動資本との区別が、生産資本と商品資本との区別と混同される。たとえば、同じ機械でも、それが商品として市場にあれば流動資本であり、生産過程に合体されていれば固定資本である。その場合には、なぜ一定の種類の資本が他の種類の資本よりもより多く固定的またはより多く流動的であるとしなくてはならないのかは、まったく見きわめられない。

（二）すべての流動資本が、労賃に投下された資本または労賃に投下されるべき資本と同一視される。Ｊ・St・ミル[*]などの場合がそうである。

＊〔ジョン・スチュアト・ミル『経済学の若干の未解決問題にかんする論集』、ロンドン、一八四四年、九四ページ（末永茂喜訳『経済学試論集』、岩波文庫、一九三六年、一二四―一二五ページ）をさすと思われる〕

（三）可変資本と不変資本との区別は、すでにバートン、リカードウなどの場合には流動資本と固定資本との区別と混同されているが、それはついに流動資本と固定資本との区別にすっかり還元される。たとえばラムジー[*]ではそうであって、彼の場合には労働諸手段と同じく原料などすべての生産諸手段が固定資本であり、労賃に投下された資本だけが流動資本である。しかし、このような形態での還元が行なわれるため、不変資本と可変資本との現実の区別は理解されない。

＊〔Ｇ・ラムジー『富の分配にかんする一論』、エディンバラ、一八三六年、二一―二四ページをさす〕

（四）万事を言いようのない偏狭な銀行家的立場から考察するマクラウド[*1]、パッタースン[*2]などのような最近のイギリスの、とりわけスコットランドの経済学者たちの場合には、固定資本と流動資本との区別が〝要求払預金（マネー・アト・コール）〟と〝通知払預金（マネー・ノット・アト・コール）〟（通知なしに引き出しうる預金とまえもって通知してはじめて引き出しうる預金）との区別に転化されている。

*1〔H・D・マクラウド『経済学綱要』、ロンドン、一八五八年、七六―八〇ページをさす〕

*2〔R・H・パッタースン『金融論。実際的な一論』、エディンバラおよびロンドン、一八六八年、一二九―一四四ページをさす〕

(231)

第一二章　労働期間*

*〔この章は、第二草稿では、「2)」の「b) 生産行為の持続時間の相違（労働時間の期間の相違？）」と題されていた〕

同じ大きさの労働日、かりに一〇時間の労働過程が行なわれる二つの事業部門、たとえば綿紡績業と機関車製造業とをとってみよう。一方の部門では、毎日毎週一定分量の完成生産物、綿糸が供給される。他方の部門では、一つの完成生産物、一両の機関車を製造するために、労働過程はおそらく三ヵ月のあいだ反復されなければならない。一方の場合には、生産物は個々に分割可能な〔非連続的な〕性質のものであり、毎日または毎週同じ労働が新たに開始される。他方の場合には、労働過程は連続的であり、かなり多くの日々の労働過程にわたって続き、それらの過程の結合によって、それらの作業の連続性によって、比較的長い期間を経たのちにようやく一つの完成生産物を供給する。この双方の場合、日々の労働過程の持続時間は同じ〔一〇時間〕であるとはいえ、生産行為の持続時間には、すなわち、生産物を完成して供給するために、それを商品として市場に送り出すために必要な、したがってそれを生産資本から商品資本に転化するために必要な、反復される労働過程の持続時間には、非常に大きな違いが生じる。固定資本と流動資本との区別は、これとはなんの関係もない。上述の相違は、両事業部門でまったく同じ比率の固定資本と流動資本とが使用されても、存続するであろう。

生産行為の持続時間におけるこのような相違は、異なる生産部面のあいだに生じるばかりでなく、供給しなければならない生産物の規模に応じて、同じ生産部面の内部でも生じる。普通の住宅は比較的大きな工場よりも短期間で建築され、したがってより少数の連続的な労働過程しか必要としない。一両の機関車の製造に三ヵ月が必要であるとすれば、一隻の装甲艦の建造は一年または数年を要する。穀物生産はほとんど一年を必要とし、有角家畜の生産は数年を必要とし、造林は一二年から一〇〇年にまでわたることがありうる。田舎道は数ヵ月で作られるかもしれないが、鉄道ならば数年を必要とする。普通のじゅうたんは一週間で作られるかもしれないが、ゴブラン織*は数年を必要とする、等々。(232)このように、生産行為の持続時間における相違は限りなく多様である。

＊〔フランス製の織物で、壁かけ、じゅうたん用。精巧さと色彩のあざやかさが特徴〕

生産行為の持続時間における相違によって、同じ大きさの資本が投下された場合にも、明らかに、回転速度における相違、したがって与えられた資本が前貸しされる期間の相違が生まれざるをえない。機械紡績工場と機関車製造工場とが同じ大きさの資本を使用し、不変資本と可変資本とへの分割が同じであり、資本の固定的構成部分と流動的構成部分とへの分割も同じであり、最後に、労働日が同じ大きさであり、必要労働と剰余労働とへの分割も同じであるとしよう。さらに、流通過程から生じる、今回の場合にとっては外的な、すべての事情を排除するために、糸と機関車の両者は注文によって製造され、完成生産物の引き渡しのさいに支払われると仮定しよう。一週間後、完成した糸を引き渡すとともに、紡績工場主は（ここでは剰余価値を度外視する）投下された流動資本を取りもどし、また糸の価値に含まれる固定資本の摩滅分をも取りもどす。したがって、彼は同じ資本で同じ循環をまた新たに反復することができる。この資本はその回転を完了したのである。これにたいして、機関車製造業者は、三ヵ月のあいだ、毎週毎週いつも新しい資本を労賃と原料とに投下しなければならないのであり、三ヵ月後、機関車の引き渡し後にようやく、この期間中に同じ一つの生産行為で同じ一つの商品の製造のためにつぎつぎ投下された流動資本が、循環をまた新たに開始しうる形態でふたたび現われる。同様に、この三ヵ月間の機械の摩滅も、このときになってようやく彼に補填される。一方の投資は一週間分のそれであり、他方の投資は一週間分の投資の一二倍である。他のすべての事情が等しいものと前提すれば、一方の人は、他方の人の一二倍の流動資本を自由に使うことができなければならない。

とはいえ、毎週前貸しされる資本が等しいということは、ここではどうでもよいことである。前貸資本の大きさがどうであろうと、その資本でまた新たに作業するまえに――その資本で同じ作業が反復されうるか、または別種の作業が始められうるまえに――その資本は、一方の場合には一週間だけ、他方の場合には一二週間、前貸しされているのである。

回転速度の相違、換言すれば、同じ資本価値がふたたび新たな労働過程または価値増殖過程に役立ちうるまえに個々の資本が前貸しされなければならない時間の長さの相違は、ここでは次のことから生じる――

(233) 機関車またはなんらかの機械の製造に一〇〇労働日かかるとしよう。紡績や機械製造で働いている労働者たちにかんしては、この一〇〇労働日は、同じように一つの非連続的な（分割可能な）大きさをなしており、想定によれば、一〇〇の、次から次へと続く個々のそれぞれ一〇時間の労働過程から成り立っている。しかし、生産物――機械――にかんしては、一〇〇労働日は連続する一つの大きさ、一〇〇〇労働時間からなる一労働日、つながり合う単一の生産行為をなしている。多かれ少なかれ多数の互いにつながり合う労働日の連続によって形成されているこのような一労働日を、私は一労働期間と名づける。われわれが労働日と言うときには、それは、労働者が自分の労働力を毎日支出しなければならない――すなわち毎日労働しなければならない――労働時間の長さを意味する。これにたいしてわれわれが労働期間と言うときには、それは、一定の事業部門で一つの完成生産物を供給するために必要な、互いにつながり合う労働日の数を意味する。この場合、各労働日の生産物は、部分生産物にすぎないのであり、それは毎日引き続き仕上げられていき、労働時間の長いまたは短い期間の終わりにようやくその完成した姿態を受け取り、完成した使用価値になるのである。

　だから、たとえば恐慌の結果起こるような社会的生産過程の中断と攪乱が、個々に分割可能な性質の労働生産物に与える影響と、その生産にかなり長い、つながり合った期間を必要とする労働生産物に与える影響とは、非常に異なる。前者の場合には、一定量の糸や石炭などのきょうの生産に、あすも糸や石炭などの新たな生産が続けて行なわれるわけではない。しかし、船舶、建物、鉄道などの場合は、それとは異なる。労働が中断されるだけでなく、つながり合った一つの生産行為が中断される。建造が続行されなければ、すでにその生産に消費された生産諸手段と労働は、むだに支出されたこと

（234）

になる。たとえ建造が再開されても、その休止時間につねに品質の低下が生じてしまう。

生産物ができあがるまでに固定資本が毎日この生産物に引き渡す価値部分は、労働期間の継続するあいだ中、層をなして累積する。そして同時にこの点に、固定資本と流動資本との区別の実際的重要性が現われる。固定資本は、かなり長期にわたって生産過程に前貸しされており、おそらく数年にわたるこの期間が経過するまでは更新する必要がない。蒸気機関がその価値を、個々に分割可能な〔非連続的な〕労働過程の生産物である糸に毎日少しずつ引き渡すか、それとも連続的な生産行為の生産物である一両の機関車に三ヵ月にわたって引き渡すかという事情は、蒸気機関の購入に必要な資本の投下にはなんの変化ももたらさない。一方の場合には、蒸気機関の価値は少しずつ、たとえば毎週、還流し、他方の場合には、より大量に、たとえば三ヵ月ごとに、還流する。しかし両方の場合とも、蒸気機関の更新は、おそらく二〇年後にはじめて行なわれるであろう。蒸気機関の価値が生産物の販売によって少しずつ還流してくる個々の期間が、いずれも蒸気機関それ自身の生存期間より短い限り、同じ蒸気機関が、何回かの労働期間にわたって生産過程で機能し続ける。

これにたいして、前貸資本の流動的構成部分の場合は、事情は異なる。今週分として買われた労働力は、今週中に支出されて生産物に対象化されてしまう。この労働力は、今週末に支払われなければならない。そして労働力へのこの資本投下は三ヵ月のあいだ毎週繰り返されるが、資本家は、ある週のこの資本部分の支出をしたからといって、次週の労働を購入する費用を支払えるわけではない。毎週、新たな追加資本が労働力への支払いに支出されなければならないのであり、いっさいの信用関係を度外視すれば、資本家は、一週間分ずつ労賃を支払うだけであるとはいえ、三ヵ月という期間にわたって労賃を投下することができなければならない。流動資本の他の部分である原料や補助材料についても、同様である。労働の層がつぎつぎと生産物の上に堆積されていく。支出された労働力の価値だけでなく、剰余価値も、労働過程のあいだつねに生産物に移転される。ただし、完成商品の姿態をまだもっておらず、したがってまだ流通能力をそなえていない未完成な生産物に移転される。同じことは、原料や補助材料に含まれる、層をなして生産物に移転される資本価値についても言える。

生産物または達成されるべき有用効果の独特な性質によって、その生産に要する労働期間が長く続くか短く続くかが決まり、この長短に応じて流動資本（労賃、原料および補助材料）の恒常的な追加支出が必要とされるが、〔こうした流動資本は〕そのうちのどの部分も、流通可能な形態にはなく、したがって同じ作業の更新に用いることはできないであろう。それどころか、どの部分も、でき上がりつつある生産物の構成部分として生産部面の内部につぎつぎに固定され、生産資本の形態に拘束されている。しかし回転時間は、資本の生産時間と流通時間との合計に等しい。したがって、生産時間の延長は、流通時間の延長と同じように、回転速度を減少させる。ただ当面の場合には、次の二つのことが注意されなければならない――

(235)

第一に、生産部面での滞留の延長。たとえば第一週に労働、原料などに前貸しされた資本は、固定資本によって生産物に引き渡された価値部分と同様に、三ヵ月という全期間にわたり生産部面に拘束されたままであり、まだでき上がる途中で未完成の生産物に合体されているので、商品として流通にはいることはできない。

第二に、生産行為に必要な労働期間は三ヵ月続き、実際上、つながり合ったただ一つの労働過程をなしているので、毎週、新たな分量の流動資本がつねに前週の分に追加されなければならない。したがって、つぎつぎと前貸しされる追加資本の総量は、労働期間の長さにつれて増大する。

われわれの想定によると、紡績業と機械製造業とには同じ大きさの資本が投下され、これらの資本は同じ比率で不変資本と可変資本とに、〝また〟固定資本と流動資本とに分けられており、労働日は同じ長さである――要するに労働期間の長さのほかはすべての事情が同一である。第一週には、資本投下額は両方ともに同じ大きさであるが、紡績業者の生産物は売られ、その売り上げで新たな労働力や新たな原料などが買われうる――要するに同じ規模で生産が続行されうる。それにたいして、機械製造業者は、第一週に支出された流動資本を、ようやく三ヵ月後に、彼の生産物が完成されてからのちに、貨幣に再転化させ、それによって新たに作業を始めることができる。すなわち、第一に、同じ投下資本量の還流に差異がある。さらに第二に、三ヵ月のあいだ紡績業と機械製造業とに同じ大きさの生産資本が使用されているが、資本投下の大きさは、紡績業者と機械製造業者とではまったく異なる。なぜなら、一方の場合には同じ資本が急速に更新され、したがって同じ作業をまた新たに反復することができるが、他方の場合には資本が比較的緩慢にしか更新されず、したがってその更新期限まで新たな資本量がつねに従来のものに追加されなければならないからである。だから、資本の一定部

(236)
分が更新される時間の長さまたは前貸時間の長さも違うし、労働過程の長さに応じて前貸しされなけ

ればならない資本の総量も（毎日または毎週使用される資本は同じであるが）違う。この事情が注目されなければならないのは、次章で考察されるはずのいろいろな場合のように、前貸しの〔時間の〕長さが増大しても、だからといって前貸しされるべき資本の総量がこの時間の長さに比例して大きくなるとは限らないからである。資本はより長く前貸しされなければならず、そしてより大量の資本が生産資本の形態で拘束されているのである。

資本主義的生産の未発展な段階では、長い労働期間を必要とし、したがってかなり長時間にわたって大きな資本投下を必要とする諸事業は、ことにそれが大規模にしか実行できない場合には、たとえば、共同体または国家の負担で経営された（古い時代には、労働力が問題になる限り、たいていは強制労働による）道路や運河などのように、資本主義的には経営されない。そうでなければ、生産にかなり長い労働期間を必要とするような生産物は、きわめてわずかな部分しか資本家自身の資産によって製造されないかである。たとえば、家屋建築の場合に、自分の家を建てさせる私人は、建築請負業者に前払金を一部分ずつ支払う。だから、事実上、その人は家屋の生産過程が進行するのに応じて少しずつ家屋の代金を支払うのである。これにたいして、発展した資本主義時代には、一方では大量の資本が個々人の手に集積されており、他方では個別資本家とならんで結合資本家（株式会社）が現われ、同時に信用制度が発展しており、ここでは、資本主義的建築請負業者が個々の私人の注文で建築するということはもはや例外でしかない。個々の資本家が、請負業者として鉄道を建設することを業務とするように、資本主義的建築請負業者は、市場めあてに住宅群や街区を建設することを業務とする。

資本主義的生産がロンドンの家屋建築をどのように変革したかについては、一八五七年の銀行委員会で一建築請負業者〔エドワード・キャップス〕が行なった供述がわれわれにその事情を伝えている。彼は語っている――自分の若いころには、家屋はたいてい注文で建築され、その代価は建築中に、一定の建築段階が終わるごとに分割払いで請負業者に支払われた。思惑で建築されることはほとんどなかった。請負業者がこれに手を出したのは、主として、自分の労働者たちを規則正しく就業させ、それで彼らをまとめておくためでしかなかった。この四〇年来、すべてが変わってしまった。注文による建築はもうごくまれにしか行なわれない。新品の家屋を必要とする人は、思惑で建てられたものか、またはまだ建築中のもののなかから一軒をさがし求める。請負業者はもはや顧客のためではなく、市場めあてに仕事をする。他のすべての産業家とまったく同じように、彼も完成商品を市場に出さざる(237)をえない。以前には一人の請負業者が思惑で同時に建築するのは三戸か四戸であったが、いまでは彼は広大な地所を買い（すなわち、〔ヨーロッパ〕大陸流の言い方をすると普通九九ヵ年の賃借をして）、一〇〇戸とか二〇〇戸とかの家屋をそこに建て、こうして自分の資産の二〇倍から五〇倍にもなる事業に手を出さなければならない。基金は抵当の設定で調達され、個々の家屋の建築が進行するのに応じて貨幣が請負業者に用立てられる。その場合に恐慌が起こり、それで前払金の払い込みが停止されると、普通は全事業が瓦解する。最善の場合でも家屋は景気回復まで未完成のままにされ、最悪の場合には競売にかけられ半値で売りとばされる。思惑建築、それも大規模なものがないと、こんにちではもはや請負業者はやっていけない。建築そのものからの利潤はごくわずかであり、彼の主要な利得は地代の騰貴から、建築用地の巧妙な選択および利用から得られる。家屋の需要を先取りする思惑というこのようなやり方で、ベルグレイヴィアおよびタイバーニア〔いずれもロンドンの王宮近くの高級住宅地〕のほとんどすべてと数千とも知れぬロンドンの郊外住宅が建築されたのである（『銀行法特別委員会報告書』第一部、一八五七年、証言、質問第五四一三―五四一八号、第五五三五―五五三六〔正しくは五四三五―五四三六〕号〔にたいする答弁〕からの要約）。

労働期間が非常に長くかつ大規模な事業の遂行がようやく完全に資本主義的生産のものになるのは、資本の集積がすでに非常にいちじるしくなり、他方では信用制度の発展が資本家に、自分自身の資本ではなく他人の資本を前貸しするという、したがってまた他人の資本を賭けるという手軽な方策を提供するようになってからのことである。けれども、生産に前貸しされる資本がその使用者のものであるかないかという事情は、回転速度および回転時間になにも影響を与えないことは自明である。

個々の労働日の生産物を増大させる諸事情、たとえば協業、分業、機械の使用は、同時に、つながり合う生産諸行為における労働期間を短縮する。たとえば、機械は家屋、橋梁などの建設時間を短縮する。刈り取り機や脱穀機などは、実った穀物を完成商品に変えるために心要な労働期間を短縮する。造船の改良は、速度の増大によって、海運業に投下された資本の回転時間を短縮する。とはいえ、労働期間を、したがってまた流動資本が前貸しされなければならない時間を短縮するこれらの改良は、たいてい固定資本の投下の増大と結びついている。他方では、一定の諸部門における労働期間は、協(238)業の単なる拡張によって短縮される。鉄道の完成は、労働者の大軍が動員され、したがって多くの場所で多面的に工事が着手されることによって、短縮される。回転時間は、この場合には、前貸資本の増大によって短縮される。より多くの生産諸手段とより多くの労働力とが、資本家の指揮権のもとに統合されていなければならない。

こうして、労働期間の短縮が、たいていの場合、比較的短い時間だけ前貸しされる資本の増大と結びついていて、その結果、前貸時間が短くなるのに応じて資本の前貸しされる総量が増大するのであれば――ここでは、次のことに注意しなければならない。すなわち、問題は、社会的資本の総現在量を別とすれば、生産諸手段および生活諸手段またはそれらのものを自由に処分する力がどの程度に分散され、または個別資本家たちの手に統合されているか、したがって諸資本の集積がすでにどの程度に達しているかに帰着するということである。信用が一人の手中への資本の集積を媒介し、速め、高める限り、それは労働期間を、またそれによって回転時間を短縮するのに役立つ。

労働期間――それが連続的であろうと断続的であろうと――が一定の自然諸条件によって指定されている生産諸部門では、前述のような諸手段によって短縮は生じえない。「より急速な回転という言葉は、穀物の収穫には適用できない。というのは、一年に一回転しか行なえないからである。家畜については簡単にこうたずねたい。二歳羊や三歳羊、また四歳牛や五歳牛の回転はどのようにして速めることができるのか？　と」（W・ウォルター・グッド『政治、農業、および商業にかんする謬見』、ロンドン、一八六六年、三二五ページ）。

より早く現金を手に入れる必要（たとえば租税、地代など決まった支払いのための）にせまられる

（239）と、たとえば経済的標準年齢に達しないうちに家畜を売り屠殺することによって、この問題は解決されるが、農業には大損害を与える。それはまた、結局は食肉価格の騰貴を引き起こす。「以前、もっぱら夏には中部諸州の牧場に、冬には東部諸州の家畜小屋に家畜を供給するために家畜を飼っていた人々は……穀物価格の不安定と下落とによってひどく零落してしまったので、いまではバターやチーズの高値で利益が得られるのを喜んでいる。彼らはバターを毎週市場にもっていって経常費を賄う。彼らは、チーズにたいしては仲買人から前払金を受け取り、仲買人はチーズが運搬できるようになりしだい引き取るが、仲買人がもちろん彼自身の価格を決める。このような理由から、そして農業は経済学の諸原則によって規制されるので、以前には酪農地帯から肥育のために南部に送られた子牛が、いまではバーミンガム、マンチェスター、リヴァプールその他近隣の大都市にある屠殺場で、しばしば生後わずか八日か一〇日で大量にいけにえにされる。ところが、もし麦芽が無税だったとすれば、借地農場経営者たちはもっと多くの利潤をあげ、またそれにより自分たちの幼牛がもっと長く生きて体重が増えるまで手もとに置くことができたであろうし、そればかりでなく、牝牛をもたない人々のところでは、麦芽は子牛を育てるのに牛乳の代わりとして役立ったであろう。そして、現在のびっくりするような幼牛の不足は大部分避けられたであろう。いまこれらの小農場経営者に子牛を肥育するようにすすめるならば、彼らはこう言うであろう——乳で肥育すれば割りに合うであろうということはよくわかっている。しかし第一に、金を出さなければならないであろうが、われわれにはそれができない。第二に、金を回収するまでに長く待たなければならないであろうが、酪農業でならすぐに回収できる」〔同前、一二一、一二三〔正しくは一一一、一一二〕ページ〕。

回転の長期化[*]がイングランドの小借地農場経営者たちのところでさえこのような結果を生むとすれば、それが大陸の小農民たちのところでどのような混乱を引き起こさざるをえないかは、容易に理解できる。

＊〔草稿では「回収」となっている〕

労働期間の長さ、したがってまた流通可能な商品が完成されるまでの期間の長さに照応して、固定資本から生産物に層をなして引き渡される価値部分が積み重なり、この価値部分の還流は遅くなる。しかし、この遅延は、固定資本の投下を更新する原因とはならない。機械の摩滅の補填分が貨幣形態でゆっくりと還流しようと、急速に還流しようと、機械は生産過程で作用し続ける。流動資本の場合には事情が違う。労働期間の長さに比例して資本がより長い時間固定されていなければならないばかりでなく、新たな資本が労賃、原料、補助材料としてつねに前貸しされなければならない。[*1]だから、還流の遅延は、この両方の場合に異なる作用をおよぼす。還流がゆっくりであろうと急速であろうと、固定資本は作用し続ける。これに反して、流動資本は、もしそれがまだ売れないでいる生産物または未完成でまだ売ることのできない生産物の形態に縛りつけられており、しかも、それを〝現物で〟更新するための追加資本が現存しないとすれば、還流の遅延によって機能不可能となる。――「農民が飢えているのに、彼の家畜は肥えている。かなり雨が降ったので、牧草は茂っていた。インドの農民はふとった牡牛のそばで飢え死にするであろう。迷信のおきてには個々人には残酷に見えるが、社会を

（240）保全するものである。役畜の維持によって農耕の継続が保証され、したがって将来の生計および富の源泉が保証される。インドでは牛よりも人間のほうがたやすく補填できるというのは過酷で悲惨に聞こえるかもしれないが、そのとおりなのである」（『報告書。東インド。マドラスおよびオリッサの飢饉』〔一八六七年七月四日〕、第四号、四四ページ）。これを『マヌ法典』[*2]第一〇章、第六二節の次の文句と比較せよ——「僧〔バラモン〕または牝牛を維持するために〔……〕報酬なしに命を捨てることは……これら生まれ卑しい種族に天福を確保できるようにする」〔田辺繁子訳『マヌの法典』、岩波文庫、一九五三年、三一七ページ〕。

*1〔初版にはこのあとに次の文章がはいっている。「ここで、労働過程において相異なる諸要因が果たす役割から、固定資本と流動資本との相違が生じることがわかる。前者は反復する労働過程のなかで作用し続け、後者はつねに更新される。したがって後者は流通を通じてつねに全部補填されなければならないが、前者はそうではない」〕

*2〔紀元前二世紀から紀元二世紀のあいだにできた古代インドの法典で、その宗教上、祭儀上、法律上の諸規定はバラモンによってヒンズーのすべての身分にとっての拘束的な生活・行動規範にまで高められた。作成者は、インド神話のなかで人類の祖とみなされるマヌだとされている。マルクスは次の英文によって引用している。G・Ch・ホートン訳『マーナヴァ・ダルマ・シャーストラ。クルカの注釈によるマヌの法典。インドの宗教的および世俗的諸義務の体系を含む』、第三版、マドラス、一八六三年、二八一ページ〕

五歳の動物を五年たたないうちに供給するのは、もちろん不可能なことである。しかし、世話の仕方を変えることによって、もっと短期間に動物をその用途に向くように育てあげることは、ある限界内で可能である。それは、とくにベイクウェル*によってなしとげられた。以前にはイギリスの羊は、フランスの羊が一八五五年にまだそうであったように、四歳ないし五歳以前には屠殺できるようになってはいなかった。ベイクウェルの方式に従えば、早くも一歳の羊が屠殺用として肥育されうるし、またいずれにしても二年たたないうちに完全に成育する。ディシュリー農場〔レスターシャー州北部の町〕の借地農場経営者ベイクウェルは、周到な淘汰によって羊の骨格を生存に必要な最小限に縮小した。彼の羊はニュー・レスターズと呼ばれた。「飼育者は、いまでは、以前に一頭の羊を育てあげたのと同じ時間内に、三頭の羊を市場に供給することができる。しかも、その羊は、〔背丈は大きくなくても〕もっとも多く肉のとれる部分が、いっそう幅広く、いっそうまるまると、いっそう大きく発達している。〔……〕ほとんどその全重量が純粋な肉である」（ラヴェルニュ『イングランド、スコットランド、アイルランドの農村経済』、〔英訳版〕一八五五年、二二〔正しくは二〇〕ページ）。

＊〔羊、牛、馬の品種改良と肥育、牧草採取の改良などで著名な一八世紀のイギリスの農場経営者〕

労働期間を短縮する諸方法は、産業部門が異なれば非常に異なった程度でしか適用できないのであり、さまざまな労働期間の時間の長さの相違を均等化するものではない。まえの例を続けるとすれば、新たな道具機の使用によって機関車一両の製作に要する労働期間は絶対的には短縮されるであろう。しかし、紡績工程の改良によって、毎日または毎週供給される完成生産物がはるかに急速に増やされるとすれば、機械製造業における労働期間の長さは、紡績業に比べればやはり相対的には増大したのである。

(241)

第一三章　生産時間*

＊〔この章は、第二草稿の「2)」の「c) 労働時間と生産時間の相違」と題された部分と「d) 生産過程の性質から生じる回転循環（資本の回転時間への作用）」と題された部分（本訳書、第二巻、三九七ページの区分線以降）とからなっている〕

労働時間は、つねに生産時間、すなわち資本が生産部面に拘束されている時間である。しかし、だからといって、逆に、資本が生産過程にあるすべての時間が必然的にまた労働時間なのではない。

ここで問題なのは、労働力そのものの自然的諸制限によって引き起こされる労働過程の中断ではない——もっとも、労働過程の休止のあいだ工場建物、機械などの固定資本は遊休しているというだけの事情が、どれほど労働過程の不自然な延長と昼夜労働とへの動機の一つになったかは、すでに明らかにされたが。*ここで問題なのは、労働過程の長さにかかわりなく、生産物の性質およびそれの生産そのものの性質によって引き起こされる中断であり、そのあいだ労働対象は、あるいは短い期間、あるいは長い期間にわたって持続する自然過程の支配下におかれ、物理学的、化学的、生理学的な諸変化をこうむらざるをえないのであり、そのあいだ労働過程は全部または一部分停止されている。

＊〔本訳書、第一巻、四四七—四六二、七〇七—七一七ページ参照〕

たとえば、しぼり出されたブドウ原液は、一定の完成に達するためには、まずしばらく醗酵させ、

（242）

次いで、さらにしばらく寝かせておかなければならない。多くの産業部門においては、製陶業の場合のように、生産物は乾燥させなければならなかったり、また漂白業の場合のように、生産物の化学的性状を変えるために一定の状態にさらしておかなければならなかったりする。秋まき穀物は、成熟までにおそらく九ヵ月はかかるであろう。播種期と収穫期とのあいだ、労働過程はほとんどまったく中断されている。造林では、播種およびそれに必要な準備労働が終わってから、種子が完成生産物に転化されるためには、あるいは一〇〇年を必要とするかもしれない。この全時間のあいだで、種子が労働の働きかけを必要とするのは相対的にごくわずかである。

これらの場合には、いずれも、生産時間の大部分を通じて、追加労働がときどき加えられるにすぎない。前章で述べたような、すでに生産過程に固定されている資本にたいし追加の資本および労働がつけ加えられなければならないという関係は、ここでは、長いまたは短い中断があってはじめて生じる。

したがって、これらのどの場合にも、前貸資本の生産時間は、二つの期間から成り立つ。一つは、資本が労働過程にある期間である。第二は、資本の存在形態――未完成生産物という形態――が労働過程にあるのではなく、自然諸過程の支配にゆだねられている期間である。この二つの期間がときおり互いに交差したり混ざり合ったりしても、事態は少しも変わらない。労働期間と生産期間とは、この場合には一致しない。生産期間は労働期間よりも大きい。しかし、生産期間が経過してからようやく、生産物は完成し、成熟し、したがって生産資本の形態から商品資本の形態に転化可能になる。このように、生産時間のうち労働時間から成り立っているのではない部分の長さに応じて、資本の回転期間も長くなる。労働時間を超える生産時間が、穀物の成熟や樫（かし）の木の成長などの場合のように確固とした自然法則によって規定されているのでない限り、回転期間はしばしば、生産時間の人為的短縮によって多かれ少なかれ短縮されうる。たとえば、屋外漂白に代わる化学的漂白の採用によって、また乾燥工程におけるいっそう効果的な乾燥諸装置によって。同じように、なめし皮業において、タンニン酸が皮にしみ込むのに、古い方法によれば六ヵ月ないし一八ヵ月かかったのが、空気ポンプを使用する新しい方法によれば、一ヵ月半から二ヵ月しかかからない（J・G・クルセル－スヌイユ『工業、商業、農業の理論的および実践的概論』、パリ、一八五七年、第二版〔四九ページ〕）。生産時間のうちもっぱら自然諸過程によって満たされた部分だけを人為的に短縮したもっともすばらしい実例を提供するのは、鉄生産の歴史であり、とりわけ一七八〇年ころに発見されたパドル法[*1]から近代的ベッセマー法[*2]およびその後採用された最新の処理諸方法にいたる、最近一〇〇年間における銑鉄から鋼鉄への転化である。生産時間は途方もなく短縮されたが、それと同じ度合いで固定資本の投下額も増大した。

＊1〔反射炉に銑鉄と酸化鉄を入れて加熱し、鉄棒で撹拌して夾雑物をのぞき錬鉄をつくる方法。撹錬法とも言う。一七八四年にヘンリー・コートが発明し、一八四〇年にジョウジフ・ホールが改良した〕

＊2〔転炉（鋼などの製錬用の炉）に、溶けた銑鉄と屑鉄を入れ、上から高圧力の熱風を吹き込んで溶鋼をつくる方法。銑鉄に含まれる炭素の酸化熱を利用するので燃料は不要。一八五五年にヘンリー・ベッセマーが

発明した〕

生産時間と労働時間の背離について独特の実例を提供するのは、アメリカの靴型製造である。ここ
では、経費の相当な部分は、できあがった靴型があとで反って変形しないように、材木を一八ヵ月も
(243) そのまま乾燥させておかなければならないということから生じる。この時間中、材木はほかの労働過
程にははいらない。だから、投下資本の回転期間は、靴型製造そのものに必要な時間によってだけで
なく、乾燥中の材木として資本が遊休している時間によっても規定されている。資本は、本来の労働
過程にはいれるようになるまえに、一八ヵ月、生産過程にある。この例は同時に、総流動資本のさま
ざまな部分の回転時間が、流通部面の内部ではなく生産過程から生じる諸事情によってどんなに異
なりうるか、を示している。

　生産時間と労働時間との相違は、農業でとくにはっきりと現われる。われわれの温帯気候では、土地には毎年一回穀物ができる。生産期間（秋まきでは平均九ヵ月）の短縮または延長は、それ自身がまた豊年と凶年の変転しだいであり、したがって本来の工業でのように、正確に予測し制御することはできない。牛乳やチーズなどの副産物だけは、比較的短期間に継続的に生産し販売することができる。これにたいして、労働時間は次のようである――「労働日の数は、ドイツのさまざまな地方において、気候やその他の影響を与える諸事情を考慮すると、三つの主要な労働期間について次のように見るべきであろう。三月なかばまたは四月はじめから五月なかば〔原文は「五月末」〕までの春期には五〇―六〇労働日。六月はじめから八月末までの夏期には六五―八〇労働日。九月はじめから一〇月

末または一一月なかばもしくは末までの秋期には五五―七五労働日。冬期については肥料、木材、市場商品、建築材料の運搬などのような、この時期になすべき労働だけが目につく」（F・キルヒホーフ『農業経営学提要』、ドレスデン〔正しくはデッサウ〕、一八五二年、一六〇ページ）。

だから、気候が悪ければ悪いほど、農業の労働期間は、したがってまた資本および労働の投下は、短い期間に圧縮される。たとえばロシア。そこのいくつかの北部地方では、耕作労働は一年に一三〇―一五〇日間できるだけである。もしヨーロッパ・ロシアの人口六五〇〇万のうち五〇〇〇万が、すべての耕作労働が中止されなければならない冬の六ヵ月ないし八ヵ月のあいだ仕事をしないままでいるとすれば、ロシアが受ける損害がどんなものかは、だれにでもわかる。ロシアの一万五〇〇の工場で労働する二〇万の農民のほかに、村々にはどこでも固有の家内工業が発達している。たとえば、すべての農民が代々、織物師、なめし皮師、靴屋、錠前師、刃物師、等々である村々が存在する。とくに、モスクワ、ウラジーミル、カルーガ、コストローマ、ペテルブルクの諸県ではそうである。ついでながら、これらの家内工業は、すでにますます資本主義的生産に奉仕を強制されている。たとえば、
(244) 織物師には経糸（たていと）と緯糸（よこいと）とが、商人によって直接にか、または仲買人の周旋で、供給される（『駐在諸国の工業、商業等にかんするイギリス帝国大使館および公使館書記官の報告書』、第八号、一八六五年、八六、八七ページにより要約）。ここからわかるように、生産期間とその一部分をなすにすぎない労働期間との不一致が、農業と副業的農村工業との結合の自然的基礎をなすとともに、他方では、この副業的農村工業がまた、最初は商人として侵入してくる資本家にとっての拠点になる。そののち、

資本主義的生産が製造業(マニユファクチュア)と農業との分離をなしとげると、農村労働者はまったく偶然的な副業にますます依存するようになり、そのために農村労働者の状態は悪化する。資本にとっては、のちに見るように、回転におけるすべての相違は平均化される。労働者にとってはそうではない。

本来の工業、鉱山業、輸送業などのたいていの部門では、経営は均斉を保って進められ、労働時間は毎年毎年均等であり、価格変動や事業上の故障など異常な中断を度外視すれば、日々の流通過程にはいり込む資本のための投下は均等に配分される。同様に、その他の市場諸関係が不変であれば、流動資本の還流またはその更新も、一年を通じて均等な諸期間に配分される。——他方、労働時間が生産時間の一部分をなすにすぎない投資では、年内のさまざまな期間の経過中に、流動資本の投下にはきわめて大きな不均等が生じるが、その還流は自然諸条件によって固定された時期に一度に行なわれるだけである。だから、事業規模が同じ場合でも、すなわち前貸しされる流動資本の大きさが同じ場合でも、連続的な労働期間をもつ事業に比べて、流動資本はいっそう大量に一度にかついっそう長期間にわたって前貸しされざるをえない。この場合にはまた、固定資本の寿命は、固定資本が現実に生産的に機能する時間といっそういちじるしく相違する。労働時間と生産時間とが相違するにつれて、もちろん、充用される固定資本の使用時間も、長時間または短時間にわたって、いつも中断される——たとえば農耕では、役畜、道具、機械の場合がそうである。この固定資本が役畜から成り立つ限り、家畜が働いている時間中と同じかまたはほとんど同じだけの飼料などへの支出がいつも必要である。死んだ労働諸手段の場合には、使用されなくてもある程度の減価が生じる。このようにして、一

（245）般に生産物の高騰が起こる。というのは、生産物への価値引き渡しは、固定資本が機能する時間によってではなく、固定資本が価値を失う時間によって計算されるからである。このような生産諸部門においては、固定資本の遊休は――さらに経常的な出費をともなってもともなわなくても――固定資本の正常な使用の一条件をなしており、たとえば紡績業の場合に一定分量の綿花の損失がそうした一条件をなすのと同様である。また同じように、どの労働過程でも、正常な技術的諸条件のもとで不生産的に、しかし不可避的に支出される労働力は、生産的労働力とまったく同じにみなされる。労働諸手段、原料、労働力の不生産的な支出を減少させる改良はいずれも、生産物の価値をも減少させる。

農業では、労働期間が比較的長く持続することと、労働時間と生産時間との差が大きいこと、この二つのことが一体になっている。これについて、ホジスキンは正しくこう述べている――「農業の生産物を完成するのに必要な時間」｛といっても、彼はこの場合労働時間と生産時間とを区別していない｝「と、他の労働諸部門のそれとの相違が、農業者たちの強い従属の主要な原因である。彼らは、一年より短い時間で商品を市場に出すことができない。この期間の全体にわたって、彼らは、靴屋、仕立屋、鍛冶屋、車大工、その他、彼らが必要とし、しかもわずか数日間または数週間で完成される生産物をさまざまな生産者から借りなければならない。このような自然的事情の結果として、また農業以外の労働諸部門でより急速に富が増加する結果として、全国の土地を独占した土地所有者たちは、しかも立法を独占したにもかかわらず、彼ら自身をも、彼らの従者である借地農場経営者をも、国内でもっとも従属的な人々になる運命から救うことができない」（トマス・ホジスキン『民衆経済学』、ロンドン、一八二七年、一四七ページの注〕。

多種多様な生産物がつくられ、そうすることで一年を通しさまざまな収穫が可能となることによって、部分的には農業における労賃および労働諸手段への支出が全年間を通じてもっと均等に配分され、部分的には回転が短縮されるようにするすべての方式は、生産に前貸しされて労賃、肥料、種子などに投下される流動資本の増加を必要とする。休耕地をともなう三圃式農法[*1]から、休耕地をともなわない輪作式農法[*2]への移行の場合がそうである。たとえばフランドル地方〔ベルギー西部とフランス北端を含む北海に沿う低地地方〕の〝間作[*3]〟の場合もそうである。「〝間作〟では根菜がつくられる。同じ耕地で、まず人間の諸欲求を満たす穀物、亜麻、あぶら菜が収穫され、その収穫ののちに家畜を飼育する根菜の種がまかれる。この方式なら有角家畜をいつも家畜小屋に入れておくことができ、かなり多くの肥料が堆積されるので、この方式は輪作式農法の基軸になる。砂地地帯では、耕地面積の三分の一以上が〝間作〟に使われる。ちょうど耕地を三分の一だけ拡張したようなものである」。同じ目的で、根菜のほかにクローバーその他の飼料用草類も用いられる。「農業がこのように園芸に移る点にまで進められると、むろん、比較的多額の投下資本を必要とする。イギリスでは一ヘクタールあたりの投下資本が二五〇フラン[*4]と見積もられている。フランドルでは、わが農民たちは、一ヘクタールあたり五〇〇フラン[*5]の投下資本をおそらくあまりにも少なすぎると思うであろう」（エミル・ド・ラヴレイ『ベルギー農村経済論』、パリ〔およびブリュッセル〕、一八六三年、五九、六〇、六三ページ）。(246)

＊1　〔三圃式農業は八世紀から一四世紀にかけて西ヨーロッパで広く行なわれた耕作方法。村落の耕地を三つ

の区域に分け、そのうち一区域は休耕地にし、残りの区域は、春まきまたは秋まきの農作物をそれぞれつくった。こうして作付けと休耕とを順次繰り返した。休耕によって地力を回復させたのである〕

＊2〔一六―一七世紀以降、三圃式農法に代わって普及した改良農法。同じ土地に性質の異なる作物を計画的に順次作付けする。連作すなわち毎年同じ土地に同じ作物を植えつけると、成育が悪くなり病虫害も発生するのを、防止する集約農法〕

＊3〔間作（キュルチュール・デロベ）とは、主要作物の収穫後、同じ年のうちに根菜などを栽培することを言う。短期間に、二度の本作の合間にこっそり（ア・ラ・デロベ）行なわれるのでこう呼ばれる〕

＊4・5〔当時の通貨価値では、それぞれ一エーカーあたり約四ポンドと八ポンドになる〕

最後に造林をとりあげよう――「木材生産が大部分の他の生産から本質的に区別されるのは、木材生産の場合には自然力が自立的に作用して、天然更新が行なわれるさいには人力と資本力とを必要としないということによってである。さらに、人工植林の場合でさえも、人力と資本力との支出は、自然力の働きに比べればほんのわずかである。そのうえ、もはや穀物ができないか、つくっても引き合わないような地質や場所でも森林はよく育つ。しかしまた造林は、正規の経営を行なうには、穀物栽培よりも大きな面積を必要とする。というのは、小規模な土地では、林業本来の伐採を行なうことができず、副次的な収益はほとんどなくなるし、森林保護を行なうことはいっそうむずかしい、などのためである。さらに、生産過程は非常に長い期間を要するので、私経営の計画を超え、個々の場合には人間の一生を超えることさえある。すなわち、林地を手に入れるために投じられた資本は」〔共同体による生産では、この資本の必要はなくなり、問題はただ、共同体が耕地や放牧地からどれだけの土地を林業のために引きあげられるかということだけである〕「長い時間ののちにはじめて引き合う収益を生むのである。しかも回転は部分的にしか行なわれず、かなりの種類の木材では、一五〇年までの期間内に*2はじめて完全回転する。そのうえ、持続的な木材生産それ自身は、年々の利用高の一〇倍ないし四〇倍に達する立木の在庫を必要とする。だから、ほかの収入がなく、また相当な広さの森林を所有していない人は、正規の林業を営むことはできない」（キルヒホーフ、五八ページ）。

*1〔原文による。草稿および初版、第二版では「田舎の土地」となっていた〕
*2〔初版および第二版では「木材では、一五〇年までの期間内に」ではなく「山林の木材では、一五〇年までに」となっていた。原文および草稿により訂正〕

(247)　長い生産時間（それは相対的にわずかな範囲の労働時間しか含んでいない）、したがって長い回転期間のために、造林は、不利な私経営部門に、したがってまた不利な資本主義的経営部門になる。この資本主義的経営部門は、たとえ個々の資本家に代わって結合資本家が現われても、本質的に私的経営である。耕作および産業一般の発達は、昔からきわめて能動的に森林を破壊するものであることを示してきたが、それに比べれば、この発達が逆に森林の保全および生産のためにしてきたいっさいのことがらは、まったく微々たるものである。

キルヒホーフからの引用文のうちで、とくに注目に値するのは次の個所である――「そのうえ、持続的な木材生産それ自身は、年々の利用高の一〇倍ないし四〇倍に達する立木の在庫を必要とする」。したがって、一〇年ないし四〇年またはそれ以上で一回の回転である。*

＊〔この一文は草稿および初版にはない〕

畜産業の場合も同様である。家畜の群れの一部（家畜の在庫）は生産過程にとどまっているが、群れの他の部分は年々の生産物として売られる。この場合には、固定資本である機械、役畜などの場合とまったく同様に、資本の一部分だけが年々回転する。この資本は、かなり長期間生産過程に固定される資本であり、そのため総資本の回転を延長するとはいえ、カテゴリー的な意味での固定資本をなすものではない。

ここで在庫と呼ばれるもの——一定分量の、生きている木材または家畜——は相対的にみれば生産過程にある（労働手段としても労働材料としても同時に）。規制された経営では、再生産の自然的諸条件により、かなりの部分がつねにこの形態をとっていなければならない。

もう一つ別な種類の在庫も、回転にたいして同じように作用する。すなわち潜勢的な生産資本[＊1]をなすにすぎないが、経営の性質からして、大量または少量で堆積され、したがってかなり長期間にわたって生産に前貸しされていなければならない在庫——といっても、この在庫は現実の生産過程には徐々にしかはいり込まないが——がそれである。これに属するのは、たとえば、まだ耕地に運ばれていない肥料であり、同様に家畜の飼育に用いられる穀物、干し草などのような飼料の在庫である。「経営資本のかなりの部分は、経営の在庫のなかに含まれている。しかし、これら在庫は、よい状態で保存するために必要な予防策が適切にほどこされないと、たちまち多かれ少なかれ価値を失うことがある。それどころか、監視そのものが不十分なために、経営用の生産物在庫の一部分がまったく失

（248）

われてしまうことさえある。だから、この点ではとくに、穀倉や、屋根裏の飼料・穀物置き場や、地下貯蔵庫の周到な監視が必要となり、また貯蔵場所は、つねに適度に戸締りされ、そのうえ、清潔に保たれよく換気されることなどが必要である。穀物その他の貯蔵作物は、ときどき適切に混ぜ返される必要があり、ジャガイモや砂糖大根などは、霜にも水や腐敗[*2]にたいしても守られなければならない」（キルヒホーフ、二九二ページ）。「自家需要、とくに家畜飼育用の自家需要を計算する場合、生産物および目的に応じて配分が行なわれなければならないが、そのさい必要を満たすだけでなく、さらに不測の場合のためにもかなりの在庫が残るように顧慮しなければならない。これによって、需要が自家生産物で完全には満たされないことがわかれば、まず第一に、他の生産物（代用品）によってこの不足を補うことができないかどうか、また不足品に代わる代用品をもっと安く調達できないかどうか、を考慮しなければならない。たとえば、もし干し草の不足が生じたとすれば、それは根菜類に藁（わら）を混ぜたもので補うことができる。こういうさいには一般に、さまざまな生産物の実質価値と市場価格とからつねに目を離さず、それに応じて消費を決定しなければならない。たとえば、エンドウやライ麦は比較的安いがえん麦は高いとすれば、馬に与えるえん麦の一部分をエンドウまたはライ麦に替え、それで余ったえん麦を売れば有利であろう」（同前、三〇〇ページ）。

＊1〔本訳書、第二巻、一二九ページの原注六〔a〕参照。草稿では「潜在的」となっている〕

＊2〔原文および草稿による。初版および第二版では「火」となっていた〕

先に在庫形成を考察するさいにすでに述べたことであるが[*]、多かれ少なかれ一定分量の潜勢的な生産資本、すなわち生産用の生産諸手段が必要なのであって、これらの生産手段は徐々に生産過程にはいっていくように、量の多少はあっても貯蔵されていなければならない。そのさい述べたように、ある与えられた企業または一定規模の資本経営では、この生産用在庫の大きさは、その更新の困難の大小、購入市場の相対的な近さ、輸送・交通諸手段の発達などに左右される。これらすべての事情は、生産用在庫の形態で現存しなければならない資本の最小限度に影響を与え、したがって資本前貸しが行なわれる時間の長さ、また、一度に前貸しされるべき資本量の規模に、影響を与える。この資本量の規模――したがってそれはまた回転にも影響を与える――は、流動資本が単なる潜勢的生産資本として生産用在庫の形態に固着している時間の長短に制約される。他方では、この滞留が急速な補填の可能性の大小、市場諸関係などに左右される限りでは、この滞留そのものがまた、通流時間から、流通部面に属する諸事情から生じる。「さらに、手工道具、篩(ふるい)、籠(かご)、綱、車両用グリス、釘などのような備品または付属品は、いずれも迅速に調達できる手近な機会が少なければ少ないほど、すぐ取り替えるためにそれだけ多く在庫の形で現存しなければならない。最後に、毎年、冬にはあらゆる備えつけの道具を綿密に点検し、これによって必要になる補充や修理をただちに手配しなければならない。しかし一般に、備品の必要にそなえて保有すべき在庫の大小は、主として地方的事情によって規定される。手工業者や商店が近くにないところでは、そうしたものがその場所かまたはすぐ近くにあるところに比べて、より大きな在庫をもたなければならない。しかし、他の事情が同じなら、適当な時機を選びさえすれば、必要な在庫を一度により大量に調達する場合には、通常は安い買い入れという利

(249)

益が得られる。もっとも、そうすれば確かに、流動経営資本からそれだけ大きな金額――事業経営上はいつもなしですませることができるものではない金額――を一度に引きあげることにもなる」（キルヒホーフ、三〇一ページ）。

生産時間と労働時間との差異は、すでに見たように、非常にさまざまな場合が認められる。流動資本は、本来の労働過程にはいり込むまえに、生産時間にはいっていることがありうる（靴型製造）。または、流動資本が本来の労働過程を経過したあとになお生産時間内にとどまる（ワイン、穀物の種子）。または、生産時間のあいだにところどころ労働時間が登場する（農耕、造林）。流通可能な生産物の大きな部分は、活動中の生産過程に合体されたままであるが、はるかに小さな部分は年々の流通にはいり込む（造林、畜産）。流動資本が潜勢的生産資本の形態で投下されなければならない時間の長さの大小、したがってまたこの資本が一度に投下されなければならない量の大小は、一部は生産過程の種類から生じ（農業）、一部は諸市場の近さなど、要するに流通部面に属する諸事情に依存する。

＊〔本訳書、第二巻、二二二―二三二ページ参照〕

労働時間から背離する生産時間を労働時間と同一に扱おうとする試み――それ自身がまた価値理論の誤った適用から生じている――が、マカロック、ジェイムズ・ミルなどにおいていかに不合理な理論を生むことになったかは、のち（第三部）[＊1]に見るであろう。[＊2]

＊1〔マルクスは第三部（第三巻）では両者に言及していない。マルクスのこの点にかんする批判は、「剰余価値に関する諸学説」（『一八六一―一八六三年草稿』）の「k　リカードウ学派の解体」の「四　マカロッ

ク」でふれられている。『資本論草稿集』7、大月書店、二六四ページ以下、『剰余価値学説史』、邦訳『全集』第二六巻、第三分冊、二三二ページ以下〕

*2〔第二草稿では、このパラグラフと次のパラグラフのあいだに区分線はなく、表題「d）生産過程の性質から生じる回転循環（資本の回転時間への作用）」が書かれている〕

（250）

以前に考察した回転循環は、生産過程に前貸しされた固定資本の持続時間によって決定される。この回転循環は、多い少ないの差はあるが数ヵ年におよぶので、それはまた固定資本が年々行なう、または一年のあいだに繰り返す、何回かの回転を含む。

農業では、そのような回転循環は輪作式作付け方式から生じる。「借地時間の長さは、いかなる場合にも、採用された輪作の循環時間が示すよりも短く[*1]決めてはならない。したがって、三圃式経営の場合にはつねに三年、六年、九年をもって計算される。しかし、完全な休耕地を含む三圃式経営が採用されると、耕地は六年間に四回だけ耕作され、作付け年には秋まき作物と春まき作物とが、そして土質が必要とするかまたは許す場合には、小麦とライ麦〔秋まき〕、大麦とえん麦〔春まき〕も輪作される。さてそこで、同じ土地でもそれぞれの穀物の種類によって他の種類とは多かれ少なかれ収穫が異なり、それぞれが異なった価値をもち、そしてまた異なった価格で売られる。そのために、耕地の収穫高は作付け年が違うごとに異なり、また循環の前半」（最初の三年間）「と後半とでも異なる結果となる。循環時間内の平均収穫高さえ、一方の循環時間と他方の循環時間とでは同じ大きさではない。というのは、豊度はただ土質だけでなく、その年の天候にも依存し、また価格もいろいろな事情に依存するからである。六ヵ年にわたる全循環時間の中位の収穫年とその平均価格にもとづいて耕地の収穫[*2]を計算すれば、一方の循環時間や他方の循環時間における一年あたりの総収穫が算定される。しかし、循環時間の半分だけ、すなわち三年間だけの収穫を計算するのでは、そうはいかない。というのは、そうすれば〔年〕総収穫が違ってくるであろうからである。このことからわかるように、三圃式経営の場合、借地時間の長さは、少なくとも六年と定められなければならない。しかし、借地農場経営者および地主にとってははるかに望ましいのは、やはり、借地時間が借地時間[*3]〔〝原文どおり!〟〔F・エンゲルス〕〕「の何倍かになっていること、すなわち、三圃式経営の場合には六年ではなくて一二年、一八年、またはそれ以上の年数に、また、七圃式経営の場合には七年ではなくて一四年、二八年と定められることである」(キルヒホーフ、一一七、一一八ページ)。

＊1 〔「輪作の循環時間が示すよりも」は、初版および第二版では「輪作播種の循環時間よりも」となっていた。原文および草稿により訂正〕

＊2 〔原文および草稿による。初版および第二版では「金額」となっていた〕

＊3 〔明らかにキルヒホーフの誤記で、彼の使う意味での「循環時間」とすべきであろう〕

(草稿ではここに「イギリスの輪作経営。ここに注をつけること」と書いてある。〔F・エンゲルス〕)

（251）

第一四章　通流時間*

＊〔この章は、第二草稿では「e）通流時間の相違」と題されていた〕

これまでに考察した諸事情は、さまざまな事業部門に投下されたさまざまな資本の通流期間を相違させ、したがってまた、資本が前貸しされなければならない時間をも相違させるが、これらの事情はすべて、固定資本と流動資本との区別や、労働期間の相違などのように、生産過程そのものの内部で生じる。けれども資本の回転時間は、資本の生産時間と、通流時間または流通時間との合計に等しい。だから、通流時間の長さが違えば、回転時間が、したがってまた回転期間の長さが違ってくるのは自明である。このことは、回転を修正する他のすべての事情が同じで通流時間だけが違う二つの異なる資本投下を比較する場合か、または、ある与えられた資本をとって、固定資本と流動資本とからなるその構成や労働期間などが与えられたものとし、通流時間だけをかりに変化させてみる場合に、まったく手に取るように明白となる。

通流時間の一部分――しかも相対的にきわめて決定的な一部分――は、販売時間、すなわち資本が商品資本の状態にある時期から成り立つ。この期間の相対的な大きさに応じて、通流時間が、したがってまた回転期間一般が、長くなったり短くなったりする。また保管費などのために、資本の追加的投下が必要になることもありうる。完成商品の販売に必要な時間は、同一の事業部門内でも個々の資

（252）

本家にとって非常に違うことがありうること、すなわち、異なる生産部門に投下されている資本総量にとってばかりでなく、異なってはいるが、実際には同一生産部面に投下された総資本の自立化した諸断片をなすにすぎない自立的諸資本にとっても、非常に違うことがありうるということは、はじめから明らかである。他の諸事情が不変のままであっても、同じ個別資本にとっての販売期間は、市場諸関係の一般的諸変動につれて、または、特殊な事業部門における市場諸関係の諸変動につれて、変化するであろう。この点についてはいまはこれ以上立ち入らない。ただ次の簡単な事実だけを確認しておこう――一般に、さまざまな事業部門に投下された諸資本の回転期間における相違を生み出すいっさいの事情は、それらが個別的に作用する場合には（たとえば、一方の資本家が自分の競争相手よりも素早く売る機会をもつ場合や、一方の資本家が他方の資本家よりも労働期間を短縮する方法を多く使用する場合などには）、その結果として、同じ事業部門にあるさまざまな個別資本の回転においてもやはり相違を生じさせる、ということである。

販売時間の差異、したがってまた回転時間一般の差異を生み出すようにつねに作用する一原因は、商品が売られる市場がその生産地*から離れていることである。資本は、市場へ旅する全時間を通じて、商品資本の状態に縛りつけられている。注文で生産される場合には、引き渡しの瞬間までそうであり、注文で生産されるのでない場合には、市場へ旅する時間のほかに、商品が市場で売られるのを待つ時間が加わる。交通・輸送諸手段の改良は、商品の移動期間を絶対的には短縮するが、さまざまな商品資本――あるいはまた、同じ商品資本のうち、さまざまな市場へ移動するさまざまな部分――の通流時間における、この移動から生じる相対的な差異を解消しはしない。たとえば、改良された帆船や汽船は旅を短縮し、近くの港への旅の場合も遠くの港への旅の場合も同様に短縮する。相対的な差異は、多くの場合減少するが、やはり残る。しかし相対的な差異は、輸送・交通諸手段の発達によって、自然的な距離には照応しない仕方で変えられることもある。たとえば、生産地から国内の主要な人口中心地に通じる鉄道は、国内のもっと近くにあるが鉄道の通じていない地点への距離を、自然的にはもっと遠い地点に比べ絶対的または相対的に遠ざけるかもしれない。また同じ事情によって、比較的大きな販売市場そのものから生産地までの相対的距離が変えられるかもしれず、輸送・交通諸手段の変化にともなう旧生産中心地の衰退と新生産中心地の興隆とは、このことから説明される（そのうえになお、短距離よりも長距離にわたるほうが輸送の相対的な安さはいっそう大きくなるということがある）。（253）輸送諸手段の発達と同時に、空間移動の速度が速められ、それによって空間的距離が時間的に短縮されるが、それだけではない。交通諸手段の総量が増加し、その結果、たとえば、多数の船舶が同時に同じ港へ向かって出航したり、同じ二点間を結ぶべつべつの鉄道線路を何本もの列車が同時に走ったりするだけでなく、またたとえば、一週間のうちに連日、貨物船がリヴァプールからニューヨークに向かい、あるいは一日の異なる時刻に何本もの貨物列車がマンチェスターからロンドンに通うことにもなる。絶対的速度——したがって通流時間のこの部分——は、確かに、輸送諸手段の効率が与えられていれば、この最後にあげた事情によって変更されることはない。しかし、現実に発送されるまで大量に潜勢的商品資本として堆積することなく、つぎつぎにある商品分量が互いに連続したより短い間隔で旅を始め、つぎつぎに市場に到着することができる。したがって、還流もより短い連続した期間で配分されるので、つねにある部分は商品資本として流通し、そのあいだに他の部分は貨幣資本に転化されている。このように還流がより多くの連続的諸期間に配分されることで、総通流時間が短縮され、したがって回転も短縮される。まず、輸送諸手段が機能する頻度――たとえば一つの鉄道の列車本数――が、一方では、ある生産地がより多く生産し、より大きな生産中心地となる程度に応じて、しかも既存の販売市場に向かって、すなわち大きな生産および人口中心地や輸出港などに向かって、多かれ少なかれ増加する。しかし他方では、逆に、このように交通がとくに容易であること、またそれにより資本の回転が（通流時間によって制約される限りで）速められることが、一面では生産中心地の、他面では市場地域の集中を促進する。特定の諸地点で人口総数および資本総量の集中がこのように促進されるにつれて、少数の手中におけるこの資本総量の集中が進行する。同時に、交通諸手段の変化にともない生産地域および市場地域の相対的な位置が変化した結果、ふたたび変動と転移が生じる。ある生産地域は、幹線道路や運河に沿っているという位置のおかげで特別な地の利を得ていたが、いまでは比較的長い間隔をおいてしか運転されない一本の鉄道支線の沿線になっており、他の生産地は、主要交通路からまったく離れていたのに、いまでは何本もの鉄道の交差地点になっている。第二の場所は栄え、第一の場所は衰える。このように輸送諸手段の変化によって、商品の通流時間や売買の機会などにおける場所上の相違が生み出されたり、または既存の場所上の相違がそれまでと違った配置になったりする。このような事情が資本の回転にとってどんなに重要であるかは、さ(254)

まざまな地方の商人や産業家の代表者たちと鉄道経営者たちとの論争に示されている（たとえばまえに引用した鉄道委員会の青書を見よ）。

だから、醸造業のように、生産物の性質からおもに地方的販路をあてにしている生産諸部門はすべて、人口の主要中心地でもっとも大規模に発展する。そのさい、資本の回転がより速いことが、建築用地などいくつもの生産諸条件の騰貴を部分的に相殺する。

＊〔草稿による。初版および第二版では「販売地」となっていた〕

一方では、資本主義的生産の進歩につれて、輸送・交通諸手段の発達が一定分量の商品の通流時間を短縮するとすれば、まさにこの進歩が、そして輸送・交通諸手段の発達とともに生じる可能性が――逆に、ますます遠くの諸市場のために、一言で言えば、世界市場のために、仕事をする必然性をつくり出す。旅の途上にあり遠隔の地点に向かっている商品の総量は、いちじるしく増大し、したがってまた、社会的資本のうち、かなり長い期間にわたって引き続き商品資本の段階にあり通流時間内にある部分も、絶対的および相対的に増大する。それと同時にまた、社会的富のうち、直接的生産手段として役立つ代わりに、輸送・交通諸手段とそれの経営に必要な固定資本および流動資本に投下される部分も、増大する。

商品が生産地から販売地まで行なう旅の相対的な長さだけでも、通流時間の第一の部分である販売時間における差異を引き起こすが、それだけでなく、第二の部分、すなわち生産資本の諸要素への貨幣の再転化である購買時間における差異をも引き起こす。たとえば、商品がインドに送られる。それ

(255) にはたとえば四ヵ月かかる。販売時間はゼロにしておこう。すなわち、注文によって商品が発送され、引き渡しのさいに生産者の代理人に支払われるとしよう。貨幣の返送（返送される形式はここではどうでもよい）にもやはり四ヵ月かかる。そうすると、同じ資本がふたたび生産資本として機能し、それで同じ過程が更新できるまでには、全体としては八ヵ月かかる。こうして生じる回転における相違は、信用期限の相違の物質的基礎の一つをなすのである――なにしろ海外貿易は、もともとたとえばヴェネツィアやジェノヴァで本来の信用制度の起源の一つをなしているのだから。「一八四七年の恐慌は、当時の銀行業界や商業界が、インドおよび中国の手形支払期限（ユーザンス）」（両国とヨーロッパのあいだの手形の有効期間）「を日付後〔手形の振出日付後〕一〇ヵ月から一覧後〔債権者による手形提示後〕六ヵ月に短縮することを可能にしたが、その後二〇年経過して航海の速度が速まり、電信も開設されたこんにちでは一覧後六ヵ月払いから日付後四ヵ月払いへ、〔あるいは少なくともまた〕その第一歩として一覧後四ヵ月払いへのいっそうの短縮が必要になっている。[*1]喜望峰回りでカルカッタ〔インドの都市、現在のコルカタ〕からロンドンに向かう帆船の旅は、平均して九〇日以下である。一覧後四ヵ月払いという手形支払期限は、ほぼ一五〇日の有効期間に等しいであろう。一覧後六ヵ月払いという現在の手形支払期限は、ほぼ二一〇日の有効期間に等しい」（ロンドン『エコノミスト』一八六六年六月一六日号）。――他方――「ブラジルの手形支払期限はいまなお一覧後二ヵ月か三ヵ月であり、アントワープ〔ベルギーの都市〕からの手形」（ロンドン宛）「は日付後三ヵ月払いで振り出され、マンチェスターやブラッドフォードからさえ、ロンドン宛日付後三ヵ月払いかまたはもっと長期で振り出される。こうして、暗黙の合意により、商人には、自分の商品にたいして振り出された手形が満期になる以前ではないにしても、満期までに商品を実現するのには十分な機会が与えられる。だから、インドの手形の支払期限は度を越えたものではない。インドの生産物は、ロンドンでは普通三ヵ月の支払期限で売られているが、その販売のためのいくらかの時間を計算に入れれば、五ヵ月よりもさらに短い期間内で実現されることはできないが、他方、インドでの買い入れとイギリスの倉庫での引き渡しとのあいだに平均してさらに五ヵ月かかる。この場合期間は一〇ヵ月になるが、この商品にたいして振り出される手形は七ヵ月を超えて流通しないのである」（同前、一八六六年六月三〇日号）。「一八六六年七月二日、主としてインドおよび中国と取り引きしているロンドンの五大銀行は、さらにまたパリのコントワール・デスコント〔割引銀行〕も、一八六七年一月一日以後、東洋における支店や代理店が売買する手形は一覧後四ヵ月払いを超えないものに限る、と通達した」（同前、一八六六年七月七日号）。しかし、この短縮は失敗し、ふたたび断念されなければならなかった。（その後スエズ運河〔一八六九年完成〕がこれらすべてに革命的大変化をもたらした。[*2]）

＊1〔『エコノミスト』の記事によって〔　〕内の字句を補って訳出した。草稿では「一八四七年の恐慌は」からここまでは引用符の外に書かれており、マルクスの要約的な引用となっている〕

＊2〔丸括弧内の一文はエンゲルスによる〕

言うまでもなく、商品の通流時間が長くなるにつれて、販売市場における価格変動の危険は大きくなる。というのは、価格変動が起こりうる期間が増大するからである。

ただちに現金での支払いが行なわれない場合、手形支払期限の相違に応じて、一部は同じ事業部門の異なる個別諸資本のあいだで個別的に、一部は異なる事業部門のあいだで、通流期間の相違が生じるが、この相違は、購入や販売のさいの支払期限の相違に由来するものである。信用制度にとって重要なこの点には、ここではこれ以上立ち入らない。

（256）

商品引渡契約の大きさ――これは資本主義的生産の範囲および規模とともに増大する――からも、回転時間における差異が生じる。買い手と売り手の取り引きである商品引渡契約は、市場すなわち流通部面に属する操作である。したがって、この契約から生じる回転時間における差異は、流通部面から生じるが、しかし直接に生産部面に反作用する。しかも、いっさいの支払期限および信用関係を度外視しても、つまり現金支払いの場合でもそうなのである。たとえば、石炭、綿花、糸などは個々に分割可能な生産物である。毎日、ある分量の完成生産物が生産される。しかし、かりに、紡績業者または炭鉱主が、たとえば四週間ないし六週間の互いに連続する労働日を必要とする量の生産物の引き渡しを引き受けたとすれば、それは、資本が前貸しされるべき期間にかんする限り、四週間ないし六週間にわたる連続的な労働期間がこの労働過程で採用されたのと、まったく同じである。この場合にはもちろん、注文された生産物の全量が一度に引き渡されるべきこと、または少なくとも、残らず引き渡されたのちにはじめて支払われるということが、前提される。個別的に見れば、こうして、毎日、一定分量の完成生産物がつくられた。しかし、この完成された量はつねに、契約により引き渡すべき量の一部分にすぎない。この場合、注文された商品のうちすでに完成された部分は、もはや生産過程にはないが、それでもただ潜勢的資本として倉庫に横たわっているだけである。

次に、通流時間の第二の時期である購買時間、すなわち資本が貨幣形態から生産資本の諸要素に再転化する時期にはいろう。この時期中、資本は、長期短期の違いはあっても、貨幣資本としての状態にとどまっていなければならない。したがって、前貸総資本のある一定部分は、絶えず貨幣資本の状態になければならない――といっても、この部分は、つねに交替する要素から成り立つのであるが。たとえば、ある一定の事業では、前貸総資本のうち n×100 ポンドが貨幣資本の形態で現存しなければならない。したがって、この n×100 ポンドのすべての構成部分が絶えず生産資本に転化されるが、この額もやはり、流通からの〔貨幣の〕流入により、実現された商品資本からの流入により、つねにふたたび補充される。このように、前貸資本の一定の価値部分は、つねに貨幣資本の状態に、したがって生産部面ではなく流通部面に属する形態にあるのである。

(257) すでに見たように、資本が商品資本の形態に拘束されている時間は、市場が遠くなることにより長くなるが、このことは、直接に貨幣の還流を遅らせ、したがってまた、貨幣資本から生産資本への資本の転化を遅くする。

さらに、すでに見たことであるが（第六章[*]）、商品の購入にかんしては、購買時間――すなわち、原料の主要仕入れ先から距離の大小はあっても離れていること――が、かなり長期間用に原料を買い入れること、そして生産用在庫の形態で、すなわち潜在的または潜勢的生産資本の形態で、使用可能な状態に保持することを必要にさせ、したがって、生産の規模は別に変わらなくても、一度に前貸しされなければならない資本の総量、および資本が前貸しされなければならない時間を増大させる。

*〔本訳書、第二巻、二二八ページ以下参照〕

さまざまな事業部門で同じような作用をするのは、かなり大量の原料が市場に投じられる時期——長短の違いはあるが——である。たとえばロンドンでは、羊毛の大競売が三ヵ月ごとに行なわれ、それが羊毛市場を支配するのにたいし、綿花市場は、収穫期から収穫期まで、全体としては連続的に——必ずしも均等にではないが——更新される。このような時期は、これら原料の主要購入期日を決定し、またとくに[*1]、これら生産要素にたいする長期または短期の前貸しを必要とする投機的な買い入れにも影響をおよぼす。それは、生産された商品の性質が、投機的、意図的に、生産物を長期的または短期的に潜勢的商品資本の形態に留めおいておくことに影響するのとまったく同様である。「だから、農業者もある程度まで投機者でなければならないのであり、したがって、そのときの事情に応じて自分の生産物の販売を差し控えなければならない」。続いて[*2]いくつかの一般的原則が述べられる。「他方、生産物の販売の場合には、たいていのことは、人と、生産物そのものと、場所しだいである。手腕と幸運」(!)「をもち十分な経営資本を備えている人は、価格がなみはずれて低い場合に、自分の収穫した作物をたまに一年間寝かせておいても、非難はされないであろう。これにたいして、経営資本に不足する人、または一般に」(!)[*3]「投機心に欠ける人は、現行の平均価格を手に入れようと努めるであろうし、したがって、機会がありしだい、またそのたびに、売らずにはいられないであろう。羊毛を一年以上も寝かせておけば、ほとんどいつも損失しかもたらさないが、穀物や菜種のほうは、

(258)性状や品質をそこなわずに数年間保存することができる。たとえば菜種、ホップ、ラシャカキクサ〔ラシャの起毛に用いられる草〕などのように、通常、短期間内に大きな騰落にさらされる生産物は、価格が生産価格よりはるかに低い場合には、何年間も寝かされて当然である。肥育家畜のように毎日維持費のかかるもの、または果物やジャガイモなどのように腐りやすいもの、このようなものの販売は、少しでもためらってはならない。多くの地方では、ある生産物は、特定の季節に平均して最安値となり、他の季節には最高値になる。たとえば穀物は、多くの地方では、クリスマスと復活祭〔春分後の最初の満月の次の日曜日〕とのあいだよりも、聖マルティヌス祭〔一一月一一日〕のころのほうが平均して安値である。さらに、生産物によっては、かなりの地方で、ある時期に限りよく売れることがある。たとえば、ほかのときには通例、羊毛取り引きが行なわれていない地方で、羊毛市場がたつさいの羊毛がそうである、云々」(キルヒホーフ、三〇二ページ)。

＊1〔草稿では、「このような時期は」以下は、「これらは主要購入期日を決定する——したがって貨幣資本の形態の、原材料からなる生産資本の諸要素への転化を決定する。とくに、」となっている〕

＊2〔この一文はエンゲルスによる〕

＊3〔この「(!)」はエンゲルスによる〕

通流時間の後半には貨幣が生産資本の諸要素に再転化されるが、この時期を考察するさいにとりあげられるのは、それ自体として見たこの転換そのものだけではないし、また、生産物が売られる市場までの距離に応じて貨幣が還流するのにかかる時間だけではない。なによりもまずとりあげるべきものにはまた、前貸資本のうち、つねに貨幣形態に、すなわち貨幣資本の状態になければならない部分の大きさがある。

投機をいっさい度外視すれば、つねに生産用在庫として現存しなければならない商品の購入分量は、この在庫が更新される時間に依存している。すなわち諸事情――これまた市場関係に依存し、したがって原料などの違いに応じてさまざまに相違する諸事情――に依存している。だからこの場合には、ときどき貨幣がかなり大きな額で一度に前貸しされなければならない。この貨幣は、資本の回転に応じて、ときには速くときには遅く、しかしつねに少しずつ還流する。その一部分、すなわち労賃に再転化される部分は、比較的短い期間で、やはり恒常的にくり返し支出される。しかし、原料などに再転化される他の部分は、購入のためにせよ支払いのためにせよ、準備金として、比較的長い期間、積み立てておかなければならない。だから、この部分は貨幣資本の形態で存在する――といっても、それが貨幣資本として存在する大きさは変動するのであるが。

次章で明らかにされることであるが、他の諸事情も――それらが生産過程から生じるのか流通過程から生じるのかを問わず――前貸資本の一定部分がこのように貨幣形態で現存することを必要とする。しかし、一般的に注意しなければならないのは、事業で必要な資本の一部分が貨幣資本、生産資本、商品資本という三つの形態をつねにかわるがわる経過していくだけでなく、同じこの資本の異なる部(259)分が――それらの相対的大きさはつねに変わるとはいえ――つねに相ならんでこの三つの形態をとるということを、経済学者たちがとかく忘れがちであるということである。とくに経済学者たちが忘れるのは、つねに貨幣資本として現存する部分である——まさにこの事情こそが、ブルジョア経済を理解するために非常に必要であり、したがってまた実際上でも必要なものとされているのにである。

（260）

第一五章　資本前貸しの大きさにおよぼす回転時間の影響*

＊〔この章は、第二草稿では、「3）回転の相違が資本の価値増殖におよぼす影響など」の最初の節で、「a）前貸しすべき資本の大きさにおよぼす通流時間の作用など﹇流動資本の回転およびその反作用﹈」と題された部分。現在の表題は、エンゲルスによるもので、マルクスがa）節につけたものに対応している〕

本章および次の第一六章では、資本の価値増殖におよぼす回転時間の影響を取り扱う。*

＊〔この一文はエンゲルスによる〕

たとえば、九週間からなる一労働期間の生産物である商品資本をとってみよう。生産物の価値のうち、固定資本の平均的摩滅によって生産物につけ加えられる価値部分と、生産過程中に生産物につけ加えられる剰余価値とを、さしあたり度外視すれば、この生産物の価値は、この生産物の生産に前貸しされた流動資本の価値——すなわち労賃の価値と、この生産物の生産に消費された原料および補助材料の価値——に等しい。この価値が九〇〇ポンドであるとすれば、毎週の投下は一〇〇ポンドになる。周期的生産時間は、ここでは労働期間と一致し、したがって九週間になる。ここでとりあげるのが、連続的〔分割不可能な〕生産物のための一労働期間であると仮定するか、または個々に分割可能な生産物のための連続的労働期間であると仮定するかは、一度に市場に供給される個々に分割可能な生産物の分量がちょうど九週間の労働を要する限り、このさい、どうでもよい。通流時間は三週間としよう。すなわち、全回転期間は一二週間としよう。九週間たてば、前貸しされた生産資本は、商品資本に転化されているが、こんどは三週間は流通期間内にとどまる。したがって、新たな生産期間は第一三週のはじめにやっと再開できるのであり、生産は、三週間、すなわち全回転期間の四分の一のあいだ停止されているであろう。商品が売れるまでに平均して三週間かかると前提するか、または市場への距離のために、もしくは売れた商品の支払期限のために、この時間が必要だと前提するかは、これもまたどうでもよいことである。生産は、三ヵ月〔一二週間〕ごとに三週間、したがって一年間に
(261) $4 \times 3 = 12$週間＝3ヵ月＝年回転期間の$\frac{1}{4}$だけ休止するであろう。だから生産が連続的に、毎週同じ規模で営まれなくてはならないとすれば、それが可能なのは〔次の〕二つの場合だけである。

一つの場合には、第一回転の労働期間中も通流時間中も作業を続けるのに九〇〇ポンドで足りるように、生産の規模を縮小しなければならない。この場合、第一〇週から、すなわち第一回転期間が終わるまえに、第二労働期間が、したがってまた第二回転期間が開始される。というのは、回転期間は一二週間であり、労働期間は九週間だからである。九〇〇ポンドを一二週間に分けると、週七五ポンドになる。まず第一に明らかなことは、事業規模のこのような縮小が、固定資本の大きさの変更を、したがって一般に事業投資の縮小を前提するということである。第二に、およそこのような縮小が行なわれうるのかどうかは疑わしい。というのは、さまざまな事業における生産の発展に応じて、資本投下の標準最小限が存在し、それ以下では個々の事業が競争不能になるからである。この標準最小限

そのものも、生産の資本主義的発展につれてつねに増大し、したがって固定的なものではない。しかし、そのときどきに与えられた標準最小限と、絶えず拡大しつつある標準最大限とのあいだには、多数の中間段階——非常にさまざまな程度の資本投下を許す中間——が生じる。したがって、この中間の限界内で縮小も生じうるのであり、その縮小の限界はそのときどきの標準最小限そのものである。——生産の停滞、市場の過充〔供給超過〕、原料の騰貴などにさいしては、労働時間を制限することによって、たとえば半日しか作業を行なわないことによって、固定資本の与えられた基礎のもとで、流動資本の正常な投下の制限が行なわれる。まったく同様に、繁栄期には、一部は労働時間の延長によって、一部は労働の強化によって、固定資本の与えられた基礎の上で、流動資本の異常な拡大が行なわれる。このような変動を最初から計算に入れている事業の場合には、一部は上記の諸手段によって、一部はより多数の労働者を同時に使用すること——これは予備固定資本、たとえば鉄道なら予備機関車などの使用をともなう——によって、事態を切り抜けていく。しかし、このような異常な変動は、正常な諸関係を前提するここでは、考慮の外におかれる。*

＊〔この一文はエンゲルスによる〕

すなわち、生産を連続的にするために、この場合には、同じ流動資本の支出がより長い期間に、九週間でなく一二週間に、配分される。したがって、与えられたそれぞれの期間に、縮小された生産資本が機能する。生産資本の流動部分は、一〇〇から七五に、すなわち四分の一だけ縮小されている。
(262) 九週間の労働期間中に機能する生産資本が縮小される総額は、9×25＝225ポンド、すなわち九〇〇

ポンドの $\frac{1}{4}$ である。しかし、回転期間にたいする通流時間の比率も同様に $\frac{3}{12}=\frac{1}{4}$ である。だから、商品資本に転化された生産資本の通流時間中に生産を中断しないで、むしろ同時に連続して毎週続けようとすれば、しかもそのために特別な流動資本が与えられないとすれば、このことは、生産経営を小さくすることによってのみ、機能している生産資本の流動的構成部分を縮小することによってのみ、達成されうるということになる。こうして通流時間中の生産のために遊離された流動資本部分が、前貸総流動資本にたいしてもつ比率は、通流時間の回転期間にたいする比率に等しい。このことがあてはまるのは、すでに述べたように、労働過程が毎週同じ規模で行なわれる生産部門だけであるーーすなわち、農業のようにさまざまな労働期間に異なった資本額が投下されるということのない生産部門だけである。

しかし逆に〔もう一つの場合には〕、事業の設備が生産規模の縮小を排除し、したがって毎週前貸しされる流動資本の縮小をも排除すると仮定すれば、生産の連続性は、追加流動資本によってのみ、前述の場合では三〇〇ポンドの追加流動資本によってのみ達成することができる。一二週間の回転期間中に一二〇〇ポンドが連続して前貸しされるのであり、三〇〇ポンドがその四分の一であるのは、三週間が一二週間の四分の一であるのと同じである。九週間の労働期間ののちには、九〇〇ポンドの資本価値が、生産資本の形態から商品資本の形態に転化されている。この資本価値の労働期間は終わったが、労働期間は同じ資本をもっては更新されえない。三週間のあいだこの資本は流通部面に滞留して商品資本として機能するが、この間、この資本は、生産過程にかんしてはまったく存在しないのと同

（263）

じ状態にある。ここでは、信用関係はいっさい度外視され、したがって、資本家は自己資本だけで経営するものと想定される。しかし、第一労働期間のために前貸しされた資本が生産過程の完了後に三週間にわたり流通過程にとどまるあいだは、三〇〇ポンドの追加投下資本が機能するので、生産の連続性は中断されない。

なお、この点にかんして次のことに注意しなくてはならない。

第一に、最初の前貸資本九〇〇ポンドの労働期間は九週間後に終わるが、それから三週間たたないと、すなわち第一三週のはじめにならないと、この資本は還流しない。しかし、三〇〇ポンドの追加資本があれば、新たな労働期間がただちに再開される。まさにこのことによって、生産の連続性がつくられる。

第二に、最初の資本九〇〇ポンドの機能と、九週間の第一労働期間の終わりに新たに追加されて、第一労働期間の終了後中断することなく第二労働期間を開始する三〇〇ポンドの資本の機能とは、第一回転期間では厳密に区別されているか、または少なくとも区別されうるが、これにたいして、第二回転期間の経過中にはこれらの機能は互いに交錯し合う。

事態を具体的に表わしてみよう。

第一回転期間の一二週間。九週間の第一労働期間――この期間に前貸しされた資本の回転は、第一三週のはじめに完了する。最後の三週間には三〇〇ポンドの追加資本が機能して、九週間の第二労働期間を開始する。

第二回転期間。第一三週のはじめには、九〇〇ポンドが還流していて、新たな回転を始めることができる。しかし、第二労働期間は、追加の三〇〇ポンドの追加資本によってすでに第一〇週に開始されている。第一三週のはじめには、この三〇〇ポンドの追加資本によって労働期間の三分の一がすでに完了し、三〇〇ポンドは生産資本から生産物に転化されている。第二労働期間の終了にはもう六週間しか必要としないので、還流した資本九〇〇ポンドの三分の二、すなわち六〇〇ポンドだけが、第二労働期間の生産過程にはいり込むことができる。三〇〇ポンドは、最初の九〇〇ポンドから遊離されていて、三〇〇ポンドの追加資本が第一労働期間で果たしたのと同じ役割を果たす。第二回転期間の第六週の終わりには、第二労働期間は終了している。この労働期間に投下された九〇〇ポンドの資本は、三週間後に、すなわち一二週間からなる第二回転期間の第九週の終わりに還流する。その通流時間の三週間のあいだ、遊離された資本三〇〇ポンドが登場する。こうして、資本九〇〇ポンドの第三労働期間が、第二回転期間の第七週に、すなわちその年の第一九週に、始まる。

第三回転期間。第二回転期間の第九週の終わりに、九〇〇ポンドが新たに還流する。しかし、第三労働期間は、すでに前回の回転期間の第七週に始まっており、〔第三回転期間のはじめには〕すでに六週間が経過している。したがって、残りは三週間にすぎない。こうして、還流した九〇〇ポンドのうち、(264)生産過程にはいり込むのは三〇〇ポンドだけである。第四労働期間はこの〔第三〕回転期間の残りの九週間を占め、こうしてその年の第三七週から、第四回転期間と第五労働期間とが同時に始まる〔以上、第一例〕。

労働期間	週	商品（ポンド）	還流
第　1	第 1－ 5	500	第10週末
第　2	第 6－10	500	第15週末
第　3	第11－15	500	第20週末
第　4	第16－20	500	第25週末
第　5	第21－25*	500	第30週末 等々

＊〔初版では「第25－30」となっていた〕

計算例を簡単にするために、労働期間を五週間、通流時間を五週間、したがって回転期間を一〇週間と仮定しよう〔第二例〕。一年を五〇週間とみなし、毎週の資本投下を一〇〇ポンドとする。したがって、労働期間は五〇〇ポンドの流動資本を必要とし、通流時間がさらに五〇〇ポンドの追加資本を必要とする。こうすると、労働期間および回転時間は上の表のようになる。

もし通流時間がゼロ、したがって回転期間が労働期間に等しければ、一年間の回転数は労働期間数に等しい。すなわち労働期間が五週間ならば $\frac{50\text{週間}}{5\text{週間}}=10$ であり、回転した資本の価値は 500×10＝5.000〔ポンド〕であろう。この表では、通流時間が五週間と仮定されているが、この場合にも毎年同じく五〇〇〇ポンドの価値をもつ商品が生産され、その $\frac{1}{10}$＝五〇〇ポンドはつねに商品資本の姿態にあって、五週間後にはじめて〔貨幣形態で〕還流する。こうして、年末には第一〇労働期間（第四六―五〇労働週）の生産物は、その回転時間をなかばしか完了していない。その通流時間は、翌年の最初の五週間にあたるからである。

さらに、第三の例として、労働期間が六週間、通流時間が三週間、労働過程における毎週の前貸しが一〇〇ポンドという場合をとってみよう――

第一労働期間、第一―六週。第六週の終わりに六〇〇ポンドの商品資本。それが第九週の終わりに還流する。

第二労働期間、第七―一二週。第七―九週のあいだ三〇〇ポンドの追加資本が前貸しされる。第九週の終わりに六〇〇ポンドが還流。そのうち第一〇―一二週に三〇〇ポンドが前貸しされる。こうして、第一二週の終わりには、現金で三〇〇ポンド、商品資本の形で六〇〇ポンドが現存し、この商品資本は第一五週の終わりに還流する。

（265）

第三労働期間、第一三―一八週。第一三―一五週に上述の三〇〇ポンドが前貸しされ、次いで六〇〇ポンドが還流し、そのうち三〇〇ポンドは第一六―一八週のために前貸しされる。第一八週の終わりには、三〇〇ポンドが現金で、六〇〇ポンドが商品資本の形で現存し、この商品資本は第二一週の終わりに還流する（この場合のもっと詳しい説明は、あとの第二節を見よ）。

こうして、九労働期間（＝五四週間）には、600×9＝5.400 ポンドの商品が生産される。第九労働期間の終わりには、資本家は貨幣で三〇〇ポンドと商品で六〇〇ポンドとをもっているが、この商品はまだ通流時間を経ていない。

これら三つの例を比較してまず第一にわかるのは、五〇〇ポンドの資本Ⅰ〔最初の資本〕とやはり五〇〇ポンドの追加資本Ⅱとが順次交替し、これら二つの資本部分がそれぞれべつべつに運動するのは、第二例の場合だけであり、しかもそれは、この場合に労働期間と通流時間とが等しく、二つとも回転期間の半分をなすという、まったく例外的な想定がなされているからにすぎない、ということである。他の場合にはいずれも、回転期間の二つの期間がどのように違っていようとも、二つの資本の運動は、第一例および第三例のように、すでに第二回転期間から互いに交錯し合う。そのさい、追加資本Ⅱは、資本Ⅰの一部分と一緒に第二回転期間で機能する資本となり、他方、資本Ⅰの残りは、資本Ⅱの最初の機能〔と同じ機能〕のために遊離される。商品資本の通流時間中に活動している資本は、この場合、最初にこの目的のために前貸しされた資本Ⅱと同一ではないが、価値ではそれに等しく、前貸総資本の同じ可除部分をなす。

第二に――労働期間中に機能した資本は、通流時間中は遊休する。第二例では、資本は、五週間の労働期間中は機能し、五週間の通流時間中は遊休する。したがって、この場合に資本Ⅰが一年たつうちに遊休する総時間は半年となる。その場合、この時間中には追加資本Ⅱが登場するが、この資本も第二例では、やはり半年間遊休する。*しかし、通流時間中も生産を連続させるのに必要な追加資本を決定するのは、一年間の通流時間の総範囲または合計ではなく、回転期間にたいする通流時間の比率にほかならない。（ここではもちろん、すべての回転が同じ諸条件のもとで行なわれるものと前提されている。）だから第二例では、必要な追加資本は五〇〇ポンドであって、一二五〇〇ポンドではない。(266)
これはただまったく、追加資本は最初に前貸しされた資本と同じように回転にはいり込み、したがって最初の資本とまったく同様にその回転数によってその量を補う、ということに由来する。

＊〔この一文はエンゲルスによる〕

第三に――生産時間が労働時間よりも長いかどうかは、ここで考察された事情を少しも変えない。もちろん、それによって総回転期間は延長されるが、回転がこのように延長されたからといって、労働過程のために追加資本が必要になるわけではない。追加資本が目的とするのは、通流時間によって生じる労働過程でのすきまを埋めることだけである。したがって追加資本は、通流時間から生じる諸撹乱から生産を守りさえすればよい。生産の固有の諸条件から生じる諸撹乱は、ここでは考察されない別の方法で調整されるべきである。これにたいして、注文に応じて作業が断続的にしか行なわれず、したがって労働期間と労働期間とのあいだに中断が生じうる事業がある。このような事業では、〝その限りにおいて〟追加資本の必要がなくなる。他方では、季節労働のたいていの場合には、また、還流の時間にある一定の限界が与えられている。その資本の流通時間が次の年までに終わっていなければ、同じ作業が同じ資本で次の年に更新されることはできない。これにたいして、通流時間が、ある生産期間から次の生産期間までの間隔より短いこともありうる。この場合には、資本は、その合間にほかの方面で使用されなければ遊休する。*

＊〔「他方では」からここまではエンゲルスによる〕

第四に――一労働期間のために前貸しされる資本、たとえば第三例での六〇〇ポンドは、一部は原料および補助材料に、その労働期間のための生産用在庫に、すなわち不変的流動資本に投下され、一部は可変的流動資本に、すなわち労働そのものの支払いに投下される。不変的流動資本に投下された部分が生産用在庫の形態で存在している時間の長さは同じでないかもしれない。たとえば、原料は全労働期間の分が用意されてはいないかもしれないし、石炭は二週間ごとにしか調達されないかもしれない。にもかかわらず――ここではまだ信用は除外されているから――資本のこの部分は、生産用在庫の形態で自由に利用できるのでない限り、貨幣の形態でいつでも自由に利用できる状態にあり、必要に応じて生産用在庫に転化されなければならない。このことは、六週間にわたって前貸しされる不変的流動資本価値の大きさを少しも変えない。これにたいして――予測できない支出のための手持ち(267)貨幣、すなわち撹乱を調整するための本来の準備金は別として――労賃はもっと短い期間内に、たいてい毎週、支払われる。したがって、資本家が労働者に強制して、彼の労働をもっと長く資本家に前貸しさせるようにしない限り、労賃のために必要な資本は貨幣形態で現存していなければならない。だから、資本が還流するさいには、一部は生産用在庫に転化されることができても、他の一部は労働の支払いのために貨幣形態で保持されなければならない。

追加資本は、最初の資本とまったく同じように分割される。しかし、それが資本Ｉと違う点は、追加資本が（信用関係を度外視すれば）それ自身の労働期間のために自由に利用できるようになっているためには、この追加資本がはいり込まない資本Ｉの第一労働期間の全継続時間中に、すでに前貸しされていなければならない、ということである。この時間中に、追加資本は、少なくともその一部が、全回転期間にわたって前貸しされる不変的流動資本にすでに転化されているかもしれない。追加資本がどの程度までこの形態をとるか、または、この転化が必要になる瞬間までどの程度追加貨幣資本の形態にとどまるかは、一部は一定の事業部門の特殊な生産諸条件に、一部は地方的諸事情に、一部は原料などの価格変動に、よるであろう。社会的総資本について考察すれば、つねに、この追加資本の多かれ少なかれ相当な部分が比較的長い時間にわたって貨幣資本の状態におかれているであろう。これにたいして、資本Ⅱのうちの労賃として前貸しされるべき部分について言えば、この部分は、つねに、比較的短い労働期間が終わり支払いが行なわれるのに応じて、はじめて徐々に労働力に転化される。したがって、資本Ⅱのこの部分は、労働力への転化によって生産資本の機能にはいるまでは、労働期間の全期間にわたって、貨幣資本の形態で現存する。

　したがって、資本Ⅰの通流時間を生産時間に転化するのに必要な追加資本がこのようにはいってくることは、前貸資本の大きさと総資本が必然的に前貸しされる時間の長さとを増大させるだけでなく、前貸資本のうちの、とくに手持ち貨幣として存在する部分、すなわち貨幣資本の状態にあって潜勢的貨幣資本の形態をとる部分をも増大させる。

　こうしたことは——生産用在庫の形態での前貸しについても、手持ち貨幣の形態での前貸しについても——次の場合にも同様に生じる。すなわち、通流時間によって必要とされてくる資本の分割——第一労働期間のための資本と通流時間のための補充資本〔追加資本〕という二つの部分への分割——が、投下資本の増大によってではなく生産規模の縮小によって引き起こされる場合である。ここでは、
(268) 生産規模に比べて、貨幣形態に縛りつけられる資本の増加がむしろいちじるしい。

　資本がこのように最初の生産資本と追加資本とに分割されることによって一般に達成されるのは、労働期間が中断なく継続することであり、前貸資本のうちの同じ大きさの部分が生産資本としてつね

に機能することである。

第二例を見よう。つねに生産過程にある資本は五〇〇ポンドである。労働期間は五週間であるから、この資本は五〇週間（これを一年と仮定する）に一〇回働く。したがって、その生産物も、剰余価値を度外視すれば、10×500＝5,000 ポンドになる。したがって、直接にかつ中断なく生産過程で働く資本――五〇〇ポンドの資本価値――の立場からすれば、通流時間はまったく消え去ったように見える。回転期間は労働期間と一致し、通流時間はゼロであるとされる。

これにたいして、もし、五〇〇ポンドの資本がその生産的活動を規則的に五週間の通流時間によってさまたげられるので、一〇週間の全回転期間の終了後にようやく生産を再開できるものとすれば、一年五〇週間では、一〇週間の回転が五回行なわれることになる。そのなかに五週間の生産期間が五回、したがって合計二五生産週間があり、総生産物は 5×500＝2,500 ポンドとなる。また五週間の通流時間が五回あり、したがって総通流時間は同じく二五週間となる。この場合にもしわれわれが、五〇〇ポンドの資本が一年に五回転した、と言えば、各回転期間の半分のあいだは、五〇〇ポンドのこの資本が生産資本としてはまったく機能しなかったこと、総計すれば、この資本は半年間だけ機能して他の半年間はまったく機能しなかったことは、一目瞭然である。

われわれの例では、これら五回の通流時間の継続中に五〇〇ポンドの補充資本がはいり込み、それによって回転が二五〇〇ポンドから五〇〇〇ポンドに高められる。しかし、前貸資本も、いまでは五〇〇ポンドではなく、一〇〇〇ポンドである。五〇〇〇を一〇〇〇で割れば五である。したがって一

〔269〕

○回転ではなく五回転である。そういうわけで実際にもこのように計算される。しかしその場合、一〇〇〇ポンドの資本が一年に五回転したと言われることによって、資本家のからっぽの頭のなかでは通流時間にかんする記憶が消えてしまい、まるでこの資本が引き続く五回転のあいだつねに生産過程で機能していたかのような、混乱した観念がつくられる。しかしわれわれが、一〇〇〇ポンドのこの資本が五回転したと言う場合、それには生産時間と同じく通流時間も含まれている。実際のところ、もし現実に一〇〇〇ポンドが生産過程でずっと活動していたとすれば、われわれの前提によれば、生産物は五〇〇〇ポンドではなく、一万ポンドでなければならないであろう。しかし一〇〇〇ポンドが絶えず生産過程にあるためには、そもそもまた二〇〇〇ポンドが前貸しされていなければならないであろう。*およそ回転の機構についてなに一つ明らかにしていない経済学者たちは、生産が中断することなく進行するとすれば、実際にはつねに産業資本の一部分しか生産過程で働けないという、この重要な契機をいつも見落としている。一部分が生産期間にあるあいだ、他方の部分はつねに流通期間になければならない。または換言すれば、一方の部分が生産資本として機能できるのは、他方の部分が商品資本または貨幣資本の形態で本来の生産から引きあげられているという条件のもとにある場合だけである。このことが見落とされることで、一般に貨幣資本の意義と役割が見落とされるのである。

＊〔この一文はエンゲルスによる〕

われわれはこれから、回転期間の二つの部分――労働期間と流通期間――が互いに等しいか、または労働期間が流通期間より長いか短いかに応じて、回転においてどのような相違が生じるかを、さらにまた、このことが資本を貨幣資本形態に縛りつけるのにどのような影響をおよぼすかを研究しなければならない。

毎週前貸しされるべき資本は、いずれの場合にも一〇〇ポンドで、回転期間は九週間、したがって各回転期間に前貸しされるべき資本も九〇〇ポンドであると仮定しよう。*

＊〔この一文はエンゲルスによる〕

第一節　労働期間が流通期間に等しい場合*

＊〔草稿では「Ｉ）　回転期間の二つの部分が等しい場合、すなわち労働期間が通流時間に等しい場合」となっている。また、初版および第二版の目次では「労働期間が通流期間に等しい場合」となっていた〕

この場合は、現実には偶然的な例外にすぎないが、考察の出発点として役立つに違いない。なぜなら、この場合には諸関係がもっとも簡単でもっとも手に取るように現われるからである。

二つの資本（第一労働期間のために前貸しされる資本Ｉと、資本Ｉの流通期間中に機能する追加資本Ⅱ）は、交替しながら運動し、交錯することはない。したがってまた、第一期間をのぞけば、両資本はいずれも、それ自身の回転期間だけのために前貸しされている。回転期間は次の例のように九週間であり、したがって労働期間および通流期間はそれぞれ四$^1/_2$週間であるとしよう。その場合、次〔次ページの第１表〕のような年間図式が得られる――

第 1 表

資　本 Ⅰ

	回転期間(週)	労働期間(週)	前貸し(ポンド)	流通期間(週)
Ⅰ	第 1 − 9	第 1 − $4\frac{1}{2}$	450	第 $4\frac{1}{2}$ − 9
Ⅱ	第10 − 18	第10 − $13\frac{1}{2}$	450	第$13\frac{1}{2}$ − 18
Ⅲ	第19 − 27	第19 − $22\frac{1}{2}$	450	第$22\frac{1}{2}$ − 27
Ⅳ	第28 − 36	第28 − $31\frac{1}{2}$	450	第$31\frac{1}{2}$ − 36
Ⅴ	第37 − 45	第37 − $40\frac{1}{2}$	450	第$40\frac{1}{2}$ − 45
Ⅵ	第46 ＊1 −(54)	第46 − $49\frac{1}{2}$	450	第$49\frac{1}{2}$ −(54)

(31)

資　本 Ⅱ

	回転期間(週)	労働期間(週)	前貸し(ポンド)	流通期間(週)
Ⅰ	第 $4\frac{1}{2}$ − $13\frac{1}{2}$	第 $4\frac{1}{2}$ − 9	450	第10 − $13\frac{1}{2}$
Ⅱ	第$13\frac{1}{2}$ − $22\frac{1}{2}$	第$13\frac{1}{2}$ − 18	450	第19 − $22\frac{1}{2}$
Ⅲ	第$22\frac{1}{2}$ − $31\frac{1}{2}$	第$22\frac{1}{2}$ − 27	450	第28 − $31\frac{1}{2}$
Ⅳ	第$31\frac{1}{2}$ − $40\frac{1}{2}$	第$31\frac{1}{2}$ − 36	450	第37 − $40\frac{1}{2}$
Ⅴ	第$40\frac{1}{2}$ − $49\frac{1}{2}$	第$40\frac{1}{2}$ − 45	450	第46 − $49\frac{1}{2}$
Ⅵ	第$49\frac{1}{2}$ −($58\frac{1}{2}$)	第$49\frac{1}{2}$ −(54)	450	(第55 ＊2 − $58\frac{1}{2}$)

(31) 回転第二年にはいる週は括弧に入れてある〔エンゲルスによる〕

＊1 〔初版および第二版では「46」ではなく「40」となっていた〕

＊2 〔初版および第二版では「55」ではなく「54」となっていた〕

(270) ここではわれわれは五一[＊]週間を一年と仮定するが、この間に資本Ⅰはまる六労働期間を完了し、したがって $6\times450=2{,}700$ ポンド分の商品を生産し、また資本Ⅱはまる五労働期間に $5\times450=2{,}250$ ポンド分の商品を生産した。そのうえ資本Ⅱは、年末の一$\frac{1}{2}$週間（第五〇週なかばから第五一週の終わりまで）にさらに一五〇ポンド分を生産した——五一週間の総生産物は、五一〇〇ポンドとなる。したがって、労働期間中だけで生産される剰余価値の直接的生産にかんしていえば、九〇〇ポンドの総資本が五$\frac{2}{3}$回転したことになるであろう（$5\frac{2}{3}\times900=5{,}100$ ポンド）。しかし実際の回転を考察すれば、資本Ⅰは五$\frac{2}{3}$回転している。というのは、第五一週の終わりに資本Ⅰは、これからまだ第六回転期間のうちの三週間を終えなければならないからである。$5\frac{2}{3}\times450=2{,}550$ ポンド。そして資本Ⅱは五$\frac{1}{6}$回転した。というのは、それは第六回転期間の一$\frac{1}{2}$週間をようやく完了したからであり、残りの七$\frac{1}{2}$週間は翌年にはいるからである。$5\frac{1}{6}\times450=2{,}325$ ポンド。現実の総回転は、四八七五ポンドである。

＊〔初版および第二版では「五〇」となっていた。カウツキー版以後訂正〕

(271) 資本Ⅰと資本Ⅱとを、二つの互いにまったく自立した資本として考察しよう。それぞれの運動において、二つの資本はまったく自立している。これらの運動が補足し合うのは、二つの資本の労働期間と流通期間とが互いに直接交替するからにすぎない。両資本は、異なる資本家に属する二つのまったく独立した資本とみなすことができる。

資本Ⅰは、その回転期間をまる五回と、第六回目の回転期間の $\frac{2}{3}$ とを終えている。年末には、それは商品資本の形態にあり、その正常な実現のためにはなお三週間が必要である。その時間中、この資本は生産過程にはいり込むことはできない。それは商品資本として機能する。すなわち流通する。それは最後の回転期間のうち $\frac{2}{3}$ を終えたにすぎない。そのことは次のように表現される――資本Ⅰは $\frac{2}{3}$ 回回転しただけであり、その総価値の $\frac{2}{3}$ がまる一回転を終えただけである、と。われわれは言う――四五〇ポンドは九週間でその回転を終える、したがって三〇〇ポンドは六週間でその回転を終える、と。この言い方では、回転時間を構成する二つの独自の相異なる部分の有機的な諸関係は無視される。四五〇ポンドの前貸資本が五$\frac{2}{3}$回回転したということの正確な意味は、ただ、この資本が五回転を完全に終え、第六回転のうち $\frac{2}{3}$ を終えただけである、ということでしかない。これにたいして、回転した資本は前貸資本の五$\frac{2}{3}$倍であり、すなわち先の例では $5\frac{2}{3}\times450$ポンド$=$2.550ポンドであるという表現には、もしこの四五〇ポンドの資本が他の四五〇ポンドの資本によって補足されなければ、実際にはこの資本の一部は生産過程に、他の一部は流通過程になければならないであろう、という正しい意味がある。回転時間を回転した資本の総量で表現しようとすれば、回転時間はつねに現存する価値（実際には完成生産物）の総量でしか表現できない。前貸資本が生産過程を新たに開始しうる状態にないという事情は、生産可能な状態にあるのは資本の一部だけだということで表わされる。あるいは、連続的生産の状態にあるためには、資本は、生産期間と流通期間との比率に応じて、つねに生産期間にある部分と、つねに流通期間にある他の部分とに分割されなければならないということで表わされる。これは、つねに機能する生産資本の総量を、回転時間にたいする通流時間の比率によって規定する法則と同じものである。

(272)
　ここでは第五一週の終わりが年末と仮定されているが、このときには資本Ⅱのうち一五〇ポンドは、未完成の生産物の生産に前貸しされている。さらに他の一部は、流動的不変資本——原料など——の形態に、すなわち生産資本として生産過程で機能しうる形態にある。しかし第三の部分は、貨幣形態にある。すなわち少なくとも労働期間の残り（三週間）の労賃の額は貨幣形態にある——ただし、それは各週末になってから支払われるのであるが。ところでこの資本部分は、新たな年のはじめ、すなわち新たな回転循環のはじめには、生産資本の形態にあるのではなく、そのままでは生産過程にはいり込めない貨幣資本の形態にあるが、それにもかかわらず、新たな回転が始まるさいには、流動的可変資本すなわち生きた労働力が生産過程において活動している。このような現象が生じるのは、労働力は確かに労働期間のはじめに、たとえば一週間ごとに買われて消費されるが、支払いは週末になってはじめて行なわれるからである。貨幣は、この場合には支払手段として作用する。だから、一方では、貨幣が貨幣としてまだ資本家の手にあるのに、他方では、その貨幣が転換される商品である労働力が、すでに生産過程で活動している。すなわち、ここでは同じ資本価値が二重に現われる。

　単に労働期間だけを見れば、

資本Ⅰが生産したのは　$6 \times 450 = 2{,}700$ポンド

資本Ⅱが生産したのは　$5\frac{1}{3} \times 450 = 2{,}400$ポンド

したがって合計額は　$5\frac{2}{3} \times 900 = 5{,}100$ポンド

である。すなわち、九〇〇ポンドの前貸総資本が、一年に五$\frac{2}{3}$回だけ生産資本として機能した。四五〇ポンドがつねに生産過程で、また四五〇ポンドがつねに流通過程で、かわるがわる機能するとしても、あるいは九〇〇ポンドが四$\frac{1}{2}$週間は生産過程で、次の四$\frac{1}{2}$週間は流通過程で機能するとしても、剰余価値の生産にとっては同じことである。

　これにたいして、回転期間を見るならば、

資本Ⅰは　$5\frac{2}{3} \times 450 = 2{,}550$ポンド

資本Ⅱは　$5\frac{1}{6} \times 450 = 2{,}325$ポンド

したがって総資本は　$5\frac{5}{12} \times 900 = 4{,}875$ポンド

(273) 回転したことになる。というのは、総資本の回転は、〔資本〕Ⅰと〔資本〕Ⅱとの回転額の合計を〔資本〕Ⅰと〔資本〕Ⅱとの合計で割ったものに等しいからである。

　注意しなければならないのは、資本Ⅰと資本Ⅱとは、互いに自立していたとしても、同じ生産部面に前貸しされた社会的資本の自立した異なる部分をなすにすぎないであろうということである。した

がって、この生産部面内の社会的資本がⅠとⅡだけから成り立つものとすれば、この部面における社会的資本の回転には、同じ私的資本の二つの構成部分であるⅠとⅡとにここであてはまるのと同じ計算があてはまるであろう。さらに押し広げれば、社会的総資本のうち一つの特殊な生産部面に投下された各部分は、いずれもこのようにして計算されうる。しかし結局は、社会的総資本の回転数は、さまざまな生産部面で回転した資本の総額を、これら生産諸部面に前貸しされた資本の総額で割ったものに等しい。

さらに注意しなければならないのは、この場合に同じ私的事業で資本Ⅰと資本Ⅱとが、厳密に言えば異なる回転年をもつ（というのは、資本Ⅱの回転循環は、資本Ⅰのそれより四1/2週間遅く始まり、したがってⅠの一年は、Ⅱの一年よりも四1/2週間早く終わるから）のと同様に、同じ生産部面における異なる私的諸資本も、まったく異なる時期に仕事を開始し、したがってまた年内の異なる時期に年回転を終えるということである。先に〔資本〕Ⅰと〔資本〕Ⅱとに適用した平均計算は、この場合にも、社会的資本の自立した異なる諸部分の回転年を一つの統一的な回転年に還元するのに十分である。

第二節　労働期間が流通期間より長い場合*

＊〔草稿では「（Ⅱ）　労働期間＞通流期間」となっている。また、初版および第二版の目次では「労働期間が通流期間より長い場合」となっていた〕

資本Ⅰと資本Ⅱとの労働期間と回転期間*とは、入れ替わるのではなく交錯し合う。同時にそのさい資本の遊離が生じる――これはこれまで考察した場合には見られなかったことである。

＊〔この「回転期間」は「流通期間」または「通流期間」の誤りと思われる〕

しかしこのことによっても、これまでどおり、（一）前貸総資本の労働期間の数は、二つの前貸資本部分の年生産物がもつ価値総額を、前貸総資本で割ったものに等しいこと、また、（二）総資本の回転数は、両回転額の合計を、両前貸資本の合計で割ったものに等しいことは、なんら変わらない。この場合にも、両資本部分を、それらが相互にまったく独立した回転運動をするものであるかのようにみなさなければならない。

（274）

そこでふたたび、毎週一〇〇ポンドが労働過程に前貸しされるものと仮定しよう。労働期間は六週間続くものとし、したがって毎回六〇〇ポンドの前貸し（資本Ⅰ）を必要とするとしよう。流通期間は三週間であり、したがって回転期間はまえと同じように九週間であるとしよう。三〇〇ポンドの資本Ⅱが、三週間にわたる資本Ⅰの流通期間中にはいり込むとしよう。もしこの両者を互いに独立した資本とみなすならば、年回転の図式は次〔四三五ページの第2表〕のようになる。

生産過程は、年中同じ規模で中断なく進行する。両資本ⅠとⅡとは、完全に分離されたままである。しかし、二つの資本をこのように分離されたものとして表わすためには、それらの現実の交錯やから

み合いを断ち切り、それによって回転数も変えなければならなかった。[*1] すなわち〔第２〕表によれば、

資本Ⅰは　$5\frac{2}{3}\times 600=3{,}400$ポンド

資本Ⅱは　$5\times 300=1{,}500$ポンド

したがって総資本は　$5\frac{4}{9}\times 900=4{,}900$ポンド

（275）回転するであろう。[*2] しかしこれは正しくない。なぜなら、以下に見るように、現実の生産期間および流通期間は、両資本ⅠとⅡとを互いに独立したものとして現わすことに主眼を置いた〔第２〕表のそれらとは絶対に一致しないからである。

＊１〔「両資本ⅠとⅡとは」以下ここまではエンゲルスによる〕

＊２〔ここから、次の段落の終わりまではエンゲルスによる〕

すなわち、現実においては、資本Ⅱは、資本Ⅰの労働期間および流通期間から分離された独自の労働期間および流通期間を持たない。労働期間は六週間、流通期間は三週間である。資本Ⅱは三〇〇ポンドにすぎないから、一労働期間の一部分しか満たすことはできない。これが実情である。第六週の終わりに六〇〇ポンドの生産物価値が流通にはいり、第九週の終わりに貨幣となって還流する。こうして、第七週のはじめに資本Ⅱが活動を始め、第七―九週にわたる次の労働期間の必要を満たす。しかしわれわれの仮定によれば、第九週の終わりには〔第二〕労働期間は半分しかすんでいない。したがって第一〇週のはじめには、還流したばかりの六〇〇ポンドの資本Ⅰがふたたび活動を始め、〔そ

第 2 表

資　本 Ⅰ　600ポンド

	回転期間（週）	労働期間（週）	前貸し（ポンド）	流通期間（週）
Ⅰ	第 1 － 9	第 1 － 6	600	第 7 － 9
Ⅱ	第10 － 18	第10 － 15	600	第16 － 18
Ⅲ	第19 － 27	第19 － 24	600	第25 － 27
Ⅳ	第28 － 36	第28 － 33	600	第34 － 36
Ⅴ	第37 － 45	第37 － 42	600	第43 － 45
Ⅵ	第46 －（54）	第46 － 51	600	（第52 － 54）

資　本 Ⅱ　300ポンド

	回転期間（週）	労働期間（週）	前貸し（ポンド）	流通期間（週）
Ⅰ	第 7 － 15	第 7 － 9	300	第10 － 15
Ⅱ	第16 － 24	第16 － 18	300	第19 － 24
Ⅲ	第25 － 33	第25 － 27	300	第28 － 33
Ⅳ	第34 － 42	第34 － 36	300	第37 － 42
Ⅴ	第43 － 51	第43 － 45	300	第46 － 51

のうちの〕三〇〇ポンドで第一〇—一二週に必要な前貸しにあてる。これで第二労働期間〔第七—一二週〕は終わりとなる。六〇〇ポンドの生産物価値が流通内にあり、第一五週の終わりに還流するであろう。しかし、そのほかに、最初の資本Ⅱの額である三〇〇ポンドが遊離されていて、次の労働期間の前半すなわち第一三—一五週に機能することができる。次いでこの期間の経過後に〔第一五週の終わりに〕六〇〇ポンドがふたたび還流してくる。そのうち

の三〇〇ポンドでこの労働期間〔第一三―一八週〕の終わりまで十分間に合い、〔残りの〕三〇〇ポンドは次の労働期間のために遊離されている。

したがって、事態の経過は次のようになる――

第一回転期間、第一―九週。

第一労働期間、第一―六週。資本Ⅰ、六〇〇ポンドが機能する。

第一流通期間、第七―九週。第九週の終わりに六〇〇ポンドが還流する。

第二回転期間、第七―一五週。

第二労働期間、第七―一二週。

前半、第七―九週。資本Ⅱ、三〇〇ポンドが機能する。第九週の終わりに六〇〇ポンドが貨幣となって還流する（資本Ⅰ）。

後半、第一〇―一二週。資本Ⅰのうち三〇〇ポンドが機能する。資本Ⅰの残りの三〇〇ポンドは遊離されている。

第二流通期間、第一三―一五週。

第一五週の終わりに六〇〇ポンド（半分は資本Ⅰから、半分は資本Ⅱからなっている）が貨幣となって還流する。

第三回転期間、第一三―二一週。

第三労働期間、第一三週―一八週。

（276）

前半、第一三―一五週。遊離された三〇〇ポンドが機能しはじめる。第一五週の終わりには六〇〇ポンドが貨幣となって還流する。

後半、第一六―一八週。還流した六〇〇ポンドのうち三〇〇ポンドが機能し、他の三〇〇ポンドはふたたび遊離されたままである。

第三流通期間、第一九―二一週。この終わりに六〇〇ポンドがふたたび貨幣となって還流する。この六〇〇ポンドでは、資本Ⅰと資本Ⅱとはもう区別できないほど融合している。

このようにして、第五一週の終わりまでに、六〇〇ポンドの資本の回転期間がまる八回となる（Ⅰ、第一―九週。Ⅱ、第七―一五週。Ⅲ、第一三―二一週。Ⅳ、第一九―二七週。Ⅴ、第二五―三三週。Ⅵ、第三一―三九週。Ⅶ、第三七―四五週。Ⅷ、第四三―五一週）。しかし、第四九―五一週は第八流通期間にあたるから、その期間には三〇〇ポンドの遊離資本がはいってきて、生産を進行させなければならない。こうして、年末での回転は次のようになる。六〇〇ポンドがその循環を八回完了して、四八〇〇ポンドになる。それに最後の三週間（第四九―五一週）の生産物が加わるが、それは、九週間からなる循環のわずか三分の一を終えたところであり、したがって回転額の計算にはいるのは、その三分の一、一〇〇ポンドだけである。こうして、五一週間の年生産物が五一〇〇ポンドであるとしても、回転した資本は 4.800＋100＝4.900 ポンドにすぎない。したがって、九〇〇ポンドの前貸総資本は五$4/9$回だけ、すなわち第一節の場合〔五$5/12$〕より少しばかり多く回転したのである。

この例では、労働時間が回転期間の $\frac{2}{3}$ で、通流時間が回転期間の $\frac{1}{3}$ である場合、すなわち労働時間が通流時間の単純な倍数である場合が想定された。問題なのは、そうでない場合にも、以上で確認された資本の遊離が生じるかどうかということである。

労働期間を五週間、通流時間を四週間、毎週の資本前貸しを一〇〇ポンドとしよう。

第一回転期間、第一―九週。

第一労働期間、第一―五週。五〇〇ポンドの資本Ⅰが機能する。

第一流通期間、第六―九週。第九週の終わりに五〇〇ポンドが貨幣となって還流する。

第二回転期間、第六―一四週。

第二労働期間、第六―一〇週。

第一期、第六―九週。四〇〇ポンドの資本Ⅱが機能する。第九週の終わりに五〇〇ポンドの資本Ⅰが貨幣となって還流する。

第二期、第一〇週。還流した五〇〇ポンドのうち一〇〇ポンドが機能する。残りの四〇〇ポンドは次の労働期間のために遊離されたままである。

(277) 第二流通期間、第一一―一四週。第一四週の終わりに五〇〇ポンドが貨幣となって還流する。

第一四週の終わりまで（第一一―一四週）、前述の遊離された四〇〇ポンドが機能する。そのあと還流した五〇〇ポンドのうちの一〇〇ポンドが、第三労働期間（第一一―一五週）の必要を満たし、こうして四〇〇ポンドがふたたび第四労働期間のために遊離される。同じ現象が各労働期間でも反復される。どの労働期間でもその始まりには四〇〇ポンドがあり、それで最初の四週間のために十分間に合う。第四週の終わりに五〇〇ポンドが貨幣で還流するが、最後の週のために必要なのはそのうちの一〇〇ポンドだけであり、残り四〇〇ポンドは次の労働期間のために遊離されたままである。

われわれはさらに、七〇〇ポンドの資本Ⅰを要する七週間の労働期間と、二〇〇ポンドの資本Ⅱを要する二週間の通流時間とを見てみよう。

この場合には、第一回転期間は第一―九週であり、そのうち第一労働期間は第一―七週で、七〇〇ポンドの前貸しを要し、第一流通期間は第八―九週である。第九週の終わりに七〇〇ポンドが貨幣となって還流する。

第二回転期間第八―一六週は、第二労働期間第八―一四週を含む。そのうち第八週と第九週の必要は、資本Ⅱによって満たされる。第九週の終わりに前述の七〇〇ポンドが還流する。そのうち五〇〇ポンドは、〔第二〕労働期間の終わりまでに（第一〇―一四週）消費される。二〇〇ポンドは、次の労働期間のために遊離されたままである。第二通流期間は第一五―一六週であり、第一六週の終わりにふたたび七〇〇ポンドが還流する。それ以後は、各労働期間で同じ現象が反復される。はじめの二週間の必要資本は、そのまえの労働期間の終わりに遊離された二〇〇ポンドによって満たされ、第二週の終わりには七〇〇ポンドが還流する。しかし、労働期間はあともう五週間にすぎないので、労働期間は五〇〇ポンドを消費できるだけである。したがって、つねに二〇〇ポンドが次の労働期間のために遊離されたままになっている。

こうして、労働期間が通流期間より長いとしたわれわれの場合では、どのような事情があっても、各労働期間の終わりには、流通期間のために前貸しされた資本Ⅱと等しい大きさの貨幣資本が遊離されているということが示される。われわれの三つの例では、資本Ⅱは、第一例で三〇〇ポンド、第二例で四〇〇ポンド、第三例で二〇〇ポンドであった。これに応じて、労働期間の終わりに遊離された資本は、それぞれ三〇〇、四〇〇、二〇〇ポンドであった。＊

＊〔「われわれの三つの例」以下ここまではエンゲルスによる〕

(278)

第三節　労働期間が通流期間より短い場合＊

＊〔草稿では「Ⅲ）労働期間<通流期間」となっている〕

さしあたり回転期間をふたたび九週間とし、そのうち労働期間が三週間で、この期間のために使用できる資本Ⅰは三〇〇ポンドとしよう。通流期間は六週間としよう。この六週間のために六〇〇ポンドの追加資本が必要であるが、この資本はさらに三〇〇ポンドずつの二つの資本に分割され、それぞれが一労働期間の必要を満たすことができる。その場合には、三〇〇ポンドずつの三つの資本があり、そのうち三〇〇ポンドはつねに生産にたずさわり、六〇〇ポンドは通流している〔次ページの第3表参照〕。

(279) ＊ここには第一節の場合とまったく相似の型があり、違っているのは、この場合二つの資本ではなく三つの資本が入れ替わるという点だけである。これら諸資本の交錯またはからみ合いは起こらない。

第 3 表

資　本 Ⅰ

	回転期間(週)	労働期間(週)	流通期間(週)
Ⅰ	第 1 − 9	第 1 − 3	第 4 − 9
Ⅱ	第10 − 18	第10 − 12	第13 − 18
Ⅲ	第19 − 27	第19 − 21	第22 − 27
Ⅳ	第28 − 36	第28 − 30	第31 − 36
Ⅴ	第37 − 45	第37 − 39	第40 − 45
Ⅵ	第46 −(54)	第46 − 48	第49 −(54)

資　本 Ⅱ

	回転期間(週)	労働期間(週)	流通期間(週)
Ⅰ	第 4 − 12	第 4 − 6	第 7 − 12
Ⅱ	第13 − 21	第13 − 15	第16 − 21
Ⅲ	第22 − 30	第22 − 24	第25 − 30
Ⅳ	第31 − 39	第31 − 33	第34 − 39
Ⅴ	第40 − 48	第40 − 42	第43 − 48
Ⅵ	第49 −(57)	第49 − 51	(第52 − 57)

資　本 Ⅲ

	回転期間(週)	労働期間(週)	流通期間(週)
Ⅰ	第 7 − 15	第 7 − 9	第10 − 15
Ⅱ	第16 − 24	第16 − 18	第19 − 24
Ⅲ	第25 − 33	第25 − 27	第28 − 33
Ⅳ	第34 − 42	第34 − 36	第37 − 42
Ⅴ	第43 − 51	第43 − 45	第46 − 51

個別の資本をそれぞれ年末までべつべつに追跡することができる。したがって、第一節の場合とまったく同様に、労働期間の終わりに資本の遊離は起こらない。資本Ⅰは、第三週の終わりには全部投下されており、第九週の終わりに全部還流し、第一〇週のはじめにはふたたび機能しはじめる。資本ⅡおよびⅢについても同様である。規則正しい完全な交替があらゆる遊離を排除する。

＊〔このパラグラフはエンゲルスによる〕

総回転は次のように計算される——

資本Ⅰ　300ポンド×$5\frac{2}{3}$＝1,700ポンド
資本Ⅱ　300ポンド×$5\frac{1}{3}$＝1,600ポンド
資本Ⅲ　300ポンド×5　＝1,500ポンド

総資本　900ポンド×$5\frac{1}{3}$＝4,800ポンド

こんどはまた、通流期間が労働期間の厳密な倍数を示していない例をとってみよう。たとえば、労働期間が四週間、流通期間は五週間としよう。これに対応する資本額は、資本Ⅰ＝四〇〇ポンド、資本Ⅱ＝四〇〇ポンド、資本Ⅲ＝一〇〇ポンドであろう。最初の三回転だけを示そう＊〔次ページの第４表参照〕。

＊〔この一文はエンゲルスによる〕

(280) この場合、資本Ⅲは一週間分しかないので自立した労働期間をもたないが、その資本Ⅲの労働期間

第 4 表

資　本　Ⅰ

	回転期間(週)	労働期間(週)	流通期間(週)
Ⅰ	第 1 － 9	第 1 － 4	第 5 － 9
Ⅱ	第 9 － 17	第 9・10 － 12	第13 － 17
Ⅲ	第17 － 25	第17・18 － 20	第21 － 25

資　本　Ⅱ

	回転期間(週)	労働期間(週)	流通期間(週)
Ⅰ	第 5 － 13	第 5 － 8	第 9 － 13
Ⅱ	第13 － 21	第13・14 － 16	第17 － 21
Ⅲ	第21 － 29	第21・22 － 24*1	第25 － 29

資　本　Ⅲ

	回転期間(週)	労働期間(週)	流通期間(週)
Ⅰ	第 9 － 17	第 9	第10 － 17
Ⅱ	第17 － 25	第17	第18 － 25*2
Ⅲ	第25 － 33	第25	第26 － 33

＊1〔初版および第二版では「24」ではなく「29」となっていた〕
＊2〔初版および第二版では「25」ではなく「24」となっていた〕

が資本Ⅰの〔第二回転以下の〕第一労働週〔各労働期間の第一週〕に重なる限りで、諸資本のからみ合いが起こる。* しかしそのために、労働期間の終わりには――資本Ⅰの労働期間の終わりにも資本Ⅱの労働期間の終わりにも――一〇〇ポンドという資本Ⅲと等しい額が遊離されている。すなわち、資本Ⅲが資本Ⅰの第二の労働期間およびそれ以後のすべての労働期間の第一週を満たして、この第一週の終わりに資本Ⅰの全額四〇〇ポンドが還流するとすれば、資本Ⅰの労働期間の残りの分は、三週間という時間およびこれに対応する三〇〇ポンドの資本投下だけである。さらに、こうして遊離された一〇〇ポンドは、すぐあとに続く資本Ⅱの労働期間の第一週分としては十分である。この週の終わりには資本Ⅱの全額四〇〇ポンドが還流する。しかし、すでに始まった労働期間は、いまや三〇〇ポンドしか吸収することができないから、その労働期間の終わりにはふたたび一〇〇ポンドが遊離されて残る。以後も同様である。したがって、通流時間が労働期間の単純な倍数でなくなると、労働期間の終わりには資本の遊離が生じる。しかも、この遊離される資本は、一労働期間またはその倍数の労働期間を超える流通期間の超過分の必要を満たすべき資本部分に等しい。

＊〔この一文はエンゲルスによる〕

これまで研究したいずれの場合にも、労働期間および通流時間が、ここで考察された任意の事業において一年を通して変わらないものと仮定された。通流時間が回転および資本前貸しにおよぼす影響を確かめようとする限り、この前提は必要であった。この前提は、現実にはこのように無条件には妥当しないし、またしばしばまったく妥当しないこともあるが、このことによっては、事態は少しも変わらない。＊

＊〔このパラグラフはエンゲルスによる〕

(281)

この章の全体においてわれわれは、流動資本の回転だけを考察し、固定資本の回転を考察しなかった。これは簡単な理由によるのであって、とりあげた問題が固定資本とはなんの関係もないからである。生産過程で使われる労働諸手段などが固定資本を形成するのは、ただ、その使用時間が流動資本の回転期間より長く続く限りでのことであり、つねに反復される労働過程でこれらの労働手段が役立ち続ける時間が、流動資本の回転期間よりも長い、すなわち、流動資本の回転期間のn倍である限りでのことである。流動資本の回転期間のこのようなn倍によって形成される総時間が長かろうと短かろうと、生産資本のうちこの時間分として固定資本に前貸しされた部分は、この時間内にまた新たに前貸しされることはない。この部分は、その古い使用形態で機能し続ける。違いはただ次の点、すなわち、流動資本の各回転期間のうちの個々の労働期間の長さが異なるのに応じて、固定資本はその原価値のうちからこの労働期間の生産物により大きな部分またはより小さな部分を引き渡すということであり、また各回転期間における流通時間の長さに応じて、固定資本の価値のうち生産物に引き渡されたこの部分は急速にまたはゆっくりと貨幣形態で還流するということである。われわれが本章で取り扱う対象の性質――生産資本の流動的部分の回転――は、この資本部分そのものの性質から生じる。ある労働期間で使用された流動資本は、その回転を完了するまえには、すなわち、商品資本に転化し、商品資本から貨幣資本に、そして貨幣資本からふたたび生産資本に、転化してしまうまえには、新たな労働期間に使用されることはできない。だから、第一労働期間に第二労働期間をただちに継続させるためには、新たに資本が前貸しされて生産資本の流動的諸要素に転化されなければならないのであり、しかもこれは、第一労働期間に前貸しされた流動資本の流通期間によって生じるすきまを満たすのに十分な量でなければならない。そこから、流動資本の労働期間の長さが労働過程の経営規模におよぼす影響、またそれが前貸資本の分割あるいは新たな資本分の追加におよぼす影響の問題が出てくる。まさにこのことこそ、本章で考察されなければならなかった点なのである。

第四節　結　論*

＊〔節の区分と表題はエンゲルスによる〕

これまでの研究から次のことが明らかになる――

Ａ　資本の一部分が流通期間にあるあいだ他の一部分がつねに労働期間にありうるためには、資本は異なった諸部分に分割されなければならないが、次の二つの場合には、それらは、自立した異なる私的諸資本のように、相互に入れ替わる。（一）労働期間が流通期間に等しく、したがって回転期間が二つの等しい期間に分割されている場合。（二）流通期間は労働期間よりも長いが、同時に労働期間の単純な倍数をなしているので、一流通期間がｎ労働期間に等しい場合――この場合ｎは整数でなければならない。これらの場合には、つぎつぎに前貸しされる資本のいかなる部分も、遊離されない。

(282)

Ｂ　これにたいして、（一）流通期間が労働期間よりも長く、しかも労働期間の単純な倍数をなしていない場合、および（二）労働期間が流通期間よりも長い場合、これらの場合にはいずれも総流動資本の一部分が、第二回転以後、つねに周期的に各労働期間の終わりに遊離される。しかも、この遊離資本は、労働期間が流通期間よりも長い場合には、総資本のうち流通期間のために前貸しされた部分に等しく、また、流通期間が労働期間よりも長い場合には、一労働期間またはその倍数の労働期間を超える流通期間の超過分の必要を満たすべき資本部分に等しい。

Ｃ　以上のことから結論として出てくるのは、社会的総資本にとって、その流動部分について見れば、資本の遊離が通例であり、つぎつぎに生産過程で機能する諸資本部分の単なる入れ替わりは例外でなければならないということである。というのは、労働期間と流通期間とが等しいこと、または流通期間が労働期間の単純な倍数に等しいこと、すなわち、回転期間の二つの構成部分のこのような規則正しい比率性は、事態の本性とはまったくなんの関係もなく、したがって、一般に例外的にのみ起こりうるからである。

だから、毎年何度か回転する社会的流動資本の非常に大きな部分が、年々の回転循環中、周期的に遊離資本の形態をとるであろう。

さらに明らかなことは、他の事情をすべて不変とすれば、この遊離資本の大きさは、労働過程の範囲または生産の規模とともに、すなわち一般に資本主義的生産の発展とともに、増大するということである。[*1]というのは、Bの（二）の場合には、前貸総資本が増大するからであり、Bの（一）の場合には、資本主義的生産の発展とともに流通期間の長さが増大し、したがってまた、労働期間が流通期間より短く、二つの期間が規則正しい比率をなさない場合には、[*2]回転期間もまた長くなるからである。

*1〔この断定は正確ではなかった。条件の組み合わせによっては、資本の遊離が生じない場合も存在している〕

*2〔草稿およびエンゲルスの編集原稿にもとづいて、「労働期間が」のあとに「流通期間より短く」が脱落したものとみなして訳した〕

第一の場合には、たとえば毎週一〇〇ポンドを投下しなければならなかった〔第二節第一例〕。六週

（283）間の労働期間のために六〇〇ポンド、三週間の流通期間のために三〇〇ポンド、合計九〇〇ポンドである。この場合には三〇〇ポンドがつねに遊離される。これにたいして、毎週三〇〇ポンドが投下されるとすれば、労働期間に一八〇〇ポンド、流通期間に九〇〇ポンドとなり、したがってまた三〇〇ポンドでなく九〇〇ポンドが周期的に遊離される。

D　たとえば九〇〇ポンドの総資本は、二つの部分に、右の場合では、労働期間の六〇〇ポンドと流通期間の三〇〇ポンドとに分割されなければならない。現実に労働過程に投下される部分は、それによって三分の一だけ減らされて、九〇〇ポンドから六〇〇ポンドになり、したがって生産規模は三分の一だけ縮小される。他方、三〇〇ポンドは、労働過程を連続的にするためにのみ機能するのであり、そのため年間毎週一〇〇ポンドを労働過程に投下することができる。

六〇〇ポンドが $6\times8=48$ 週間働くか（生産物＝四八〇〇ポンド）、それとも九〇〇ポンドの全資本が六週間のあいだ労働過程に投下され、次いで三週間の流通期間中は遊休するかは、抽象的に見れば同じことである。後者の場合には、資本は四八週間のうち $5\frac{1}{3}$[*] $\times6=32$ 週間働いて（生産物＝$5\frac{1}{3}\times900=4,800$ ポンド）、一六週間は遊休することになるであろう。しかし、一六週間という遊休期間中に固定資本がかなり大きな腐朽をこうむることや、年間の一部分しか働かないのに一年中支払われなければならないために労働が高価につくことは別としても、生産過程がこのように規則的に中断することは、近代的大工業の経営とはまったく相容れない。この連続性それ自体が労働の生産力である。

（284）

＊〔ここでは一年が四八週と仮定されているので、回転期間が九週間の資本は年 $5\frac{1}{3}$ 回転する〕

ここで、この遊離され、事実上休止している資本を立ち入って考察すれば、そのかなりな部分はつねに貨幣資本の形態をとっていなければならない、ということがわかる。まえの例にしたがって、労働期間を六週間、流通期間を三週間、毎週の投下を一〇〇ポンドとしよう。第二労働期間のなかばである第九週の終わりに六〇〇ポンドが還流するが、そのうち三〇〇ポンドだけがこの労働期間の残りに投下されなければならない。したがって、第二労働期間の終わりには、そのうちの三〇〇ポンドが遊離される。この三〇〇ポンドはどのような状態にあるか？ $\frac{1}{3}$ は労賃に、$\frac{2}{3}$ は原料および補助材料に投下されるものと仮定しよう。したがって、還流した六〇〇ポンドのうち、労賃に充てられる二〇〇ポンドは貨幣形態にあり、四〇〇ポンドは生産用在庫の形態に、不変的流動的生産資本の諸要素の形態にある。しかし、第二労働期間の後半にはこの生産用在庫の半分しか必要でないから、他の半分は、三週間のあいだ、過剰な、すなわち一労働期間分を超えて過剰な、生産用在庫の形態にある。しかし、資本家は、還流する資本のこの部分（＝四〇〇ポンド）のうち、当面の労働期間に必要なのは半分＝二〇〇ポンドにすぎないことを知っている。したがって、彼がこの二〇〇ポンドの全部または一部だけをすぐにまた余分な生産用在庫に転化するのか、それとも、もっと有利な市場諸関係を期待して全部または一部分を貨幣資本として保持するのかは、市場諸関係しだいであろう。他方、労賃に投下されるべき部分＝二〇〇ポンドが貨幣形態で保持されることは自明である。資本家は、労働力を買った以上は、それを原料のように倉庫に預けておくことはできない。彼は、それを生産過程に合体させなければならないのであり、週末にはその払いをする。したがって、三〇〇ポンドの遊離された資本のうちこの一〇〇ポンドは、遊離された、すなわちこの労働期間には必要でない貨幣資本の形態を必ずとるであろう。こうして、貨幣資本の形態で遊離される資本は、少なくとも、労賃に投下される可変資本部分に等しくなければならない。最大限の場合には、それは遊離された資本全部を含むこともありうる。現実にはそれは、この最小限と最大限のあいだでつねに変動する。

このように、回転運動の単なる機構によって遊離される貨幣資本は（固定資本がつぎつぎと還流することで形成される貨幣資本、および各労働過程において可変資本に必要とされる貨幣資本とならんで）、信用制度が発展するやいなや、重要な役割を演じなければならないし、同時に信用制度の基礎の一つとならなければならない。

われわれの例において、流通時間が三週間から二週間に短縮されるとしよう。これは、正常なものではなく、たとえば好況や支払期限の短縮などの結果であるとしよう。労働期間中に投下された六〇〇ポンドの資本は、必要な期間よりも一週間早く還流し〔第八週の終わり〕、したがってそれは、この一週間のあいだ遊離されている。さらにこれまでと同じように、労働期間のなかばに三〇〇ポンド（あの六〇〇ポンドの一部）が遊離されるが、その遊離は三週間でなく四週間にわたる。したがって貨幣市場には、一週間のあいだ六〇〇ポンドがあり、そして三週間ではなく四週間のあいだ三〇〇ポンドがある。これは、一人の資本家に限らず多くの資本家に見られ、しかもさまざまな時期にさまざまな事業部門で起こるから、これによってさらに多くの利用可能な貨幣資本が市場に現われる。この

（285）

状態が比較的長く続けば、事情が許す限り、生産は拡大されるであろう。借入資本で仕事をする資本家たちは、貨幣市場にたいする需要を減らすであろう――このことは、供給の増加と同様に貨幣市場を緩和する。または結局、この機構にとって過剰になった金額は、最終的に貨幣市場に投げ出される。

通流時間*が三週間から二週間に短縮され、したがってまた回転期間が九週間から八週間に短縮される結果、前貸総資本の $\frac{1}{9}$ が余計になる。以前に九〇〇ポンドでしたのと同様に、いまでは八〇〇ポンドで六週間の労働期間を持続的に進行させることができる。だから、商品資本の価値の一部分＝一〇〇ポンドは、いったん貨幣に再転化されると、貨幣資本としてのこの状態にとどまり、もはや生産過程に前貸しされた資本の部分としては機能しない。生産はもとのままの規模で続行され、しかも物価など他の条件ももとのままで変わらないのに、前貸資本の価値総額は九〇〇ポンドから八〇〇ポンドに減少する。最初に前貸しされた価値の残り一〇〇ポンドは、貨幣資本の形態で分離される。貨幣資本としてそれは貨幣市場にはいり込み、そこで機能している諸資本の追加部分をなす。

＊〔草稿およびエンゲルスの編集原稿による。初版および第二版では「回転時間」となっていた〕

このことから、どうして貨幣資本の過多（プレトーラ）*というものが生じうるかがわかる――しかも、〔ここで言うのは〕単に貨幣資本の供給が需要よりも大きいという意味での過多ではない。このような意味での過多はつねに、たとえば恐慌の終結後に新たな循環を開始する「憂鬱期（ゆううつ）」に起こる相対的過多にすぎない。〔ここで言うのは〕そうではなくて、社会的総再生産過程（これは流通過程を含む）の進行にとって前貸資本価値の一定部分が過剰であり、したがって貨幣資本の形態で分離されているという意味での過多である。すなわち、生産規模はもとのままであり、物価ももとのままであるのに、単に回転期間が短縮することによって生じた過多である。流通内にある貨幣の総量――多かろうと少なかろうと――は、この過多にまったく影響していない。

＊〔マルクスが『資本論』で「資本の過多」を論じるのは、この個所が最初になる。草稿の執筆では、第三部草稿が第二部第二草稿に先行しており、「資本の過多」をめぐるマルクスの問題意識は、その信用論の部分でより立ち入って展開されている（本書、第三巻、第五篇、第三〇―三二章）〕

反対に、流通期間が、たとえば三週間から五週間に延びると仮定しよう。その場合には、すでに次
の回転のさいに、前貸資本の還流が二週間だけ遅れて行なわれる。この労働期間の生産過程の最後の
部分は、この前貸資本の回転の機構自体によっては続行されえない。この状態が比較的長く続けば、
前述の場合には拡大したのと同じように、今回の場合には生産過程の――その経営規模の――収縮が
(286) 生じうるであろう。しかしそうすると、同じ規模でこの過程を続行するためには、流通期間のこの延
長された期間全体のために、前貸資本が $\frac{2}{9}$＝二〇〇ポンドだけ増加しなければならないであろう。
この追加資本は貨幣市場からしか引き出せない。＊だから、もし流通期間の延長が一つまたはいくつか
の大きな事業部門で行なわれるならば、この延長は、他の方面からの反作用によってその作用が相殺
されない場合、貨幣市場への圧迫を引き起こすことがありうる。この場合にも、さきにあの過多がそ
うであったように、この圧迫が、商品価格の変動とも現存の流通手段の総量の変動ともなんの関係も
なかったことは、まったく明らかである。

＊〔この一文はエンゲルスによる〕

〔この章を印刷に回せるように仕上げることには少なからぬ困難があった。マルクスは、代数学者として非常に理解が深かったが、数の計算、とくに商業上の計算には慣れていなかった――もっとも、分厚い一束になった数冊のノートがあり、そのなかで彼は、多くの例をあげてあらゆる商業上の計算方法を自分で丹念に計算しているのであるが。しかし、個々の計算方法を知ることと、商人の日常の実地計算に習熟することとは、決して同じではないのであり、彼は回転の計算ではすっかり混乱におちいり、そのため未完了なもののほかに、結局正しくないものや矛盾したものが数多く見られることとなった。上掲の印刷した諸表では、もっとも簡単なもので算術的に正しいものだけを残したが、それも主として次の理由による。

このめんどうな計算の不確かな結果により、マルクスは、一つの――私の見解では――事実上あまり重要でない事情に過分な重要性を付与することになった。私が言っているのは、彼が貨幣資本の「遊離」と名づけているもののことである。現実の事情は、まえに仮定された諸前提によると次のようになる――

労働期間と通流時間との大きさの比率、したがって、資本Ⅰの資本Ⅱにたいする大きさの比率がどうであろうと、第一回転が終わったあとには、労働期間の長さだけの規則正しい間隔をおいて、各労働期間ごとに必要な資本――すなわち資本Ⅰに等しい額――が貨幣形態で資本家のもとに還流する。

労働期間は五週間、通流時間は四週間、資本Ⅰは五〇〇ポンドとすれば、第九、第一四、第一九、

（287）

第二四、第二九週、等々の終わりに毎回五〇〇ポンドの貨幣額が還流する。

労働期間は六週間、通流時間は三週間、資本Ⅰは六〇〇ポンドとすれば、第九、第一五、第二一、第二七、第三三週、等々の終わりに六〇〇ポンドずつが還流する。

最後に、労働期間は四週間、通流時間は五週間、資本Ⅰは四〇〇ポンドとすれば、第九、第一三、第一七、第二一、第二五週、等々の終わりに四〇〇ポンドずつ還流が生じる。

この還流した貨幣が当面の労働期間にとって過剰であり、したがって遊離されるかどうか、またこの貨幣のうちどれだけがそうなるかということによっては、なんの違いも生じない。生産は現在の規模で中断されずに進行することが前提されているのであり、このことが行なわれるためには貨幣が現存しなければならず、したがって「遊離」されるにせよされないにせよ還流しなければならない。生産が中断されれば、遊離もやむ。

言い換えれば――確かに、貨幣の遊離が、すなわち貨幣形態での潜在的な、単に潜勢的な資本の形成が行なわれる。しかし、どんな事情のもとでもそうなのであって、本文で詳しく述べた特殊な諸条件のもとでのみそうなのではない。またそれは、本文で仮定されている規模よりもさらに大きな規模で行なわれる。流動資本Ⅰにかんしては、産業資本家は、各回転の終わりに事業開始のときとまったく同じ状態にある。すなわち、彼は、ふたたびこの資本を全部かつ一度に手にしており、他方、彼はそれを徐々に生産資本へ再転化しうるにすぎない。

本文のなかで重要なのは、一方では産業資本のかなりの部分がつねに貨幣形態で現存しなければならず、他方ではもっと大きな部分が一時的に貨幣形態をとらなければならない、という証明である。この証明は、私のこの追記によってせいぜい補強されるだけである――F・エンゲルス〕

第五節　価格変動の影響*

＊〔節の区分と表題はエンゲルスによる〕

これまでわれわれは、一方では価格の不変、生産規模の不変を想定し、他方では流通時間の収縮または増大を想定してきた。これにたいして、こんどは、回転期間の長さの不変、生産規模の不変を想定し、他方では、価格の変動、すなわち原料*、補助材料、および労働の価格の騰落、またはこれら諸要素のうちはじめの二つの要素の価格の騰落を、想定しよう。原料および補助材料の価格ならびに労賃が半分だけ下がるとしよう。その場合には、われわれの例では、毎週一〇〇ポンドではなく五〇ポンドの前貸資本が必要であり、また九週間の回転期間には九〇〇ポンドではなく四五〇ポンドの前貸資本が必要であろう。前貸資本価値のうち、四五〇ポンドはさしあたり貨幣資本として分離されるが、生産過程は同じ規模で、また同じ回転期間と従来どおりの分割をともなって続行されるものとする。年間の生産物の総量も同じままであるが、その価値は半分だけ低下した。この変動――それは貨幣資本の需要供給の変動をもともなう――を引き起こしたのは、流通貨幣の通流速度の増大でも、その総量の変化でもない。逆である。生産資本の諸要素の価値または価格が半分だけ低下した結果としてま

(288)

ず第一に起こることは、従来と同じ規模で続行される事業Ｘに、半分だけ減らされた資本価値が前貸しされ、したがって、事業Ｘの側から半分の貨幣しか市場に投じられないということであろう。というのは、事業Ｘはこの資本価値をさしあたり貨幣の形態で、すなわち貨幣資本として前貸しするからである。生産諸要素の価格が低下したから、流通に投じられる貨幣総量が減少したのであろう。これが第一の結果であろう。

＊〔草稿では、「価格の変動、すなわち」のあとに「流動資本を形成する生産資本の諸要素の諸価格の騰落、したがって」という一文がある〕

しかし第二に、最初に前貸しされた資本価値九〇〇ポンドの半分＝四五〇ポンドは、（ａ）貨幣資本の形態、生産資本の形態、商品資本の形態を順次に経過し、（ｂ）同時につねに並立して一部は貨幣資本の形態に、一部は生産資本の形態に、そして一部は商品資本の形態にあったのであるが、それが事業Ｘの循環から分離され、したがって追加貨幣資本として貨幣市場に現われ、追加的構成部分として貨幣市場に影響を与えるであろう。この遊離された四五〇ポンドの貨幣が貨幣資本として働くのは、それが事業Ｘの経営のためには過剰になった貨幣であるからではなく、それが原資本価値の構成部分であり、したがって資本として作用し続けなくてはならず、単なる流通手段として支出されてはならないからである。それを資本として働かせるもっとも手近な形態は、それを貨幣資本として貨幣市場に投じることである。他方では、生産規模が（固定資本は度外視する）二倍にされることもありえよう。その場合には、九〇〇ポンドの同じ前貸資本で、二倍の規模の生産過程が営まれるであろう。

他方、生産資本の流動的諸要素の価格が半分だけ上がるとすれば、毎週一〇〇ポンドでなく一五〇ポンドが、したがって九〇〇ポンドでなく一三五〇ポンドが必要であろう。事業を同じ規模で経営するためには、四五〇ポンドの追加資本が必要であろう。そしてこのことは、〝それだけ〟、貨幣市場の状況に応じて、大なり小なりの圧迫を貨幣市場に加えるであろう。貨幣市場にある利用可能な資本のすべてにたいしすでに需要があるとすれば、この利用可能な資本を求めていっそう激しい競争が生じるであろう。その資本の一部が遊休しているとすれば、この部分は〝それだけ〟活動させられるであろう。

（289）

さらにまた第三に、所与の生産規模で、回転速度も不変、流動的生産資本の諸要素の価格も不変の場合でも、事業Xの生産物の価格は下がることも上がることもありうる。事業Xが〔市場に〕供給する商品の価格が下がれば、この事業がつねに流通に投じていた六〇〇ポンドの商品資本の価格は、たとえば五〇〇ポンドに低落する。したがって、前貸資本価値の $\frac{1}{6}$ は流通過程から還流しない（商品資本に含まれている剰余価値はここでも問題外にしておく）。それは流通過程で失われる。しかし、生産諸要素の価値または価格は依然として同じであるから、この五〇〇ポンドの還流は、つねに生産過程で働かされる六〇〇ポンドの資本の $\frac{5}{6}$ を補填するのに足りるだけである。したがって、同じ規模で生産を続けるためには、一〇〇ポンドの追加貨幣資本が支出されなければならないであろう。

逆に、事業Xの生産物の価格が騰貴すれば、六〇〇ポンドの商品資本の価格は、たとえば七〇〇ポンドに騰貴するであろう。その価格の $\frac{1}{7}$ ＝一〇〇ポンドは、生産過程から出てくるのではなく、生産過程に前貸しされていたのではなく、流通過程から流れ出る。しかし、生産諸要素を補填するには六〇〇ポンドしか必要としない。したがって一〇〇ポンドが遊離される。

なぜ第一の場合には回転期間が短縮または延長され、第二の場合には原料および労働の価格が騰貴または低下し、第三の場合には〔市場に〕供給された生産物の価格が騰貴または低下するか――この原因の研究は、これまでの研究の範囲には属さない。

しかし次のような場合は、確かにここでの研究範囲に属する――

第一の場合。生産規模は不変、生産諸要素および生産物の価格は不変で、流通期間したがって回転期間が変動する場合。

われわれの例の前提によれば、流通期間の短縮によって $\frac{1}{9}$ だけ少ない前貸総資本が必要になり、したがって前貸総資本は九〇〇ポンドから八〇〇ポンドに減少し、一〇〇ポンドの貨幣資本が分離される。

事業Xは相変わらず、同じ六〇〇ポンドの価値をもつ同じ六週間の生産物を供給する。そして年中中断なしで作業が行なわれるので、この事業は、五一週間で五一〇〇ポンドの価値ある同じ総量の生産物を供給する。したがって、この事業が流通に投げ入れる生産物の総量および価格にかんしてはなんの変化も生じないし、この事業が生産物を市場に出す期限にかんしても変化は生じない。それなのに一〇〇ポンドが分離されているのは、流通期間の短縮によって、以前のように九〇〇ポンドでなく、
(290) 八〇〇ポンドの前貸資本だけで過程の必要が満たされているからである。一〇〇ポンドの分離された

資本は、貨幣資本の形態で存在する。しかしそれは、前貸資本のうちつねに貨幣資本の形態で機能しているべき部分を表わすものでは決してない。前貸流動資本Ⅰ＝六〇〇ポンドのうち、$\frac{4}{5}$＝四八〇ポンドはつねに生産材料に投下され、$\frac{1}{5}$＝一二〇ポンドは労賃に投下されると想定しよう。すなわち、毎週八〇ポンドは生産材料に、二〇ポンドは労賃に投下されるとしよう。したがって資本Ⅱ＝三〇〇ポンドも、同じく生産材料のための$\frac{4}{5}$＝二四〇ポンドと、労賃のための$\frac{1}{5}$＝六〇ポンドとに分割されなければならない。労賃に投下される資本は、いつも貨幣形態で前貸しされなければならない。六〇〇ポンドの価値額の商品生産物が、貨幣形態に再転化されれば、すなわち売られれば、そのうち四八〇ポンドは生産材料に（生産用在庫に）転化されうるが、一二〇ポンドは六週間分の労賃の支払いに役立つためにその貨幣形態を保持する。この一二〇ポンドは、六〇〇ポンドの還流資本のうち、いつも貨幣資本の形態で更新され補填されなければならない、したがって、前貸資本のうちいつも貨幣形態で機能する部分として現存しなければならない、最小限である。

さて、周期的に三週間のあいだ遊離され、同じように二四〇ポンドの生産用在庫と六〇ポンドの労賃とに分割される三〇〇ポンドのうち、一〇〇ポンドが通流時間の短縮によって貨幣資本の形態で分離され、回転の機構からまったく投げ出されるとすれば――この一〇〇ポンドの貨幣資本に相当する貨幣はどこからくるのか？　その$\frac{1}{5}$（＝二〇ポンド）のみが周期的に回転の内部で遊離される貨幣資本から成り立つ。しかし、$\frac{4}{5}$＝八〇ポンドは、同じ価値をもつ追加的生産用在庫によってすでに補填されている。どのような仕方でこの追加的な生産用在庫は貨幣に転化されるのか？　また、この転換のための貨幣はどこからくるのか？

通流時間の短縮が一度生じれば、上述の六〇〇ポンドのうち、四八〇ポンドでなく四〇〇ポンドのみが生産用在庫に再転化される。残り八〇ポンドは貨幣形態のままで保持され、労賃用の上述の二〇ポンドとともに一〇〇ポンドの分離資本を形成する。この一〇〇ポンドは、六〇〇ポンドの商品資本の販売*によって流通から出てきて、ふたたび労賃および生産諸要素に投下されることはないので、いまや流通から引きあげられるのであるが、忘れてならないのは、貨幣形態にあるこの一〇〇ポンドは、最初に流通に投じられた形態とふたたび同じ形態にある、ということである。はじめに九〇〇ポンドの貨幣が、生産用在庫と労賃とに投下された。同じ生産過程を遂行するために、いまでは八〇〇ポン
（291）
ドしか必要としない。このように貨幣形態で分離された一〇〇ポンドは、いまでは、投資を求める新たな貨幣資本、貨幣市場の新たな一構成部分となっている。確かにそれは、すでに以前から遊離貨幣資本の形態および追加生産資本の形態を周期的にとっていたのであるが、この潜在的な状態そのものが生産過程の遂行のための条件——なぜなら生産過程の連続性のための条件であるから——であった。いまではこの一〇〇ポンドは、もはや生産過程の遂行のためには必要でなく、したがって新たな貨幣資本を形成し、貨幣市場の一構成部分を形成するとはいえ、この一〇〇ポンドは決して現存する社会的貨幣準備金の追加的要素を形成するものでもなければ（というのは、それは事業の開始のさいに存在していたのであり、この事業によって流通に投じられたのであるから）、新たに蓄積された蓄蔵貨幣を形成するものでもない。

＊〔草稿およびエンゲルスの編集原稿による。初版、第二版では「購買」となっていた〕

この一〇〇ポンドは、それが前貸貨幣資本のうちもはや同じ事業では使用されない部分である限りで、いまでは事実上流通から引きあげられている。しかし、この引きあげが可能であるのは、商品資本の貨幣への転化およびこの貨幣の生産資本への転化すなわちW′—G—Wが一週間だけ速められ、したがってまた、この過程で活動する貨幣の通流も速められているからにすぎない。一〇〇ポンドが流通から引きあげられるのは、それがもはや資本Xの回転のために必要ではないからである。

ここでは、前貸資本はその使用者のものであると仮定されている。それが借り入れたものだとしても、そのことによってはなにも変わらない。通流時間の短縮とともに、使用者は、九〇〇ポンドでなく、もはや八〇〇ポンドの借入資本しか必要としないであろう。一〇〇ポンドが貸し主に返還されれば、一〇〇ポンドはまえと同じように新たな貨幣資本を形成するが、ただXの手ではなくYの手にあるだけである。さらに、資本家Xが四八〇ポンドの価値をもつ生産材料を信用で入手し、そのため彼は自分では労賃のために一二〇ポンドを貨幣で前貸しするだけでよいとすれば、彼はいまでは八〇ポンドだけ少ない生産材料を信用で買えばよく、したがってこの八〇ポンドの生産材料は、信用を与える資本家にとって過剰な商品資本を形成し、他方、資本家Xは二〇ポンドを貨幣で分離することになるであろう。

追加的な生産用在庫はいまでは $\frac{1}{3}$ だけ減少している。それは、三〇〇ポンドの追加資本IIの $\frac{4}{5}$＝二四〇ポンドであったが、いまでは一六〇ポンドにすぎない。すなわち、三週間分でなく二週間分の追加的在庫である。それは、いまでは三週間ごとでなく二週間ごとに更新されるが、しかも、三週間分でなく二週間分のみが更新される。購入は、たとえば綿花市場で、それだけひんぱんに、またより少ない分量で反復される。市場からは同じ分量の綿花が引きあげられる。というのは生産物の総量は同じままだからである。しかし、この引きあげは、時間の配分が変化し、より多くの時点にわたって配分される。たとえば、三ヵ月ごとと二ヵ月ごとの購入を仮定し、綿花の年間消費は一二〇〇
(292) 俵としよう。第一の場合には次のようになる――

一月一日　三〇〇俵が売られ、九〇〇俵が倉庫に残る。
四月一日　三〇〇　〃　六〇〇　〃
七月一日　三〇〇　〃　三〇〇　〃
一〇月一日　三〇〇　〃　〇　〃

これにたいして、第二の場合には次のようになる――

一月一日　二〇〇俵が売られ、一〇〇〇俵が倉庫に残る。
三月一日　二〇〇　〃　八〇〇　〃
五月一日　二〇〇　〃　六〇〇　〃
七月一日　二〇〇　〃　四〇〇　〃
九月一日　二〇〇　〃　二〇〇　〃
一一月一日　二〇〇　〃　〇　〃

このように、綿花に投下された貨幣は、一ヵ月遅れて、一〇月でなく一一月になって、やっと完全に還流する。したがって、通流時間の短縮したがって回転の短縮によって、前貸資本の $\frac{1}{9}$ ＝一〇〇ポンドが貨幣資本の形態で分離されるとすれば、そしてこの一〇〇ポンドは、周期的に過剰になる週賃銀支払い用の貨幣資本二〇ポンドと、周期的に過剰になる一週間分の生産用在庫として存在した八〇ポンドで構成されていたとすれば、――この八〇ポンドについて言えば、工場主の側において余分な生産用在庫が減少するのに対応して、綿花商人の側において商品在庫が増加する。同じ綿花が、工場主の倉庫に生産用在庫として横たわる期間が短くなるだけ、綿花商人の倉庫に商品として横たわる期間が長くなる。

これまでわれわれは、事業Xにおける通流時間の短縮は、Xが自分の商品をより速く売るかまたはより速く支払いを受けることによって、あるいは信用売りの場合ならば支払期限が短縮されることによって、生じるものと仮定した。すなわち、この短縮は、商品の販売の短縮、商品資本の貨幣資本への転化W′—Gの短縮、流通過程の第一局面の短縮に由来する〔ものとされている〕。それは、第二局面G—Wからも、したがって、資本家Xに彼Xの流動資本の生産諸要素を供給する資本Y、Z等の労働期間なり通流時間なりに同時的変化が起こることからも、生じうるであろう。

たとえば、綿花、石炭などが、その生産地または集散地から資本家Xの生産現場の所在地までの旅に、従来の輸送では三週間かかるとすれば、新たな在庫品が到着するまでのあいだXがもっている生産用在庫の最小限は少なくとも三週間分でなければならない。綿花と石炭は旅をしているあいだは、

（293）

生産諸手段として役立つことはできない。そのあいだ綿花と石炭はむしろ、輸送業およびそこで使われている資本の労働対象をなし、また、石炭生産業者または綿花販売業者にとっては、流通している商品資本を形成する。輸送の改良によって旅が二週間に短縮されるとしよう。そうすると、生産用在庫は三週間分から二週間分に変わることができる。これによって、この在庫に前貸しされる八〇ポンドの追加資本が遊離され、同じく労賃用の二〇ポンドの追加資本も遊離される。なぜなら、回転した六〇〇ポンドの資本が一週間早く還流するからである。

他方、たとえば、原料を供給する資本の労働期間が短縮され（その例は前の諸章で示された）、したがってまた原料を更新することが早くできるようになれば、生産用在庫は減ることができ、一つの更新期から次の更新期にいたる期間を短くすることができる。

逆に、通流時間が延長され、したがって回転期間が延長されるならば、追加資本の前貸しが必要となる。資本家が追加資本をもっていれば、自分のポケットからそれを出す。しかしその場合には、この資本はなんらかの形態で、貨幣市場の〔資本の〕一部として、投下されているであろう。それを利用できるようにするためには、それを従来の形態から解き放たなければならない。たとえば、株式が売られ、預金が引き出されなければならないのであり、そのためこの場合にも貨幣市場への間接的な影響が生じる。あるいは彼は追加資本を借り入れなければならない。追加資本のうち労賃に必要な部分について言えば、正常な諸事情の場合には、この部分はいつも貨幣資本として前貸しされなければならないのであり、そのために資本家Xは、その分だけ直接的な圧迫を貨幣市場に加える。生産材料に投下されるべき部分について、このようなことが避けられなくなるのは、彼が生産材料の代価を現金で支払わなければならない場合に限られる。彼がそれを信用で入手できるならば、これは貨幣市場に少しも直接的な影響をおよぼさない。というのは、その場合、追加資本は直接に生産用在庫として前貸しされるのであって、まず第一に貨幣資本として前貸しされるのではないからである。たまたま信用供与者が、たとえば彼Xから受け取った手形をふたたび直接に貨幣市場に投じて、割り引かせたりすれば、これは間接的に、別の人の手を通して、貨幣市場に影響することになるであろう。しかし、彼がたとえば後日支払わなければならない債務を返済するためにこの手形を利用するのであれば、この追加的前貸資本は、直接にも間接にも貨幣市場には影響しない。

第二の場合。生産材料の価格が変動し、他の事情はすべて不変な場合。

ここまでわれわれは、九〇〇ポンドの総資本の $\frac{4}{5}$ = 七二〇ポンドが生産材料に投下され、$\frac{1}{5}$ = 一八〇ポンドが労賃に投下されると仮定した。

(294) 生産材料〔の価格〕が半分だけ低下すれば、生産材料は、六週間の労働期間のためには四八〇ポンドでなく二四〇ポンドしか必要とせず、追加資本IIのためには二四〇ポンドでなく一二〇ポンドしか必要としない。こうして資本Iは、六〇〇ポンドから 240＋120〔労賃用〕＝360 ポンドに減らされ、資本IIは、三〇〇ポンドから 120＋60＝180 ポンドに減らされる。総資本は、九〇〇ポンドから 360＋180＝540 ポンドに減らされる。したがって、三六〇ポンドが分離される。

分離されていままでは遊んでおり、したがって貨幣市場で投資口をさがしている資本、この貨幣資本は、最初に貨幣資本として前貸しされた九〇〇ポンドの資本の一部分にほかならず、この一部分は、それが周期的に再転化される生産諸要素の価格が低下したことによって、事業を拡張しないで従来の規模で続けようとすれば余分となったのである。この価格低下が、偶然的な諸事情（とりわけ豊作、供給過剰など）に負うものでなく、原料を供給する部門で生産力が増大したためであるとすれば、この貨幣資本は、貨幣市場にたいする、一般的には貨幣資本の形態で自由に利用することのできる資本にたいする、絶対的な追加分であるだろう。なぜならそれは、もはや、すでに使用されている資本の不可欠な構成部分をなしてはいないからである。

第三の場合。生産物そのものの市場価格において価格変動する場合。

この場合には、価格の低下によって〔Ｘの〕資本の一部が失われるのであり、したがって貨幣資本の新たな前貸しによって補填されなければならない。売り手のこの損失は、買い手の利得によって取り戻されるであろう。直接に取り戻されるのは、生産物の市場価格が偶然的な市況の変動によって低下しただけで、後日ふたたび正常な価格まで騰貴する場合である。間接的に取り戻されるのは、価格変動が価値変動によって引き起こされ、この価値変動が従来の生産物に反作用する場合、また、この生産物がふたたび生産要素として他の生産部面にはいっていき、そこで〝その分だけ〟資本を遊離する場合である。どちらの場合にも、Ｘが失った資本——その補填のために彼は貨幣市場を圧迫するのであるが——は、彼の事業仲間によって新たな追加資本として〔同じ貨幣市場に——草稿による〕供給されていることがありうる。その場合には移転が行なわれるにすぎない。

（295）

逆に、生産物の価格が騰貴すれば、前貸しされたのではない一資本部分が流通から取得される。それは、生産過程に前貸しされた資本の有機的な一部分ではなく、したがって、生産が拡張されない場合には、分離された貨幣資本を形成する。ここでは、生産物の諸要素の価格は、この生産物が商品資本として市場に現われるまえに与えられていたと仮定されているのだから、この場合には、現実の価値変動が――それが遡及的に作用して、たとえば原料があとから騰貴したような場合に、その限度において――価格騰貴を引き起こしたこともありうるであろう。この場合には、資本家Xは、商品資本として流通しつつある自分の生産物についても、また自分の手持ちの生産用在庫についても、利得するであろう。この利得は、生産諸要素の価格が新たに騰貴したことで事業を経営し続けるためにいまや必要となる追加資本を、彼に供給するであろう。

あるいはまた、〔生産諸要素の〕価格騰貴がほんの一時的でしかないこともある。その場合には、資本家Xの側で追加資本として必要となるものが、他の資本家の側では――彼の生産物が他の事業諸部門のための一生産要素をなす限り――遊離された資本として脱落する。一方が失ったものを、他方が得たのである。*

＊〔この一文はエンゲルスによる〕

（296）

第一六章　可変資本の回転*

*〔この章は、第二草稿では、「3)」の二番目の節で、「b) 可変資本の回転。剰余価値の年率」と題されていた〕

第一節　剰余価値の年率*

*〔節区分はエンゲルスによる〕

流動資本を二五〇〇ポンドとし、その $\frac{4}{5}$＝二〇〇〇ポンドは不変資本（生産材料）、$\frac{1}{5}$＝五〇〇ポンドは労賃に投下される可変資本と想定しよう。

回転期間は五週間、労働期間は四週間、流通期間は一週間としよう。この場合には、資本Ⅰは二〇〇〇ポンドで、一六〇〇ポンドの不変資本と四〇〇ポンドの可変資本とから成り立ち、資本Ⅱは五〇〇ポンドで、そのうち四〇〇ポンドが不変資本、一〇〇ポンドは可変資本である。各労働週間に五〇〇ポンドの資本が投下される。五〇週からなる一年では、$50 \times 500 = 25{,}000$ ポンドの年生産物が生産される。したがって、一労働期間につねに使用される二〇〇〇ポンドの資本Ⅰは、一二½回だけ回転する。$12\frac{1}{2} \times 2{,}000 = 25{,}000$ ポンドである。この二万五〇〇〇ポンドのうち $\frac{4}{5}$＝二万ポンドは、生産諸手段に投下された不変資本であり、$\frac{1}{5}$＝五〇〇〇ポンドは、労賃に投下された可変資本である。これにたいして、二五〇〇ポンドの総資本は、$\frac{25.000}{2.500}=10$ 回、回転する。

生産中に支出された可変的流動資本は、その価値が再生産されている生産物が売られ、商品資本から貨幣資本に転化され、新たに労働力の支払いに投下される限りでのみ、新たに流通過程で役立つことができる。しかし、生産に投下された不変的流動資本（生産材料）――その価値は生産物の価値部分として再現する――についても事情は同じである。この両部分――流動資本の可変部分と不変部分――が共通にもっていて、これらの部分を固定資本から区別するのは、生産物に移されたそれらの価値が商品資本によって流通させられる、すなわち商品としての生産物の流通によって流通する、という(297)ことではない。生産物の価値の一部分、したがって商品として流通する生産物の、商品資本の価値の一部分は、いつでも固定資本の摩滅分、すなわち固定資本が生産中に生産物に移転した価値部分から成り立つ。しかし、区別は次の点にある。すなわち、固定資本は、流動資本（＝流動的不変資本プラス流動的可変資本）の回転諸期間の長いあるいは短い一循環のあいだ、そのもとの使用姿態のまま生産過程で機能し続けるが、他方、個々の回転はいずれも、生産部面から――商品資本の姿態で――流通部面にはいり込んだ流動資本全体の補填を条件としている点である。流動的不変資本と流動的可変資本とは、流通の第一局面W′―G′を共通にしている。第二局面で、それらは分離する。商品が再転化した貨幣は、一部分は生産用在庫に転換される（流動的不変資本）。生産用在庫の構成諸部分の購入期限が異なるのに応じて、ある部分はより早く、他の部分はより後で、貨幣から生産材料に転換されるであろうが、結局は全部が生産材料になる。商品の販売で得られた貨幣の他の一部分は、手持ち貨幣として手もとにおかれ、生産過程に合体された労働力の支払いにつぎつぎに支出される。この部分は、流動的可変資本を形成する。＊それにもかかわらず、どちらの部分であれその完全な補填は、いつも資本の回転から、すなわちそれの生産物への、生産物から商品への、商品から貨幣への、転化から生じる。これが、前章で、固定資本を顧慮することなしに、流動資本──不変的流動資本と可変的流動資本──の回転をべつべつに、そしてまた一緒に、取り扱った理由である。

＊〔この一文はエンゲルスによる〕

われわれがこれから取り扱わなければならない問題のためには、さらに一歩を進めて、流動資本の可変部分を、まるでそれだけから流動資本がなっているかのように取り扱わなければならない。すなわちわれわれは、可変的流動資本と一緒に回転する不変的流動資本を度外視する。

二五〇〇ポンドが前貸しされていて、年生産物の価値は二万五〇〇〇ポンドである。しかし、流動資本の可変部分は五〇〇ポンド〔二五〇〇の$\frac{1}{5}$〕である。したがって二万五〇〇〇ポンドに含まれている可変資本は、$\frac{25{,}000}{5}=5{,}000$ ポンドである。五〇〇〇ポンドを五〇〇〔ポンド〕で割れば、一〇という回転数が得られ、これは二五〇〇ポンドの総資本の場合とまったく同じである。

この平均計算では、年生産物の価値を前貸資本の価値で割るのであって、この資本のうちつねに一
(298) 労働期間に使用される部分の価値で割るのではない（すなわち、この場合は、四〇〇ではなく五〇〇で、資本Ｉではなく資本ＩプラスⅡで割る）が、この平均計算は、剰余価値の生産だけが問題

であるこの場合には絶対に正確である。この種の平均計算は一般的に完全には正確でないように、右の平均計算が別の観点のもとでは完全には正確でないということを、われわれはあとで見るであろう。すなわち、この平均計算は、資本家の実際的目的のためには十分であるが、回転のすべての現実的事情を正確または適切に表現するものではないのである。

　われわれは、これまで、商品資本の価値の一部分、すなわち、商品資本のうちに含まれている剰余価値――これは生産過程中に生産されて生産物に合体されている――をまったく度外視してきた。いまや、この剰余価値にわれわれの注意を向けなければならない。

　毎週投下される一〇〇ポンドの可変資本が一〇〇％の剰余価値＝一〇〇ポンドを生産すると仮定すれば、五週間の回転期間に投下される五〇〇ポンドの可変資本は、五〇〇ポンドの剰余価値を生産する。すなわち、労働日の半分は剰余労働から成り立つ。

　だが、五〇〇ポンドの可変資本が五〇〇ポンド〔の剰余価値〕を生産するとすれば、五〇〇〇〔ポンドの可変資本〕は 10×500＝5.000 ポンドの剰余価値を生産する。しかし、前貸可変資本は五〇〇ポンドである。前貸可変資本の価値額にたいして一年間に生産される剰余価値総量全体が持つ比率を、われわれは剰余価値の年率と呼ぶ。したがって、この率は、いまの場合では、$\frac{5.000}{500}$＝1.000％ である。この率をさらに詳しく分析すれば、それは、前貸可変資本が一回転期間中に生産する剰余価値率に可変資本の回転数（これは全流動資本の回転数と一致する）を掛けたものに等しいことがわかる。

　一回転期間中に前貸しされた可変資本は、いまの場合、五〇〇ポンドであり、その間に生産された

（299）

剰余価値もやはり五〇〇ポンドである。したがって、一回転期間中の剰余価値率は $\frac{500\text{m}}{500\text{v}}=100\%$ である。この一〇〇％に一年間の回転数一〇を掛ければ、$\frac{5{,}000\text{m}}{500\text{v}}=1{,}000\%$ となる。これは、剰余価値の年率について言えることである。しかし、一定の回転期間中に獲得される剰余価値の総量について言えば、この総量は、この期間中に前貸しされた可変資本の価値——ここでは五〇〇ポンド——に剰余価値率を掛けたものに等しく、したがってこの場合、$500\times\frac{100}{100}=500\times1=500$ ポンドである。もし前貸資本が一五〇〇ポンドで剰余価値率は等しいとすれば、剰余価値の総量は $1{,}500\times\frac{100}{100}=1{,}500$ ポンドになる。

五〇〇ポンドの可変資本、これが一年に一〇回転し、一年のうちに五〇〇〇ポンドの剰余価値を生産すれば、この可変資本にとって剰余価値の年率はしたがって一〇〇〇％であるが、この可変資本を資本Ａと呼ぶことにしよう。

さて、もう一つの五〇〇〇ポンドの可変資本Ｂは、まる一年間（すなわちここでは五〇週間）にわたって前貸しされ、したがって一年にただ一回だけ回転すると想定しよう。さらにこの場合、年末には生産物がその完成と同じ日に支払われ、したがって、生産物が転化される貨幣資本が同じ日に還流すると仮定する。そうすれば、この場合には流通期間はゼロであり、回転期間は労働期間に等しく、すなわち一年である。前の場合と同じように、労働過程には毎週一〇〇ポンド、したがって五〇週間では五〇〇〇ポンドの可変資本がある。さらに、剰余価値率はまえと同じ一〇〇％、すなわち、労働日の長さは等しく、その半分が剰余労働から成り立つとしよう。五週間について見れば、投下可変資本は五〇〇ポンド、剰余価値率は一〇〇％、したがって五週間中に生み出された剰余価値の総量は五〇〇ポンドである。ここ〔資本B〕で搾取される労働力の総量および搾取度は、この場合の前提によれば、資本Aのそれらに正確に等しい。

一週間ごとに一〇〇ポンドの投下可変資本が一〇〇ポンドの剰余価値を生み出し、したがって五〇週間では $50 \times 100 = 5{,}000$ ポンドの投下資本が五〇〇〇ポンドの剰余価値を生み出す。毎年生産される剰余価値の総量は前の場合と同じく五〇〇〇ポンドであるが、剰余価値の年率はまったく違っている。それは、一年間に生産された剰余価値を前貸可変資本で割ったものに等しく、$\frac{5{,}000m}{5{,}000v} = 100\%$ であるが、前の資本Aでは一〇〇〇％であった。

資本Aの場合にも、資本Bの場合にも、毎週一〇〇ポンドの可変資本が支出されている。価値増殖度または剰余価値率もやはり同じで一〇〇％である。可変資本の大きさも同じで一〇〇ポンドである。同じ総量の労働力が搾取され、搾取の大きさと程度はどちらの場合にも同じであり、労働日も等しく、また必要労働と剰余労働とに等しく分割されている。一年間に使用された可変資本総額は、同じ大き
（300）さの五〇〇〇ポンドであり、同じ総量の労働を動かし、同じ大きさの両資本によって動かされる労働力から同じ総量の剰余価値五〇〇〇ポンドを引き出す。にもかかわらず、AとBとの剰余価値の年率には九〇〇％の差がある。

この現象は、確かにそれから見れば、剰余価値率が、可変資本によって動かされる労働力の総量および搾取度に依存するだけでなく、さらになお、流通過程から生じる説明できない諸影響にも依存す

るかのように見える。また実際、この現象は、そのように解釈されてきたのであり、このような純粋な形態においてではなくもっと複雑な隠蔽された形態（年利潤率という形態）においてではあるが、〔一八〕二〇年代はじめ以来リカードウ学派における完全な崩壊を呼び起こすことになった。*

＊〔『一八六一―一八六三年草稿』の「剰余価値に関する諸学説」のうち「k　リカードウ学派の解体」参照（『資本論草稿集』7、大月書店、九五ページ以下、『剰余価値学説史』、邦訳『全集』第二六巻、第三分冊、八三ページ以下）〕

この現象の不思議さは、われわれが単に外観上でなく現実に、資本Aと資本Bとを正確に同じ事情のもとにおけば、ただちに消滅する。この同じ事情は、可変資本Bが資本Aと同じ期間内に、労働力の支払いのために全部支出される場合にだけ生じる。

その場合には、五〇〇〇ポンドの資本Bは、五週間に毎週一〇〇〇ポンドずつ投下され、一年間では五万ポンドの投下となる。その場合剰余価値は、われわれの前提のもとでは、同じく五万ポンドである。回転した資本五万ポンドを前貸資本五〇〇〇ポンドで割れば、回転数は一〇となる。剰余価値率 $\frac{5{,}000\mathrm{m}}{5{,}000\mathrm{v}}=100\%$ に回転数一〇を掛ければ、剰余価値の年率は $\frac{50{,}000\mathrm{m}}{5{,}000\mathrm{v}}=\frac{10}{1}=1{,}000\%$ となる。剰余価値の総量は、Bでは五万ポンド、Aでは五〇〇〇ポンドである。このようにいまや、剰余価値の年率は、AでもBでも等しく、同じ一〇〇〇％であるが、剰余価値の総量の比は、いまや前貸資本価値BとAとの比に等しい。すなわち 5,000：500＝10：1 である。しかし、その代わり資本Bはまた、資本Aの一〇倍の労働力を同じ時間に動かしたのである。

剰余価値を生み出すのは、労働過程で現実に使用された資本だけであり、また、剰余価値について与えられたすべての法則が妥当し、したがってまた、与えられた〔剰余価値の〕率のもとでは剰余価値の総量は可変資本の相対的な大きさによって規定されるという法則が妥当するのも、このような労働過程で現実に使用された資本の場合だけである。

＊〔第一巻、第三篇、第九章「剰余価値の率と総量」参照〕

労働過程そのものは、時間によってはかられる。労働日の長さが与えられていれば（剰余価値の年率の差異を明らかにするために、資本Aと資本Bとのあいだですべての事情が同じであるとするこの場合のように）、労働週は一定数の労働日から成り立つ。言い換えれば、ある労働期間を、たとえばここでは五週間の労働期間を、たとえば三〇〇時間――一労働日が一〇時間で、一週間が六労働日の場合――からなる単一労働日とみなすことができる。しかしさらに、この数に、毎日同時に同じ労働過程で一緒に使用される労働者の数を掛けなければならない。この数がたとえば一〇であるとすれば、〔労働時間の〕週総計は 60×10＝600 時間であり、五週間の一労働期間は 600×5＝3,000 時間である。したがって、同じ大きさの労働力総量（同じ価格の労働力に労働力の数を掛けたもの）が同じ期間内に動かされる場合には、同じ大きさの剰余価値率および同じ長さの労働日のもとで、同じ大きさの可変資本が使用されているのである。

(301)

さて、最初の例にもどろう。＊ AおよびBの両方の場合に、同じ大きさの可変資本、一週につき一〇〇ポンドが、一年のあいだ毎週使用される。だから、使用されて労働過程で現実に機能する可変資本は同じであるが、前貸可変資本はまったく違う。Aの場合には、五週間ごとに五〇〇ポンドが前貸しされ、そのうち毎週一〇〇ポンドが使用される。Bの場合には、最初の五週間の期間のために五〇〇〇ポンドが前貸しされるが、そのうち毎週使用されるのは一〇〇ポンドにすぎず、したがって五週間で五〇〇ポンド、すなわち前貸資本の $\frac{1}{10}$ だけが使用される。第二の五週間の期間には四五〇〇ポンドが前貸しされるが、しかし使用されるのは五〇〇ポンドにすぎない、等々。一定期間にわたって前貸しされる可変資本は、それが現実にこの期間のうち労働過程によって占められた一時期にはいり込む程度に応じてのみ、すなわち労働過程で現実に機能する程度に応じてのみ、使用される可変資本、すなわち現実に機能し作用する可変資本に転化する。その中間期間のあいだ、可変資本の一部分は前貸しされていて、のちのある時期にはじめて使用されることになるが、この中間期間には、この可変資本部分は労働過程にとっては現存しないに等しく、したがって価値形成にも剰余価値形成にも少しも影響しない。たとえば、五〇〇ポンドの資本Aの場合である。この資本は五週間のあいだ前貸しされているが、毎週この資本の一〇〇ポンドだけがつぎつぎに労働過程にはいり込む。第一週にはこの資本の $\frac{1}{5}$ が使用され、$\frac{4}{5}$ は前貸しされてはいるが使用されない——もっとも、この $\frac{4}{5}$ は、あとに続く四週間の労働過程のために準備され、したがって前貸しされていなければならないのであるが。

＊〔この一文はエンゲルスによる〕

前貸可変資本と使用可変資本との比率を相違させる諸事情は、それらが、一定の期間、たとえば一

(302) 週間、五週間、等々のあいだ現実に使用されうる可変資本の分量を相違させる限りでのみ、またそのことによってのみ、剰余価値の生産に——剰余価値率が与えられているならば——影響をおよぼす。前貸可変資本は、それが現実に使用される限りでのみ、またその時間中にのみ、可変資本として機能する。それが使用されることなく準備として前貸しされたままでいる時間中は、そのように機能しない。しかし、前貸可変資本と使用可変資本との比率を相違させるすべての事情は、回転期間の差異(それは労働期間の差異なり、流通期間の差異なり、この両者の差異なりによって規定される)に集約される。剰余価値生産の法則は、剰余価値率が等しければ、同じ総量の機能可変資本は同じ総量の剰余価値を生み出す、ということである。したがって、資本Aおよび資本Bによって、同じ期間に同じ剰余価値率のもとで同じ総量の可変資本が使用されるとすれば、それらの可変資本は同じ期間内に同じ総量の剰余価値を生み出さなければならないのであり、一定期間に使用されるこの可変資本の、同じ期間中に前貸しされている可変資本にたいする比率がどんなに違っていようとも、したがってまた、生み出された剰余価値総量の、使用可変資本ではなく総前貸可変資本にたいする比率がどんなに違っていようともそうである。この比率の相違は、剰余価値の生産にかんして展開された諸法則とは矛盾せず、むしろそれらの法則を確証するのであり、それらの法則の不可避的な一結論である。

　資本Bの最初の五週間の生産期間を見ることにしよう。第五週の終わりには五〇〇ポンドが使用され消費されている。価値生産物は一〇〇〇ポンドであり、したがって、〔剰余価値率は〕$\frac{500m}{500v} = 100\%$である。資本Aの場合とまったく同じである。資本Aの場合には剰余価値が前貸資本とともに実現されているが、資本Ｂの場合にはそうではないということは、ここではまだなんの関係もないのであって、ここで問題となっているのは、ただ、剰余価値の生産、および、その生産中に前貸しされた可変資本にたいする剰余価値の比率だけである。これにたいして、Ｂにおける剰余価値の――前貸資本五○○○ポンドのうちこの剰余価値の生産中に使用され、したがって消費された部分にたいする比率ではなく――この前貸総資本そのものにたいする比率を計算すれば、$\frac{500m}{5{,}000v}=\frac{1}{10}=10\%$ となる。したがって、資本Ｂについては一○％であり、資本Ａについては一○○％、すなわち一○倍にあたる。

(303)
もしここで、同じ分量の労働を、しかも支払労働と不払労働とに等分されている労働を動かした同じ大きさの二つの資本について剰余価値率がこのように異なるということは、剰余価値の生産にかんする諸法則と矛盾する、と言われるならば――その答えは簡単であり、事実諸関係を一見するだけですむであろう。Ａの場合には、表現されているのは、現実の剰余価値率、すなわち、五週間中に五○○ポンドの可変資本によって生産された剰余価値の、この五○○ポンドの可変資本にたいする比率である。ところがＢの場合には、剰余価値の生産とも、それに対応する剰余価値率の規定とも、少しも関係のない仕方で計算が行なわれる。すなわち、五○○ポンドの可変資本で生産された五○○ポンドの剰余価値が、その生産中に前貸しされる五○○ポンドの可変資本にかんして計算されないで、五○○○ポンドの資本――このうち $\frac{9}{10}$、四五○○ポンドは、この五○○ポンドの剰余価値の生産とはまったく関係がなく、むしろあとに続く四五週間が経過するあいだにようやく徐々に機能するはずのものであり、したがっていまそれだけを問題にしている最初の五週間の生産にとってはまったく存在し

(304)

ない――にかんして計算されているのである。したがってこの場合には、AとBとの剰余価値率の差異は、まったく問題にならない。

次に、資本BとAについて剰余価値の年率を比較しよう。資本Bでは、$\frac{5,000\mathrm{m}}{5,000\mathrm{v}}=100\%$ であり、資本Aでは $\frac{5,000\mathrm{m}}{500\mathrm{v}}=1,000\%$ である。しかし、〔二つの〕剰余価値率の比率はまえと同じである。まえには $\frac{資本Bの剰余価値率}{資本Aの剰余価値率}=\frac{10\%}{100\%}$ であったが、こんどは $\frac{資本Bの剰余価値の年率}{資本Aの剰余価値の年率}=\frac{100\%}{1,000\%}$ である。しかし、$\frac{10\%}{100\%}=\frac{100\%}{1,000\%}$ であり、したがってまえの場合と同じ比率である。

とはいえ、問題はいまや逆転した。資本Bの年率 $\frac{5,000\mathrm{m}}{5,000\mathrm{v}}=100\%$ は、剰余価値の生産およびそれに対応する剰余価値率にかんするわれわれのすでに知っている諸法則から少しも逸脱していない――逸脱の外観すら示していない。一年間に 5,000v が前貸しされて生産的に消費され、それが 5,000m を生産した。したがって、剰余価値率は上述の分数 $\frac{5,000\mathrm{m}}{5,000\mathrm{v}}=100\%$ である。剰余価値の年率は現実の剰余価値率と一致する。＊したがってこんどは、異常を呈して説明を要するのは、まえの場合のように資本Bではなく、資本Aである。

＊〔この一文はエンゲルスによる〕

ここでは、〔資本Aの〕剰余価値〔の年〕率は $\frac{5,000\mathrm{m}}{500\mathrm{v}}=1,000\%$ となる。しかし第一の場合には、〔資本Bの〕五週間の生産物である 500m が、五〇〇〇ポンドの前貸資本――このうち $\frac{9}{10}$ はその生産には使用されなかった――にたいして計算されたが、こんどは 5,000m が、500v にたいして、すなわち現実に5.000mの生産で使用された可変資本のちょうど$\frac{1}{10}$だけにたいして計算されている。というのは、この5.000mは、五〇週間中に生産的に消費された五〇〇〔ポンド〕の可変資本の生産物であって、五週間という一期間だけで消費された資本五〇〇ポンドの生産物ではないからである。第一の場合には、五週間中に生産された剰余価値が、五〇週間分として前貸しされている資本にたいして、したがって五週間中に消費された資本の一〇倍の資本にたいして、計算された。こんどは、五〇週間中に生産された剰余価値が、五週間分として前貸しされている資本にたいして、したがって五〇週間中に消費された資本の一〇分の一の資本にたいして、計算される。

五〇〇ポンドの資本Aは、五週間より長くは前貸しされない。五週間の終わりにそれは還流していて、一年のうちに一〇回の回転によって同じ過程を一〇回更新することができる。このことから次の二とおりのことが出てくる。

第一に――Aの場合に前貸しされる資本は、一週間の生産過程でつねに使用される資本部分の五倍にすぎない。ところが、五〇週間に一回だけ回転し、したがってまた五〇週間にわたって前貸しされていなければならない資本Bは、一週間つねに使用されうる資本部分の五〇倍である。だから回転は、一年間の生産過程に前貸しされる資本と、一定の生産期間たとえば一週間につねに使用可能な資本との比率を修正する。そしてこのことから第一の場合がもたらされるのであって、そこでは、五週間の剰余価値が、この五週間に使用された資本にたいして計算されるのではなく、五〇週間に使用された資本、すなわち一〇倍の資本にたいして計算される。

（305）

第二に――五週間という資本Aの回転期間は一年の $\frac{1}{10}$ をなすにすぎず、したがって一年は、五〇〇ポンドの資本Aがいつも新たに使用される回転期間を一〇個含む。使用される資本は、この場合には、五週間分の前貸資本に、一年間の回転期間の数を掛けたものに等しい。一年間に使用される資本は、$500 \times 10 = 5{,}000$ ポンドである。一年間に前貸しされる資本は、$\frac{5{,}000}{10} = 500$ ポンドである。実際には、五〇〇ポンドがいつも新たに使用されるのであるが、同じこの五〇〇ポンドよりも多くが五週間ごとに前貸しされることは決してない。他方、資本Bの場合には、確かに、五週間中ただ五〇〇ポンドだけが使用され、またこの五週間のあいだ前貸しされる。しかし、この場合には、回転期間が五〇週間であるから、一年間に使用される資本は、五週間ごとに前貸しされる資本ではなく五〇週間にわたって前貸しされる資本に等しい。しかし、一年間に生産される剰余価値の総量は、剰余価値率が与えられていれば、一年間に使用される資本によって決まるのであって、一年間に前貸しされる資本によって決まるのではない。したがって剰余価値の総量は、この一回だけ回転する五〇〇〇ポンドの資本にとってのほうが、一〇回転する五〇〇ポンドの資本にとってよりも大きくはなく、同じ大きさであるが、それは、一年に一回回転する資本そのものの大きさが、一年に一〇回転する資本の大きさの一〇倍であるからにほかならない。

一年間に回転した可変資本――したがって年々の生産物または年々の支出のうちこの資本部分に等しい部分――は、一年のうちに現実に使用され、生産的に消費された可変資本である。だから、年間に回転した可変資本Aと年間に回転した可変資本Bとが同じ大きさであり、それらが同じ価値増殖条件のもとで使用され、したがって剰余価値率が両資本にとって同じであるとすれば、年間に生産された剰余価値の総量も両資本にとって同じでなければならず、したがってまた――使用される資本総量は同じなのだから――一年について計算される剰余価値率も、それが $\frac{\text{年間に生産された剰余価値の総量}}{\text{年間に回転した可変資本}}$ によって表現される限り、両資本にとって同じでなければならない、ということになる。または、一般的に表現すれば、次のようになる――回転した両可変資本の相対的大きさがどうであろうと、一年間に生産された両資本の剰余価値の率は、それぞれの資本が平均期間（たとえば一週平均または一日平均）のあいだ働いてきた剰余価値率によって規定されている。

これは、剰余価値の生産にかんする、および剰余価値率の規定にかんする諸法則から生じる唯一の結論である。

次に、$\frac{\text{年間に回転した資本}}{\text{前貸資本}}$（ここではまえに述べたように可変資本だけを考慮する）という比率がなにを表現するかをさらに詳しく見よう。この割り算は、一年間に前貸しされた資本の回転数を示している。

資本Ａについては $\frac{\text{年間に回転した資本 5,000ポンド}}{\text{前貸資本 500ポンド}}$ であり、

資本Ｂについては $\frac{\text{年間に回転した資本 5,000ポンド}}{\text{前貸資本 5,000ポンド}}$ である。

*両方の比率において、分子は、前貸資本に回転数を掛けたものを表わす――Ａについては 500×10 であり、Ｂについては 5,000×1 である。あるいはまた、前貸資本に、一年について計算された回転

(306) 時間の逆数を掛けたものを表わす。Aについて回転時間は $\frac{1}{10}$ 年、その逆数は $\frac{10}{1}$ 年であり、したがって $500\times\frac{10}{1}=5{,}000$ である。Bについては $5{,}000\times\frac{1}{1}=5{,}000$ である。分母は、回転した資本に回転数の逆数を掛けたものを表わす——Aについては $5{,}000\times\frac{1}{10}$ であり、Bについては $5{,}000\times\frac{1}{1}$ である。

年間に回転した両可変資本によって動かされたそれぞれの労働総量（支払労働と不払労働との合計）は、この場合等しい。なぜなら、回転した両資本そのものが等しく、またそれらの価値増殖率もやはり等しいからである。

＊〔このパラグラフはエンゲルスによる〕

年間に回転した可変資本の、前貸可変資本にたいする比率は、（一）前貸ししなければならない資本と、一定の労働期間に使用される可変資本との比率を示す。回転数をAの場合のように一〇、一年を五〇週間とすれば、回転時間は五週間である。この五週間のあいだ可変資本が前貸しされなければならず、そして五週間のあいだ前貸しされる資本は、一週間に使用される可変資本の五倍でなければならない。すなわち、前貸資本（ここでは五〇〇ポンド）の $\frac{1}{5}$ しか一週間のうちに使用されえない。ところが、回転数が $\frac{1}{1}$ である資本Bの場合には、回転時間は一年＝五〇週間である。したがって、毎週使用される資本にたいする前貸資本の比率は 50：1 である。もしこの比率がBにとって、Aと同じであるとすれば、Bは、毎週、一〇〇ポンドでなく一〇〇〇ポンドを投下しなければならないであろう。——（二）〔したがって〕同じ総量の可変資本を動かすために、したがってまた剰余価値率が与えられているとすれば、同じ総量の労働（支払労働および不払労働）を動かすために、したがってまた一年間に同じ総量の剰余価値を生産するために、Ｂによって、Ａの一〇倍の資本（五〇〇〇ポンド）が使用された、ということになる。現実の剰余価値率が表わしているものは、一定期間に使用された可変資本の、同じ期間に生産された剰余価値にたいする比率、または、この期間中使用された可変資本が動かした不払労働の総量〔にたいする比率〕にほかならない。現実の剰余価値率は、可変資本のうち、使用されない期間中も前貸しされている部分とは絶対になんの関係もなく、したがってまた、一定期間中に前貸しされる資本部分と、同じ期間中に使用される資本部分との比率――この比率は、資本が異なれば回転期間によって修正されて差異が生じる――ともなんの関係もない。

むしろ、すでに展開されたところから出てくることは、剰余価値の年率は、たった一つの場合にだけ労働の搾取度を表現する現実の剰余価値率と一致する、ということである。それは、前貸資本が一年にただ一回だけ回転する場合、したがって、前貸資本が一年間に回転した資本と等しい場合、したがって、一年間に生産された剰余価値総量の、この生産のために一年間に使用された資本にたいする比率が、一年間に生産された剰余価値総量の、一年間に前貸しされた資本にたいする比率と一致し、同一である場合である。（307）

（Ａ）剰余価値の年率は $\frac{\text{1年間に生産された剰余価値の総量}}{\text{前貸可変資本}}$ に等しい。しかし、一年間に生産された剰余価値の総量は、現実の剰余価値率に、剰余価値の生産に使用された可変資本*を掛けたものに等しい。年間の剰余価値量の生産に使用された資本は、前貸資本にその回転数を掛けたものに等しい。

この回転数をｎとしよう。そうすると、この定式Ａは次の定式に変わる。

＊〔草稿および初版では「資本」となっている〕

（Ｂ）剰余価値の年率は $\frac{現実の剰余価値率 \times 前貸可変資本 \times n}{前貸可変資本}$ に等しい。たとえば、資本Ｂについては $\frac{100\% \times 5{,}000 \times 1}{5{,}000}$ すなわち一〇〇％である。$n=1$ の場合にのみ、すなわち前貸可変資本が一年に一回だけ回転し、したがって一年間に使用された、または回転した資本に等しい場合にのみ、剰余価値の年率は現実の剰余価値率に等しい。

剰余価値の年率を M'、現実の剰余価値率を m'、前貸可変資本を v、回転数を n とすれば、$M' = \frac{m'vn}{v} = m'n$ である。すなわち、$M' = m'n$ であり、$n=1$、したがって $M' = m' \times 1 = m'$ である場合にのみ $M' = m'$ である。

さらに――剰余価値の年々の率は、つねに $m'n$ に等しい、すなわち、一回転期間中に消費された可変資本によってその期間に生産された剰余価値の現実の率に、一年間のこの可変資本の回転数を掛けたもの、または（同じことであるが）一年を単位として計算されたその回転時間の逆数を掛けたもの、に等しいということになる。（可変資本が一年に一〇回転するならば、その回転時間は $\frac{1}{10}$ 年である。したがって、その回転時間の逆数は $\frac{10}{1}=10$ である。）

さらにまた――$n=1$ の場合には $M' = m'$ であり、n が1よりも大きい場合、すなわち、前貸資本が一年に一回よりも多く回転する場合、換言すれば、回転した資本が前貸資本よりも大きい場合には、M' は m' よりも大きい、ということになる。

（308）

最後に、nが1よりも小さい場合、すなわち、一年間に回転した資本が前貸資本の一部分にすぎず、したがって回転期間が一年よりも長く続く場合には、M′はm′よりも小さい。

しばらくこの最後の場合について述べよう。

前例の前提はすべてそのままとし、回転期間だけが五五週間に延長されるとしよう。労働過程は毎週一〇〇ポンドの可変資本を必要とし、したがってこの回転期間中には五五〇〇ポンドを必要とし、そして毎週100mを生産する。したがって、m′はいままでどおり一〇〇％である。回転数nは、この場合 $\frac{50}{55}=\frac{10}{11}$ である。なぜなら、回転時間は $1+\frac{1}{10}$ 年（50週間で1年）$=\frac{11}{10}$ 年 だからである。

$$M'=\frac{100\%\times5{,}500\times\frac{10}{11}}{5{,}500}=100\times\frac{10}{11}=\frac{1{,}000}{11}=90\frac{10}{11}\%$$ であり、したがって一〇〇％よりも小さい。

もし剰余価値の年率が一〇〇％であれば、5,500vは一年間に5,500mを生産するはずであるが、実際には、それを生産するためには $\frac{11}{10}$ 年が必要である。この5,500vは一年間に5,000mしか生産しないので、剰余価値の年率は $\frac{5{,}000m}{5{,}500v}=\frac{10}{11}=90\frac{10}{11}\%$ なのである。

このように、剰余価値の年率、すなわち、一年間に生産された剰余価値と総前貸可変資本（一年間に回転した可変資本とは別のもの）との対比は、決して単なる主観的な対比ではなく、資本の現実的運動そのものがこのような対立を生じさせるのである。資本Aの所有者にとっては、年末には、彼の前貸可変資本＝五〇〇ポンドが還流しており、そのほかに五〇〇〇ポンドの剰余価値がある。彼が一年間に使用した資本総量でなく、周期的に彼のもとに還流する資本総量が、彼の前貸資本の大きさを表現する。資本が年末に一部は生産用在庫として、一部は商品資本または貨幣資本として存在するかどうか、また、どのような比率で資本がこれらのさまざまな部分に分割されているかは、当面の問題にはなんの関係もない。資本Bの所有者にとっては、彼の前貸資本五〇〇〇ポンドが還流しており、ほかに五〇〇〇ポンドの剰余価値がある。資本C（最後に考察した五五〇〇〇ポンドの資本）の所有者にとっては、一年間に五〇〇〇ポンドの剰余価値が生産されている（五〇〇〇ポンドが投下され、剰余価値率は一〇〇％）が、彼の前貸資本はまだ還流していないし、生産された彼の剰余価値も同様である。

（309）M´=m´n が表現するのは、一回転期間中に使用された可変資本にあてはまる剰余価値率、すなわち $\frac{\text{1回転期間中に生み出された剰余価値の総量}}{\text{1回転期間中に使用された可変資本}}$ に、前貸可変資本の回転期間または再生産期間の数、すなわち前貸可変資本がその循環を更新する期間の数を掛けなくてはならない、ということである。

すでに、第一部、第四章（貨幣の資本への転化）で、次に第一部、第二一章（単純再生産）で見たように、*資本価値は一般に前貸しされるのであって、支出されるのではない。というのは、この価値は、その循環のさまざまな局面を通ったあとに、ふたたびその出発点に、しかも剰余価値によって豊かにされて、復帰するからである。このことが、資本価値を前貸しされたものとして特徴づける。資本価値の出発点から復帰点までのあいだに経過する時間は、それが前貸しされている時間である。資本価値が通る循環全体を、その前貸しから還流までの時間ではかったものが資本価値の回転であり、この回転の持続時間が一回転期間を形成する。この期間が過ぎ去り、循環が終われば、同じ資本価値は同じ循環を新たに始めることができ、したがってまた、新たに自己を増殖し、剰余価値を生み出すことができる。可変資本が、Ａの場合のように、一年に一〇回転すれば、一年たつうちには、同じ資本前貸しで、一回転期間に対応する量の剰余価値が一〇回生み出される。

前貸しの本性は、資本主義社会の立場から明らかにされなければならない。

＊〔本訳書、第一巻、二五五ページ以下、および九八一ページ以下参照〕

一年間に一〇回転する資本Ａは、一年間に一〇回前貸しされる。それは新たな回転期間ごとに新たに前貸しされる。しかし同時に、Ａは、一年間に同じこの五〇〇ポンドの資本価値よりも多くを前貸しすることはなく、われわれによって考察されている生産過程のために、実際には、五〇〇ポンドよりも多くを使うことはない。この五〇〇ポンドが一循環を完了すれば、Ａはこの五〇〇ポンドに同じ循環を新たに開始させる――資本はその本性に従って、まさに、反復する生産過程で絶えず資本として機能することによってのみ資本性格を保持するのである。それはまた五週間よりも長くは前貸しされない。回転がより長く続けば、それでは不足する。回転が短くなれば、一部分は過剰になる。五〇〇ポンドの資本一〇個が前貸しされるのでなく、五〇〇ポンドの資本一個が相次ぐ諸期間に一〇回前貸しされる。だから、剰余価値の年率は、一〇回前貸しされる五〇〇ポンドの資本すなわち五〇〇〇ポンドにたいして計算されるのではなく、一回前貸しされる五〇〇ポンドの資本にたいして計算される。それは、一ターレル貨が一〇回流通すれば、一〇ターレルの機能を果たすけれども、それはつね

(310)

に、流通しているただ一個のターレル貨を表わすにすぎないのとまったく同様である。持ち手がいくら変わっても、それを持つ手のなかでは一ターレル貨は依然として一ターレルという同一価値であり続けるのである。

それと同様に、資本Aは、毎回還流するさいに、またその年の終わりに還流するさいにも、その所有者が運用するのは、つねに同じ五〇〇ポンドの資本価値にすぎない、ということを示す。だから、彼の手にはまたそのつど五〇〇ポンドだけが還流する。だから、彼の前貸資本は、五〇〇ポンドよりも多いことは決してない。こうして、五〇〇ポンドの前貸資本が、剰余価値の年率を表わす分数の分母をなす。剰余価値の年率を表わすものとして、先に定式 $M' = \frac{m'vn}{v} = m'n$ が得られた。現実の剰余価値率m′は $\frac{m}{v}$ であり、剰余価値の総量を、それを生産した可変資本で割ったものに等しいから、われわれは $m'n$ において、m′の値を $\frac{m}{v}$ とおくことができるのであり、そうすれば別の定式 $M' = \frac{mn}{v}$ が得られる。

しかし、五〇〇ポンドの資本は、その一〇回の回転によって、したがってその前貸しを一〇回更新することによって、一〇倍の大きさの一資本の機能、すなわち五〇〇〇ポンドの一資本の機能を果たすのであり、それは、一年に一〇回通流する五〇〇個のターレル貨が一回しか通流しない五〇〇〇個のターレル貨と同じ機能を果たすのとまったく同様である。

第二節　個別可変資本の回転*

＊〔節区分および表題はエンゲルスによる〕

「生産過程は、その社会的形態がどのようなものであっても、継続的でなければならない、あるいは周期的に絶えず新たに同じ諸段階を通過しなければならない。……だから、あらゆる社会的生産過程は、その恒常的な連関のなかで、またその更新の絶え間ない流れのなかで考察すれば、それは同時に再生産過程である。……資本価値の周期的な増加分、あるいは〔……〕資本の周期的な果実として、剰余価値は資本から生じる収入という形態をとる」（第一部、第二一章、五八八、五八九ページ〔本訳書、第一巻、九八四―九八五ページ〕）。

＊〔第一部の当該個所は、初版および第二版では「その」となっている〕

資本Aには五週間の回転期間が一〇回ある。第一回転期間に五〇〇ポンドの可変資本が前貸しされる。すなわち、毎週一〇〇ポンドが労働力に転換され、そのため、第一回転期間の終わりには五〇〇ポンドが労働力に支出されてしまった。もともと前貸総資本の一部分であったこの五〇〇ポンドは、(311)資本であることをやめてしまっている。それは労賃に支払われてしまった。労働者たちのほうはそれを自分たちの生活諸手段の購入に支払い、したがって、五〇〇ポンドの価値をもつ生活諸手段を消費する。したがって、この価値額の商品総量はなくなってしまっている（労働者が貨幣などとして蓄えておくとしても、やはり資本ではない）。この商品総量は、それが労働者の労働力を、したがって資本家の不可欠な一用具を、活動能力のあるものとして維持するという点をのぞいて、労働者にとっては不生産的に消費されている。——しかし、第二に、この五〇〇ポンドは、資本家にとっては同じ価値（または価格）分だけの労働力に転換されている。労働力は、資本家によって労働過程で生産的に消費される。五週間の終わりには、一〇〇〇ポンドの価値生産物が存在する。その半分、五〇〇ポンドは、労働力の支払いに支出された可変資本の価値が再生産されたものである。残りの半分である五〇〇ポンドは、新たに生産された剰余価値である。しかし、五週間分の労働力——資本の一部分は労働力に転換することによって可変資本に転化した——もやはり、支出され、たとえ生産的にではあっても消費されている。きのう活動していた労働は、きょう活動している労働と同じものではない。きのう活動していた労働〔力〕の価値は、その労働が創造した剰余価値を加えられて、いまでは、労働力そのものとは別なある物の、すなわち生産物の、価値として存在する。とはいえ、生産物が貨幣に転化されることによって、生産物の価値のうち前貸可変資本の価値に等しい部分は、新たに労働力に転換されることができ、したがって、新たに可変資本として機能することができる。再生産されたばかりでなく貨幣形態に再転化もされた資本価値により、同じ労働者たちが、すなわち労働力の同じ担い手たちが働かされるという事情は、どうでもよい。資本家が第二回転期間に、従来の労働者たちの代わりに新しい労働者たちを使用するということもありうる。

したがって、実際に、五週間の回転期間一〇回のあいだに、五〇〇ポンドではなく五〇〇〇ポンドの一資本がつぎつぎに労賃に支出され、この労賃はふたたび労働者たちによって生活諸手段に支出される。こうして前貸しされた五〇〇〇ポンドの資本は、消費されている。それはもはや存在しない。他方、五〇〇ポンドではなく五〇〇〇ポンドの価値をもつ労働力がつぎつぎに生産過程に合体され、それ自身の価値＝五〇〇〇ポンドを再生産するだけでなく、超過分として五〇〇〇ポンドの剰余価値を生産する。第二回転期間に前貸しされる五〇〇ポンドの可変資本は、第一回転期間に前貸しされたのと同一の五〇〇ポンドの資本ではない。後者は消費され、労賃に支出されてしまっている。しかしそれは、第一回転期間に商品形態で生産されて貨幣形態に再転化された五〇〇ポンドの新可変資本に(312)よって補填されている。したがって、この五〇〇ポンドの新貨幣資本は、第一回転期間に新たに生産された商品総量の貨幣形態である。資本家の手にふたたび五〇〇ポンドという同一の貨幣額があるという事情、すなわち、剰余価値を度外視すれば、ちょうど彼が最初に前貸ししただけの貨幣資本があるという事情は、彼が運用するのは新たに生産された資本であるという事情を隠蔽する。（商品資本の価値構成諸部分のうち、不変資本部分を補填する他の部分について言えば、その価値は新たに生産されるのではなく、この価値の存在する形態が変えられたにすぎない。）――第三回転期間をとってみよう。ここでは、三回目に前貸しされる五〇〇ポンドの資本がもとからの資本ではなく、新たに生産された資本であることは明白である。というのは、この資本は、第一回転期間にではなく第二回転期間に生産された商品総量の貨幣形態、すなわち、この商品総量のうち前貸可変資本の価値と等しい価値をもつ部分の貨幣形態であるからである。第一回転期間に生産された商品総量は販売されてしまっている。この商品総量の価値のうち、前貸資本の可変価値部分に等しい部分は、第二回転期間の新たな労働力に転換されて新たな商品総量を生産し、この商品総量はふたたび販売されたのであって、その価値の一部分が、第三回転期間に前貸しされる五〇〇ポンドの資本を形成するのである。

　このようなことが、一〇回の回転期間中に行なわれる。そのあいだ五週間ごとに、新たに生産された商品総量（その価値は、可変資本を補填する限りでは、やはり新たに生産されるのであり、不変的流動資本部分の場合のように単に再現するのではない）が、絶えず新たな労働力を生産過程に合体させるために、市場に投じられる。

　したがって、五〇〇ポンドの前貸可変資本が一〇回の回転をすることによって達成されるのは、五〇〇ポンドのこの資本が一〇回生産的に消費されうるとか、五週間分の可変資本が五〇週間ずっと使用されうるとかいうことではない。むしろ、10×500ポンドの可変資本が五〇週間に使用されるのであり、五〇〇ポンドの資本はつねに五週間に足りるだけであって、五週間の終了後には新たに生産された五〇〇ポンドの資本によって補填されなければならない。このことは、資本Aについても資本Bについても同じように行なわれる。しかし、ここから区別が始まる。

　五週間の第一期間が終わるときには、BによってもAによってと同様に、五〇〇ポンドの可変資本(313)が前貸しされ支出されている。BによってもAによってと同様に、その価値は労働力に転換され、そして、この労働力によって新たに生み出された生産物価値のうち、前貸可変資本五〇〇ポンドの価値に等しい部分によって補填されている。BにとってもAにとってと同様に、労働力は、五〇〇ポンドの支出された可変資本の価値を同額の新価値によって補填しただけでなく、剰余価値を――そして前提によれば同じ大きさのそれを――つけ加えた。

しかしBの場合には、前貸可変資本を補填してその価値に剰余価値をつけ加える価値生産物は、また新たに生産資本または可変資本として機能しうる形態をとってはいない。Aにとっては価値生産物はこのような形態をとっている。しかも年末にいたるまでBは、最初の五週間およびそれからつぎつぎに五週間ごとに支出された可変資本を、新たに生産された価値プラス剰余価値によって補填されているとはいえ、また新たに生産資本または可変資本として機能しうる形態では持たない。その価値は、確かに新価値によって補填され、したがって更新されてはいるが、しかしその価値形態（ここでは絶対的価値形態、その貨幣形態）は更新されてはいない。

したがって、第一期間のためと同様に、五週間の第二期間のために（また、このように一年間ずっと各五週間のために、つぎつぎに）、さらに五〇〇ポンドが準備されていなければならない。したがって、信用諸関係を度外視すれば、年初には五〇〇〇ポンドが潜在的な前貸貨幣資本として準備されて定在しなければならない――とはいえ、それは一年間を通じて少しずつ現実に支出され、労働力に転換されていくのであるが。

これにたいして、Aの場合には、前貸資本の循環、その回転が完了しているので、価値補填は、第一の五週間の経過後にはすでに、新たな労働力を五週間のあいだ動かすことのできる形態、すなわちその最初の貨幣形態をとっている。

Aの場合もBの場合と同様に、五週間の第二の期間に新たな労働力が消費され、五〇〇ポンドの新

（314）

たな資本がこの労働力の支払いに支出される。第一の〔期間の〕五〇〇ポンドで支払われた労働者たちの生活諸手段はなくなっており、いずれにしてもそれだけの価値は資本家の手から消え去っている。第二の五〇〇ポンドで新たな労働力が買われ、新たな生活諸手段が市場から引きあげられる。要するに、支出されるのは、五〇〇ポンドの新たな資本であって、もとからの資本ではない。しかしAの場合には、五〇〇ポンドのこの新たな資本は、以前に支出された五〇〇ポンドを補塡する新たに生産された価値の貨幣形態である。Bの場合には、この価値補塡は、可変資本としては機能しえない形態をとっている。それは存在するが、可変資本の形態でではない。だから、次の五週間のあいだの生産過程の続行のためには、五〇〇ポンドの追加資本が、この場合に不可欠な貨幣形態で現存しなければならないし、前貸しされなければならない。このように、AによってもBによってと同様に、五〇週間中、等量の可変資本が支出され、等量の労働力が支払われかつ消費される。しかし、Bによっては、この労働力が、その総価値＝五〇〇〇ポンドに等しい前貸資本で支払われなければならない。Aによっては、この労働力は、五週間ごとに前貸しされる五〇〇ポンドの資本を補塡する、五週間ごとに生産される価値の絶えず更新される貨幣形態によって、つぎつぎに支払われる。したがって、この場合には、五週間分よりも大きい貨幣資本、すなわち最初の五週間のあいだ前貸しされる五〇〇ポンドよりも大きい貨幣資本が前貸しされることは決してない。この五〇〇ポンドでまる一年間は十分である。だから、労働の搾取度が等しく、現実の剰余価値率が等しければ、AとBとの〔剰余価値の〕年率は、一年間同じ総量の労働力を動かすために前貸しされなければならない可変的貨幣資本の大きさに反比例せざるをえない、ということは明らかである。Ａ〔の剰余価値の年率〕は $\frac{5{,}000\mathrm{m}}{500\mathrm{v}}=1{,}000\%$ であり、Ｂ〔の剰余価値の年率〕は $\frac{5{,}000\mathrm{m}}{5{,}000\mathrm{v}}=100\%$ である。そして、$500\mathrm{v}:5{,}000\mathrm{v}=1:10=100\%:1{,}000\%$ である。

この区別は、回転期間の――すなわち、一定期間に使用された可変資本を補填する価値が、あらためて資本として、したがって新資本として機能しうる期間の――相違から生じる。Ｂの場合にもＡの場合と同様に、同じ期間中に使用された可変資本にたいし同じ価値補填が行なわれる。また、同じ期間中に剰余価値の同じ増殖が行なわれる。しかし、Ｂの場合には、確かに五週間ごとに五〇〇ポンドの価値補填プラス五〇〇ポンドの剰余価値が存在するが、しかしこの価値補填はまだ新資本を形成しない。なぜなら、それは貨幣形態をとっていないからである。Ａの場合には、旧資本価値が新資本価値によって補填されているだけでなく、旧資本価値はその貨幣形態で再生されており、したがって、新たに機能する能力のある資本として補填されている。

補填する価値が貨幣へ、したがって可変資本が前貸しされるさいの形態へ転化されるのが早いか遅いかは、明らかに、剰余価値の生産そのものにとってはまったくどうでもよい事情である。剰余価値の生産は、使用される可変資本の大きさおよび労働の搾取度に依存する。しかし、先に述べた事情は、一年間に一定分量の労働力を動かすために前貸しされなければならない貨幣資本の大きさを変化させ、したがって剰余価値の年率を規定する。

(315)

第三節　社会的に考察した可変資本の回転*

＊〔節区分および表題はエンゲルスによる〕

しばらく事態を社会的立場から考察しよう。労働者一人に一週につき一ポンドかかるとし、労働日は一〇時間としよう。Ａの場合にもＢの場合にも、一年中一〇〇人の労働者が就業し（労働者一〇〇人分で週につき一〇〇ポンドなら、五週間分では五〇〇ポンド、五〇週間分では五〇〇〇ポンドになる）、これらの労働者は一週六日にそれぞれ六〇労働時間労働する。したがって、一〇〇人の労働者は週六〇〇〇労働時間、五〇週間では三〇万労働時間働く。これだけの労働力がＡならびにＢによって専有され、したがって社会によって別なことのために支出されることはできない。すなわち、その限りでは、Ａの場合にもＢの場合にも社会的には事態は同じである。さらに、Ａの場合にもＢの場合にも、一〇〇人ずつの労働者が一年につき五〇〇〇ポンド（したがって二〇〇人合わせて一万ポンド）の賃銀を受け取り、この額だけ社会から生活諸手段を引きあげる。その限りでは、Ａの場合にもＢの場合にも社会的に見れば事態はやはり同じである。どちらの場合にも、労働者たちは、毎週支払われるのであるから、彼らはまた社会から毎週生活諸手段を引きあげるのであり、それと引き換えに、どちらの場合にも、毎週、やはり貨幣等価を流通に投げ入れる。しかし、ここから区別が始まる。

第一に。Ａの労働者が流通に投げ入れる貨幣は、Ｂの労働者にとってのように、彼の労働力の価値の貨幣形態（実際には、すでに行なわれた労働にたいする支払手段）であるばかりではない。それは、事業開始後すでに第二回転期間から見ると、第一回転期間の彼自身の価値生産物（＝労働力の価格プラス剰余価値）の貨幣形態であり、これで、第二回転期間中の彼の労働が支払われるのである。Ｂの場合にはそうではない。Ｂの場合にも、労働者にかんしては、貨幣は確かに彼によってすでに行なわれた労働にたいする支払手段であるが、しかし、この行なわれた労働は、労働自身の貨幣化された価値生産物（この労働そのものによって生産された価値の貨幣形態）で支払われるのではない。このようなことは、やっと第二年目から始まりうるのであって、第二年目にはＢの労働者も、自分の前年の貨幣化された価値生産物で支払われるのである。

資本の回転期間が短ければ短いほど――したがって、一年のうちに資本の再生産期限の更新される時間が短ければ短いほど――資本家によって最初に貨幣形態で前貸しされた彼の資本の可変部分は、それだけ早く、労働者によってこの可変資本を補填するためにつくり出された価値生産物（それはほ
（316）かに剰余価値を含む）の貨幣形態に転化する。したがって、資本家が自分自身の元本から貨幣を前貸ししなければならない時間は、それだけ短くなり、一般に資本家が前貸しする資本は、生産規模の与えられた大きさと比べてそれだけ小さくなる。また、それに比例して、与えられた剰余価値率のもとで資本家が一年間に〔労働者から〕しぼり出す剰余価値の総量はそれだけ大きくなる。なぜなら、資本家は、それだけひんぱんに労働者を、労働者自身の価値生産物の貨幣形態で絶えずまた新たに買い入れて、労働者の労働を動かすことができるからである。

生産の規模が与えられている場合には、回転期間の短さに比例して、前貸しされる可変的貨幣資本

の（また流動資本一般の）絶対的な大きさは減少し、剰余価値の年率は増大する。前貸資本の大きさが与えられている場合には、再生産期間の短縮により剰余価値の年率が上昇すると同時に、生産の規模が増大し、したがって、与えられた剰余価値率のもとでは、一回転期間に生み出される剰余価値の絶対量が増大する。一般に、これまでの研究から明らかになっているのは、同じ労働搾取度のもとで同じ総量の生産的流動資本および同じ量の労働を動かすためには、回転期間の長さが異なるのに応じてはなはだしく大きさの違う貨幣資本が前貸しされなければならない、ということである。

　第二に——そしてこれは第一の区別と連関しているが——労働者は、Bの場合にもAの場合にも、自分が買う生活諸手段を、自分の手の中で流通手段に転化した可変資本で支払う。たとえば彼は、小麦を市場から引きあげるだけでなく、それを貨幣の等価によって補填する。しかしBの労働者が、自分の生活諸手段に支払ってそれを市場から引きあげるために用いる貨幣は、Aの労働者の場合とは異なり、彼がその一年間に市場に投じた価値生産物の貨幣形態ではないから、彼は、彼の生活諸手段の売り手に貨幣を供給するが、この売り手がその手に入れた貨幣で買うことができるような商品——生産諸手段であれ、生活諸手段であれ——をなにも供給しない。これにたいしてAの場合にはそれを供給する。したがって市場からは、労働力、この労働力のための生活諸手段、Bで使用される労働諸手段という形態での固定資本、および生産材料が引きあげられ、その補填のために貨幣の等価が市場に投げ込まれる。しかし、この一年間には、市場から引きあげられた生産資本の素材的諸要素を補填するためのいかなる生産物も、市場には投げ込まれない。資本主義社会でなく共産主義社会を考えてみ

（317）ると、まず第一に貨幣資本がまったくなくなり、したがって、貨幣資本によって生じてくる取り引きの仮装もなくなる。事態は単純に次のことに帰着する——すなわち、社会は、たとえば鉄道の建設のように、一年またはそれ以上長い期間のあいだ生産諸手段も生活諸手段も、またなんらの有用効果も供給しないが、年々の総生産からは労働、生産諸手段、生活諸手段を引きあげる事業部門に、どれだけの労働、生産諸手段、生活諸手段を滞りなく振り向けうるかをあらかじめ計算しなければならない、ということに帰着する。これに反して、社会的理性がいつも〝祭りが終わってから〟[*1]はじめて妥当なものとされる資本主義社会では、つねに大きな撹乱が生じうるのであり、また生じざるをえない。一方では、貨幣市場への圧迫が生じるが、また逆に貨幣市場の緩慢がこんどはそのような事業を大量に生じさせ、したがってまさに、あとで貨幣市場への圧迫を引き起こす諸事情を生じさせる。貨幣市場が圧迫されるのは、この場合には大規模な貨幣資本の前貸しがつねに長期間にわたって必要だからである。産業家や商人が、自分たちの事業の経営に必要な貨幣資本を鉄道投機などに投じて貨幣市場での借り入れによってそれを補充する、というようなことはまったく別として。——他方では、社会の利用できる生産資本への圧迫。生産資本の諸要素がつねに市場から引きあげられ、それと引き換えに等価の貨幣だけが市場に投げ込まれるから、支払能力ある需要が増大し、しかもこの需要自身からはどんな供給要素も提供されない。したがって、生活諸手段の価格も生産材料の価格も騰貴する。そのうえさらに、このような時期には、決まったように思惑が行なわれ、資本の大移動が起こる。一団の投機師、請負人、技師、弁護士などがずるく儲ける。彼らは、市場で強い消費需要を引き起こし、それと同時に労賃が騰貴する。食料品について言えば、それによって確かに農業にも一つの刺激が与えられる。しかし、この食料品は一年のうちに突然に増加できるものではないから、その輸入が、一般に外国産食料品（コーヒー、砂糖、ワインなど）や奢侈(しゃし)品の輸入と同じように、増加する。そこから、輸入業のこの部分で過剰輸入と投機が生じる。他方、生産を急速に増加することができる産業諸部門（本来の製造業、鉱山業など）では、諸価格の騰貴が突然の拡張を引き起こし、それに続いて間もなく崩壊が生じる。同じ作用は労働市場でも起こり、大量の潜在的な相対的過剰人口を、また大量の就業労働者さえをも、新たな事業部門に引き寄せる[*2]。およそ鉄道のような大規模な事業は、一定分量の労働力を労働市場から引きあげるが、この労働力はもっぱら強壮な若者たちが使用される農業などの（318）ような特定の部門からのみ出てきうる。このようなことは、新事業がすでに常設の経営部門となり、したがってその事業のために必要な移動労働者階級がすでに形成されたあとでさえも、なお生じる。たとえば、鉄道建設が平均規模よりも大きい規模で一時的に営まれるとすぐに生じる。労働者予備軍――その圧力が賃銀を低い水準に抑えていた――の一部分は吸収される。賃銀は、一般的に騰貴し、労働市場のうちこれまで有利に就業していた部分においてさえ騰貴する。これは、不可避的な破局が労働者の予備軍をふたたび遊離させ、賃銀がふたたびその最低限またはそれよりも低く押し下げられるまで続く（三二）。

（三二）　草稿では、将来の仕上げのために次のような覚え書きがここに書き込まれている。「資本主義的生産様式における矛盾。商品の買い手としての労働者たちは市場にとって重要である。しかし、彼らの商品――労働力

――の売り手としては、資本主義社会は、それをその最低限の価格に制限する傾向をもつ。――さらに次の矛盾。資本主義的生産がその全力能を傾注する時代は、決まって、過剰生産の時代であることが明らかになる。なぜなら、生産の諸力能は、それによってより多くの価値が生産されうるばかりでなく実現もされうるところまでは、決して使用されえないからである。そして、商品の販売、商品資本の実現、したがってまた剰余価値の実現は、社会一般の消費欲求によってではなく、その大多数がつねに貧乏であり、またつねに貧乏のままでいなければならないような一社会の消費欲求によって限界づけられているからである。とはいえまず第一に、このことは、次の篇（アブシュニット）に属する[*3]」。

＊1〔プラトン『ゴルギアス』のはじめに諺として述べられている「祭りが終わったあとに」に由来する句。「間に合わずに」「事後になって」の意〕

＊2〔この一文はエンゲルスによる〕

＊3〔この覚え書きは、草稿を収めた新メガ、第Ⅱ部、第一一巻では次のように判読されている。「資本主義的生産様式における矛盾。商品の買い手としての労働者は市場にとって重要である。彼の商品――労働力――の売り手としては、それを最低限に制限する傾向をもつ。さらに次の矛盾――資本主義的生産がその全力能を傾注する時代、限度まで生産する時代は、過剰生産の諸時期であることが明らかになる。なぜなら、生産の諸力能は、それによって剰余価値が生産されうるばかりでなく実現もされうるかぎりでのみ、使用されうるからである。そして、商品資本の実現（商品の販売）、したがってまた剰余価値の実現は、社会の消費欲求によってではなく、その大多数がつねに貧乏であり、またつねに貧乏のままでいなければならないような一社会の消費欲求によって限界づけられ、制限されているからである、等々。とはいえまず第一に、この話全体は、次の章（カピテル）に属する」。

なお最後の「次の章 Kapitel」の個所は、最初 Abschnitt と書かれたものが抹消され、Kapitel に変更されている。エンゲルスは『資本論』の部・章編成から部・篇・章編成への再構成にともない、それを現行のように変更した〕

回転期間の長短が、本来の意味での労働期間、すなわち生産物を市場向きに完成するために必要な期間に依存する限りで、その長短は、異なる資本投下のたびごとの、与えられた物的生産諸条件にもとづいており、これらの諸条件は、農業内では生産の自然的諸条件という性格をより多く帯び、製造業や大部分の採取産業では生産過程そのものの社会的発展につれて変化する。

労働期間の長さが供給の大きさ（生産物が商品として、通例、市場に投じられる量的規模）にもとづく限りでは、この長さは慣習的な性格をもっている。しかし、この慣習そのものが、生産の規模を物質的基礎にしているのであり、したがって個別的に見る場合にのみ偶然である。

(319)
最後に、回転期間の長さが流通期間の長さによる限りでは、後者は、部分的には確かに、市況の恒常的な変動、販売の難易、またこのことから生じる、生産物を近くのまたは遠くの市場に分けて投じる必要によって左右される。需要一般の大きさを度外視すれば、この場合には価格の運動が主役を演じる。というのは、価格が低下しつつある場合には、生産が続けられているのに販売は故意に制限され、また逆に、価格が騰貴しつつある場合には、生産と販売とが歩調を合わせるか、あるいは販売が〔生産に〕先立って行なわれうるからである。とはいえ、本来の物質的基礎とみなされるべきものは、生産地と販売市場との現実の距離である。

たとえば、イギリスの綿織物か綿糸がインドに売られる。輸出商人がイギリスの綿工場主に支払うとしよう（輸出商人がこころよくそうするのは、貨幣市場の状況がよい場合だけである。工場主自身が信用操作によって自分の貨幣資本を補填するようなら、状況はすでによくない）。輸出業者は、彼の綿商品をのちにインド市場で売り、そこから彼の手もとに前貸資本が返送される。この還流が行なわれるまでは、事態は、労働期間の長さが生産過程を与えられた規模で動かし続けるのに新たな貨幣資本の前貸しを必要にする場合と、まったく同じである。工場主が労働者たちに支払ったり、また自分の流動資本のその他の諸要素を更新したりするのに使う貨幣資本は、彼が生産した綿糸の貨幣形態ではない。この綿糸の価値が貨幣または生産物でイギリスに還流したときに、はじめてそうでありうる。それ〔貨幣資本〕は、依然として、追加貨幣資本である。違うのはただ、それを前貸しするのが工場主でなく商人――おそらくやはり信用操作によってそれを手に入れた――であるということだけである。同様に、この貨幣が市場に投げ入れられる以前かまたはそれと同時に、この貨幣で買われて生産的または個人的消費にはいり込むことができるような追加的生産物がイギリスの市場に投じられることはない。このような状態が、かなり長い時間にわたりかつかなり大規模に生じるならば、それは、先にあげた労働期間延長の場合と同じ結果を引き起こすに違いない。

ところで、インド自体でもまた、綿糸が信用で売られるということがありうる。この信用によってインドで生産物を買って帰り荷としてイギリスに送るか、あるいはその額の為替手形が返送される。このような状態が長引けば、インドの貨幣市場は圧迫されるようになり、その反作用がイギリスにおよび、そこで恐慌を引き起こすこともありうる。この〔イギリスの〕恐慌はそれ自体また、それがインド向けの貴金属〔草稿では「地金」〕の輸出をともなう場合でさえも、インドの銀行から信用を与えられていたイギリスの諸商会およびそのインド諸支店の破産のために、インドで新たな恐慌を引き起こす。このように、貿易差額が逆調である市場でも順調である市場でも、同時に恐慌が発生する。こうした現象はもっと複雑でもありうる。たとえば、イギリスはインドに銀地金（じがね）を送ったが、インドのイギリス人債権者が自分の債権をこんどはインドで取り立てれば、インドはその後間もなくその銀地金をイギリスへ送り返さなければならないであろう。

（320）インドへの輸出貿易とインドからの輸入貿易とが、ほぼ均衡を保つこともありうる——といっても、後者は（綿花騰貴などのような特殊な事情をのぞけば）、その規模から見れば、前者によって規定され刺激されるのであろうが。イギリスとインドとの貿易差額は、均衡しているように見えるか、さもなければ、どちらか一方へのわずかな変動しか示さないかもしれない。しかし、イギリスで恐慌が勃発するとただちに、売れ残りの綿商品がインドの倉庫に寝かされている（すなわち商品資本から貨幣資本に転化しなかった——その面から見れば過剰生産）ということが明らかとなり、他方、イギリスでは、インドの生産物の売れ残りの在庫品が寝かされているだけでなく、売れて消費された在庫品の大部分がまだ全然支払われていないということが、明らかとなる。だから、貨幣市場における恐慌として現われるものは、実は、生産過程および再生産過程そのものにおける異常を表現しているのである。

第三に――使用された流動資本そのもの（可変および不変のそれ）について言えば、回転期間の長さは、それが労働期間の長さに由来する限り、次のような区別を生じさせる。一年間に何度かの回転が行なわれる場合、可変的または不変的流動資本のある要素が、石炭生産や既製衣料品製造などの場合のように、この資本自身の生産物によって供給されることがありうる。その他の場合には、この資本の生産物によって供給されることはない。少なくとも一年のうちには供給されない。

（321）

第一七章　剰余価値の流通[*]

これまでに見た[*]ように、回転期間における相違は、年間に生み出される剰余価値の総量が変わらない場合でさえも、剰余価値の年率の相違を生み出す。

＊〔第二草稿には表題も章区分もない〕

＊〔草稿および初版による。第二版では誤って「ここで」となっていた〕

しかしさらに、剰余価値の資本化すなわち蓄積において必然的に相違が生じ、その限りではまた、剰余価値率が変わらなくても、一年間に生み出される剰余価値総量に相違が生じる。

そこで、まず第一に次のことに注意しておこう。すなわち、資本A[*1]（前章の例での）は、経常的な周期的収入をもっており、したがって、事業開始時の回転期間[*2]をのぞけば、一年間の彼自身の消費を彼の剰余価値生産から賄うのであって、自分の元本から前貸しする必要はない。これにたいしてBの場合には、この前貸しが行なわれる。Bは、確かに同じ期間中にAと同じだけの剰余価値を生産するが、この剰余価値は実現されておらず、したがって個人的にも生産的にも消費されることはできない。個人的消費が問題となる限りでは、剰余価値が先取りされる。そのためには元本が前貸しされなければならない。

＊1〔草稿および初版では「資本」は「資本家」となっていた〕

いまやまた新たな光のもとに現われる。*

生産資本のうち分類するのが困難な一部分、すなわち、固定資本の修理と保全に必要な追加資本が、

*2〔草稿および初版では「回転期間」のまえに「第一回の」がある〕

*〔本訳書、第二巻、二八二―二八四ページ参照〕

Aの場合には、この資本部分は――全部または大部分――生産開始のさいには前貸しされない。それは、自由に使用できる状態にある必要もないし、現存する必要さえもない。それは、剰余価値の資本への直接的転化によって、すなわち剰余価値の、資本としての直接的使用によって、事業そのものから生じる。一年のうちに周期的に生み出されるだけでなく実現もされる剰余価値の一部分が、修理などのために必要な支出を賄うことができる。こうして当初の規模で事業を運営するのに必要な資本の一部分は、剰余価値の一部分を資本化することによって、事業中に事業そのものによって生み出される。このようなことは資本家Bにとってはありえない。問題の資本部分は、彼の場合には、最初に前貸しされる資本の一部をなすのでなければならない。どちらの場合も、この資本部分は、資本家の帳簿では前貸資本として現われるであろうし、また、実際、前貸資本である。この資本部分は、われわれの仮定によれば、与えられた規模で事業を運営するために必要な生産資本の一部をなすからである。しかし、どのような元本からそれが前貸しされるかによって、大きな区別が生まれる。Bの場合、それは現実に、最初に前貸しされなければならない、または自由に使用できる状態におかれなければならない資本の一部分である。これにたいしてAの場合には、それは、剰余価値のうち資本として使

(322)

用される部分である。この後者の場合は、蓄積される資本ばかりでなく、最初に前貸しされた資本の一部もまた、どうして単に資本化された剰余価値でありうるのか、を示している。

信用の発達がその間に介入してくれれば、最初に前貸しされた資本と資本化された剰余価値との関係は、さらにいっそう複雑になる。たとえばAは、事業を開始または一年間続行するために使う生産資本の一部を、銀行家Cから借りる。彼は、事業を運営していくのに十分な自己資本をはじめからはもっていない。銀行家CがAに貸し付ける金額は、自分のところに預けられた産業家D、E、Fなどの剰余価値からなっているにすぎない。Aの立場からすれば、蓄積された資本はまだ問題にはならない。しかし実際には、D、E、Fなどにとっては、このAは、彼らが取得した剰余価値を資本化する代理人にほかならない。

すでに第一部、第二二章〔本訳書、第一巻、一〇〇七ページ以下〕で見たように、蓄積、すなわち剰余価値の資本への転化は、その現実の内容から見れば、拡大された規模での——この拡大が旧工場に新工場を増築するという形で外延的に現われようと、従来の経営規模の内包的な拡張として現われようと——再生産過程である。

生産規模の拡大は、剰余価値の一部を諸改良に使うことによって、少しずつ行なうことができる。このような改良は、使用される労働の生産力を高めるだけのこともあれば、同時に、使用される労働をいっそう強度に搾取することを可能にすることもある。あるいはまた、労働日が法律によって制限されていない場合には、生産規模を拡大するためには、流動資本の追加支出（生産材料および労賃での）だけで十分であり、固定資本の拡張は必要ない。この場合には、固定資本の日々の使用時間が延長されるだけであり、それに応じて固定資本の回転期間が短縮される。あるいは、市況がよければ、資本化された剰余価値によって、原料での投機や、当初の前貸資本だけでは十分にできなかったような取引などが可能になるかもしれない。

（323）
それはともかく、次のことは明らかである。すなわち、回転期間の数が多くなることで、一年のうちによりひんぱんに剰余価値が実現される場合には、労働日を延長することも個別的諸改良を加えることもできない時期が生じるであろう。他方で、一部には事業の全施設、たとえば建物〔の拡張〕により、一部には農業におけるような労働元本の拡張により、[*]全事業を均衡のとれた規模で拡張することは、広い狭いはあってもある一定の制限内でしか可能でなく、しかも、多年にわたる剰余価値の蓄積によってしか供給できないような規模の追加資本を必要とする。

＊〔「により、一部には農業におけるような労働元本の拡張により」は、草稿では「あるいは農業における耕地の拡張により」となっている〕

したがって、現実の蓄積、すなわち剰余価値の生産資本への転化（およびそれに照応する拡大された規模での再生産）とならんで、貨幣の蓄積、すなわち、潜在的な貨幣資本――これはのちにある一定の規模に達したときはじめて追加的な能動資本として機能することになる――としての剰余価値の一部分の積み立てが行なわれる。

個々の資本家の立場から見れば、事態はそのように現われる。けれども、資本主義的生産の発展につれて、同時に信用制度が発展する。資本家がまだ彼自身の事業では使用することのできない貨幣資本が、他の資本家によって使用され、その代わりに前者は後者から利子を受け取る。この資本は、前者にとっては、独特な意味の貨幣資本として、生産資本とは区別された種類の資本として機能する。しかしそれは、他人の手中で資本として作用する。剰余価値の実現がいっそうひんぱんになり、また剰余価値生産の規模が増大するにつれて、新たな貨幣資本、または資本としての貨幣が貨幣市場に投じられ、そこから少なくとも大部分は拡大生産のためにふたたび吸収される割合が増大することは、明らかである。

　この追加的な潜在的貨幣資本がとることのできるもっとも簡単な形態は、蓄蔵貨幣の形態である。この蓄蔵貨幣は、貴金属を生産する諸国との交換によって直接または間接に獲得された追加的な金または銀であるということがありうる。また、そのような仕方でのみ、一国内の貨幣の蓄蔵は絶対的に増大する。他方で、この蓄蔵貨幣は、国内流通から引きあげられた貨幣が個々の資本家の手中で蓄蔵貨幣の形態をとったものにほかならない、ということもありうる――そして多くの場合にはそうである。さらに、この潜在的な貨幣資本は、単に価値章標の形で存在するか――われわれは、ここではまだ信用貨幣を度外視する――、あるいはまた、法定文書によって確認された、第三者にたいする資本
(324)
家たちの単なる請求権（権原）の形で存在するということもありうる。これらいずれの場合にも、この追加的貨幣資本は、その定在形態がどうであろうと、それが〝将来の〟資本である限りは、社会の将来の追加的な年々の生産にたいする資本家の、追加的なかつ準備として保有された権原以外のなに

ものをも、まったく表わさない。

「現実に蓄積された富の量は、その大きさ……から見れば、その富の属する社会――その文明段階のいかんを問わず――の生産諸力に比べれば、あるいはまた、わずか数年間におけるこの同じ社会の実際の消費と比べただけでも、まったく取るに足らないものにすぎず、したがって、立法者および経済学者のおもな注意は、生産諸力とその将来の自由な発展とに向けられるべきであって、従来のように、人目を引く単なる蓄積された富に向けられるべきではない。いわゆる蓄積された富のはるかに大きい部分は、単に名目的なものであって、船舶や家屋や綿製品や土地改良施設のような現実の物からなるのではなく、社会の将来の年々の生産諸力にたいする単なる権原・請求権、すなわち不安定な便宜的方策および制度によって生み出され永久化された権原・請求権からなっている。……このような物品」〔諸自然物の蓄積または現実の富〕「を、それらの所有者たちに、社会の将来の生産諸力によってはじめて創造されるべき富を取得させる単なる手段として使用すること、このような使用は、力を用いないで、分配の自然法則によって徐々に彼らから取り上げられるだけであろう。〔あるいは〕協同労働に助けられるならば、この使用はわずか数年間で彼らから取り上げられるであろう」（ウィリアム・トムスン『富の分配の諸原理の研究』、ロンドン、一八五〇年、四五三ページ〔鎌田武治訳『富の分配の諸原理』２、京都大学学術出版会、二〇一二年、四七九―四八〇ページ〕。――本書は最初一八二四年[*]に出た）。

＊〔初版および第二版では「一八二七年」となっていた。本訳書、第二巻、二八ページ参照〕

「社会の実際の蓄積は、人間の生産的諸力に比べれば、いやむしろわずか数年間における一世代だけの普通の消費に比べてさえ、大きさから見ても作用力から見ても、どれほど小さなものであるかは、ほとんど考慮されず、たいていの人々によって想像すらされない。その理由は明白であるが、結果はきわめて有害である。年々消費される富は、その使用とともに消滅するので、それが目の前にあるのはほんの一瞬にすぎず、人がそれを享受または使用するあいだしか印象を与えない。しかし、富のうち徐々にしか消費されない部分である家具や機械や建物は、われわれの幼時から老年にいたるまで目の前にあり、人間の努力の永続的な記念碑である。公共の富〔原文は「国富」〕のうちのこのような固定的で耐久的でただ徐々にしか消費することのできない部分――働きかける土地や原料、労働に用いられる道具、作業中に雨露をしのぐ家屋――を所有することによって、これらの物品の所有者たちは、社会のすべての真に〔有能で〕生産的な労働者たちの年々の生産的諸力を、彼ら自身の利益になるように支配している――たとえ、この労働が繰り返しつくり出す生産物に比べれば、これらの物品がどんなに取るに足りないものであろうとも。ブリテンおよびアイルランドの人口は二〇〇〇万であり、男性、女性、および児童の一人あたりの平均消費は、おそらく約二〇ポンドであるから、年々消費される労働生産物は、合計すると約四億ポンドの富である。これらの国の蓄積された資本の総額は、見積もりによれば、一二億ポンドすなわち年々の労働生産物の三倍を超えない。平等に分配すれば一人あたり六〇ポンドの資本である。われわれがここで問題にするのは、この見積もり額の多少とも正確な絶対額よりも、むしろその比率である。この総資本の利子は、総人口を現在の生計のまま一年のう

(325)

ち約二ヵ月間維持するのに十分足りるであろうし、蓄積された総資本そのものは〔その買い手がみつかるものとすれば〕、総人口を働かないままま る三年間養うであろう！　この期間の終わりには、家も衣服も食物もなく、総人口は餓死せざるをえないか、さもなければまた、三年間彼らを養ってきた人々の奴隷とならざるをえないであろう。三年という期間と、健康な一世代の生涯たとえば四〇年との比は、現実の富の大きさおよび重要さ、すなわちまさにもっとも豊かな国の蓄積された資本と、その国の生産力との比、ただ一世代の生産的諸力との比と同じである。しかもこの比とは、前者と、生産的諸力が平等な安定という賢明な秩序のもとで、ことに協同労働をもって、生産しうるものとの比ではなく、不安定という、不完全でやる気を失わせる便宜的方策のもとで、生産的諸力が実際に絶対的に生産するものとの比なのである！……そして、この一見巨大な量の現存資本、またはむしろ、この資本を媒介として獲得された年労働の生産物にたいする支配と独占を〔……〕その現在の強制的な分割状態のままで維持し永久化するためには、恐るべき全機構、不安定のもたらす悪徳、犯罪、苦悩が、永久化されなければならない。必要な諸欲求がまず第一に満たされなければ、なにものも蓄積されえず、しかも人間の性向の大きな流れは享受に向かっているので、どの特定の瞬間にも、社会の実際の富の額は比較的わずかなのである。これは、生産と消費との永遠の循環である。この莫大な量にのぼる年々の生産と消費のなかでは、一握りの実際の蓄積がなくてもほとんど困らないであろう。にもかかわらず、主要な注意はかの莫大な生産力に向けられないで、この一握りの蓄積に向けられてきた。しかし、この一握り〔の蓄積〕は、少数の人々によって押収されており、大多数の人々の労働に

（326）よってつねに年々繰り返し生み出される生産物を取得するための道具に転化されている。だから、この少数の人々にとって、このような道具は決定的に重要である。……国々の年生産物の約三分の一は、いまや公共負担という名のもとに生産者たちから取り上げられ、それにたいしてなんの等価物も与えない人たち、すなわち、生産者たちにそれに値するものをなに一つ与えない人たちによって不生産的に消費される。……普通の人は、この蓄積された大量を、ことにそれが少数の人々の手に集中されている場合には、おどろきの目でながめる。しかし年々生産され〔消費され〕る大量は、大河の永遠の数え切れない波浪のように、消費という忘却の大洋に押し寄せてはそのなかに消えうせる。しかしこの永遠の消費は、ほとんどすべての満足ばかりでなく、全人類の生存をも左右している。この年生産物の量および分配がなによりもまず考慮の対象にされなければならないであろう。実際の蓄積はまったく第二義的な意義のものであり、そしてこの意義すら、ほとんどもっぱら年生産物の分配におよぼすその影響からこれを得ているのである。……実際の蓄積および分配は、ここでは」（トムスンの著書では）「つねに生産力と関連させ、それに従属させて考察されてきた。他の諸学説ではそのほとんどすべてにおいて、生産力が、〔実際の〕蓄積および現行の分配様式の永久化と関連させ、それらに従属させて考察されてきた。この現行の分配の維持に比べれば、全人類の窮乏または幸福がつねに繰り返されることなどは、顧慮するに値しないものと考えられてきた。暴力、欺瞞、偶然の結果を永久化すること、これを人々は安定と名づけてきた。そしてこのにせの安定を維持するために人類のすべての生産的諸力が容赦なく犠牲にされてきたのである」（同前、四四〇—四四三ページ〔同前訳、四六三

—四六七ページ〕）。

再生産にとって、与えられた規模での再生産さえもさまたげる諸撹乱を度外視すれば、二つの正常な場合だけがありうる。*

一方の場合には、単純な規模での再生産が行なわれる。

他方の場合には、剰余価値の資本化、蓄積が行なわれる。

＊〔草稿には直前の区分線はない。また、これに続く二つの文章の冒頭には、それぞれ「A)」「B)」の記号が付され、第一節および第二節に該当する部分にそれぞれ「A)」「B)」と書かれている。なお、「再生産にとって」はエンゲルスによる〕

第一節　単純再生産*

＊〔表題はエンゲルスによる〕

単純再生産の場合には、年々——または年内に何度かの回転により周期的に——生産されて実現される剰余価値は、その所有者である資本家によって、個人的に、すなわち不生産的に消費される。

生産物価値が一部は剰余価値から成り立ち、他の一部は、この生産物価値のなかに再生産された可変資本、プラス、生産物価値のなかに消費された不変資本、によって形成される価値部分から成り立つという事情によっては、総生産物――商品資本としてつねに流通にはいり込み、同じようにつねに流通から引きあげられて生産的または個人的に消費される、すなわち、生産手段または消費手段として役立つ総生産物――の分量も価値も、絶対になにひとつ変わらない。この事情によって影響を受けるのは、不変資本を度外視すれば、労働者と資本家とのあいだの年々の生産物の分配だけである。

だから、単純再生産を想定するとしても、剰余価値の一部分は、つねに貨幣で――生産物でではなく――存在しなければならない。なぜなら、そうでなければ、消費のために、剰余価値を貨幣から生産物に転化することができないからである。剰余価値の、最初の商品形態から貨幣への転化についてはここでより詳しく研究されなければならない。*事態を単純化するために、問題のもっとも単純な形態を、すなわち、ただ金属貨幣だけが、現実の等価物である貨幣だけが流通するものと想定する。

(327)

＊〔この一文はエンゲルスによる〕

単純な商品流通について展開された諸法則（第一部、第三章〔本訳書、第一巻、一六七ページ以下〕）に従えば、国内に現存する金属貨幣の総量は、商品を流通させるのに十分でなければならないが、それだけではない。それは、貨幣通流の諸変動――この変動は、一部は流通速度の諸変動から、一部は諸商品の価格変化から、一部は、貨幣が支払手段として、または本来の流通手段として機能する割合の相違および変化から生じる――に応じるのに十分でなければならない。現存する貨幣総量が蓄蔵貨幣と通流貨幣とに分かれる比率はつねに変化するが、貨幣の総量はつねに、蓄蔵貨幣として現存する貨幣と、通流貨幣として現存する貨幣との合計に等しい。この貨幣総量（貴金属の総量）は、徐々に蓄積されてきた社会の蓄蔵貨幣である。この蓄蔵貨幣の一部が摩滅によって消耗される限り、それは、他のどの生産物とも同じように、年々新たに補填されなければならない。この補填は、現実には、年々の国内生産物の一部分を金銀生産諸国の生産物と直接または間接に交換することによって行なわれる。しかしながら、取り引きのこのような国際的性格は、取り引きの単純な経過を隠蔽する。だから、問題をもっとも単純かつ分かりやすい表現に還元するためには、金銀生産は自国内で行なわれるということ、したがって、金銀生産は各国内の社会的総生産の一部分をなすということが前提されなければならない。

奢侈品用に生産される金銀を度外視すれば、金または銀の年々の生産の最小限は、年々の貨幣流通によって引き起こされる貨幣金属の摩滅に等しくなければならない。さらに、年々生産されて流通する商品総量の価値額が増大するときには、年々の金銀生産も増大しなければならないとはいえ、それは、流通しつつある諸商品の価値総額の増大と、それらの流通（およびそれに対応する蓄蔵貨幣の形成）に必要な貨幣総量とが、貨幣通流の速度がより増大することによって、また支払手段としての貨幣の機能がより広範囲にわたることによって、すなわち、現実の貨幣を介在させない売買の相互的決済がより増加することによって、相殺されない限りにおいてであるが。

したがって、社会的労働力の一部分および社会的生産諸手段の一部分は、年々、金銀の生産に支出されなければならない。

（328）

金銀生産を営む資本家たちは――そしてこの場合のように単純再生産を前提とすれば――、金銀の年々の平均的摩滅と、それによって引き起こされる金銀の年々の平均的消費との範囲内でのみ生産を行ない、彼らの剰余価値――想定によれば、彼らはこれを少しも資本化することなしに年々消費する――を直接に貨幣形態で流通に投げ入れる。この貨幣形態は、彼らにとっては生産物の現物形態であって、他の生産諸部門におけるように生産物の転化形態ではない。

さらに、労賃――可変資本が前貸しされる貨幣形態――について言えば、これも、この場合には、生産物の販売、すなわちそれの貨幣への転化によって補填されるのではなく、一生産物――その現物形態が最初から貨幣形態である――によって補填される。

最後に、このことは、貴金属生産物のうち、周期的に消費される不変資本――不変的流動資本ならびに一年間に消費される不変的固定資本――の価値に等しい部分についても見られる。

貴金属生産に投下された資本の循環または回転を、まず第一に、G―W…P…G′という形態で考察しよう。G―Wにおいて、Wは労働力と生産諸手段から成り立つだけでなく、固定資本――この固定資本はその価値の一部分だけがPで消費される――からも成り立つのであるが、その限りでは、G′――生産物――が、労賃に投下された可変資本、プラス、生産諸手段に投下された流動的不変資本、プラス、摩滅した固定資本の価値部分、プラス、剰余価値、に等しい貨幣額であるということは、明らかである。金の一般的価値が不変であるとしても、この貨幣額がより小さければ、この鉱山投資は不生産的であろうし、あるいは――もしこの事態が一般的であるとすれば――将来、金の価値は、価値の変わらない諸商品に比べて上昇するであろう。すなわち、諸商品の価格は低下し、したがって、将来はG—Wに投下される貨幣額が減少するであろう。

まず、G—W…P…G′の出発点であるGに前貸しされる資本の流動部分だけを考察すれば、労働力の支払いおよび生産材料の購入のために、一定の貨幣額が前貸しされ、流通に投げ入れられる。しかし、この貨幣額は、また新たに流通に投げ入れられるために、この資本の循環によってふたたび流通から引きあげられることはない。生産物は、その現物形態のままですでに貨幣であり、したがってそれは、交換によって、すなわち流通過程によって、あらためて貨幣に転化される必要はない。生産物
(329) が生産過程から流通部面にはいり込むのは、貨幣資本に再転化すべき商品資本の形態でではなく、生産資本*に再転化すべき貨幣資本として、すなわち新たに労働力および生産材料を購入すべき貨幣資本としてである。労働力および生産諸手段に消費された流動資本の貨幣形態は、生産物の販売によってではなく、生産物そのものの現物形態によって補填されるのであり、したがって、生産物の価値をふたたび貨幣形態で流通から引きあげることによってではなく、新たに生産された追加貨幣によって補填されるのである。

＊〔草稿では「商品資本」となっている〕

この流動資本を五〇〇ポンド、回転期間を五週間、労働期間を四週間、流通期間をわずか*一週間だと仮定しよう。はじめから、貨幣が五週間分、一部は生産用在庫に前貸しされ、一部は徐々に労賃に支払われていくために準備されていなければならない。第六週のはじめには、四〇〇ポンドが還流し

て一〇〇ポンドが遊離されている。このようなことがつねに反復される。この場合にも、以前と同様に、回転の一定時間のあいだ、一〇〇ポンドはつねに遊離された形態をとるであろう。しかし、この一〇〇ポンドは、他の四〇〇ポンドとまったく同様に、新たに生産された追加貨幣から成り立つ。この場合、一年に一〇回転したわけであるから、生産された年生産物は五〇〇〇ポンドの金である〔流通期間は、この場合、商品の貨幣への転化にかかる時間によってではなく、貨幣の生産諸要素への転化にかかる時間によって生じる〕。

＊〔草稿および初版には「わずか」の字句はない〕

同じ諸条件のもとで回転する他のすべての五〇〇ポンドの資本の場合には、絶えず更新される貨幣形態は、生産された商品資本の転化形態であり、この商品資本は、四週間ごとに流通に投げ入れられて、その販売により――したがって、それが最初に過程にはいったときの貨幣分量を周期的に引きあげることにより――この貨幣形態を絶えず新たに取りもどす。それにたいして、この〔金銀を生産する資本の〕場合には、回転期間ごとに、五〇〇ポンドの新たな追加貨幣総量が生産過程そのものから流通に投げ入れられ、流通から絶えず生産材料および労働力を引きあげる。流通に投げ入れられるこの貨幣は、この資本の循環によって流通からふたたび引きあげられるのではなく、絶えず新たに生産される金総量によってさらに増加されるのである。

この流動資本の可変部分を考察するならば、そしてこの部分をまえと同様に一〇〇ポンドとするならば、普通の商品生産では、つねに労働力を支払うのに、一〇回転するこの一〇〇ポンドで足りるで

（330）

あろう。ここ、貨幣生産*においても、同じ額で十分である。しかし、五週間ごとに労働力が支払われるために還流する一〇〇ポンドは、労働力の生産物の転化形態ではなく、労働力の絶えず更新される生産物そのものの一部分である。金生産者は、彼の労働者たち自身が生産した金の一部分で、直接、彼らに支払う。だから、こうして毎年労働力に投下され、労働者たちによって流通に投げ入れられる一〇〇〇ポンドは、流通によってその出発点に復帰するのではない。

＊〔初版では、この「貨幣生産」は「金生産」となっていた〕

さらに固定資本について言えば、創業のさいかなり大きな貨幣資本の支出が必要であり、したがって、この貨幣資本が流通に投げ入れられる。あらゆる固定資本と同様に、この固定資本は、何年かのうちに少しずつ還流するにすぎない。しかしそれは、生産物である金の直接的部分として還流するのであって、生産物が販売されそれにより貨幣に変わることによって、還流するのではない。したがって、この固定資本は、流通から貨幣を引きあげることによってではなく、生産物中のそれに相当する部分を積み重ねることによって、徐々にその貨幣形態を受け取る。こうしてふたたびつくられる貨幣資本は、最初に固定資本〔の購入〕のために流通に投げ入れられた貨幣額を補填するために徐々に流通から引きあげられてきた貨幣額ではない。それは追加された貨幣総量である。

最後に、剰余価値について言えば、これも、新たな金生産物のうち、新たな回転期間ごとに流通に投げ入れられ、われわれの想定によれば不生産的に支出され、生活諸手段および奢侈品に支払われてしまう部分に等しい。

しかし、前提によれば、この年々の金生産の全体――これによって労働力および生産材料がつねに市場から引きあげられるが、貨幣は引きあげられないで、絶えず追加貨幣が市場に供給される――は、一年間に摩滅した貨幣を補填するだけであり、したがって、たとえ割合は変動するにせよ、つねに蓄蔵貨幣および通流の状態にある貨幣という二つの形態で存在する社会的貨幣総量を、不足なく維持するだけである。

商品流通の法則によれば、貨幣総量は、流通に必要な貨幣総量、プラス、蓄蔵貨幣形態にある貨幣分量に等しくなければならず、この後者は流通の収縮または膨脹に応じて増減し、とくにまた、必要な支払手段準備金の形成にも役立つ。貨幣で支払われなければならないものは――諸支払いの相殺が行なわれない限り――諸商品の価値である。この価値の一部分が剰余価値から成り立つということ、すなわち、諸商品の売り手にとってはなんの費用もかからなかったということは、まったくなにも事態を変えない。生産者たちはすべて自分の生産諸手段の自立的所有者であり、したがって、直接的生産者たち自身のあいだで流通が行なわれると仮定しよう。彼らの資本の不変部分を度外視すれば、その場合、彼らの年々の剰余生産物は――資本主義的状態になぞらえれば――二つの部分に、すなわち、(331)単に彼らの必要生活諸手段を補填する一方の部分aと、彼らがその一部を奢侈品生産物に消費し一部を生産の拡大に使用する他方の部分bとに、分けることができるであろう。その場合、aは可変資本を表わし、bは剰余価値を表わす。しかし、この分割は、彼らの総生産物の流通に必要な貨幣総量の大きさには、なんの影響も与えないままであろう。* 他の事情が不変ならば、流通する商品総量の価値は同じであり、したがって、この価値にとって必要な貨幣総量も同じであろう。また、回転期間の分割のされ方が同じであれば、彼らは同じ貨幣準備金を——すなわち、彼らの資本の同じ部分をつねに貨幣形態で——もっていなければならないであろう。というのは、想定によれば、彼らの生産はやはり商品生産だからである。したがって、商品価値の一部分が剰余価値から成り立つという事情は、事業の経営に必要な貨幣の総量を絶対に変えるものではない。

＊〔この一文はエンゲルスによる〕

トゥックの反対者でG—W—G′という形態にしがみつく一論者は、トゥックに質問する——いったいどのようにして資本家は、自分が流通に投げ込むよりも多くの貨幣を絶えず流通から引きあげるのか、と。よく理解してもらいたい。ここでは剰余価値の形成が問題なのではない。剰余価値の形成は——これが唯一の秘密をなすのであるが——資本主義的立場からすれば自明のことである。使用された価値額は、もしそれが剰余価値によって富まなければ、資本ではないであろう。すなわち、この価値額は、前提によれば資本なのであるから、剰余価値は自明のことである。

したがって、問題は、剰余価値はどこからくるのか？　ではない。そうではなくて、剰余価値を貨幣化するための貨幣はどこからくるか？　である。

しかし、ブルジョア経済学では、剰余価値の存在は自明のことである。したがって、その存在が想定されているだけでなく、その存在とともに、さらに、流通に投げ入れられる商品総量の一部分は剰余生産物からなっており、したがって、資本家が彼の資本とともに流通に投げ入れたのではない価値

（332）

を表わすということも、したがって、資本家は彼の生産物とともに彼の資本を超える超過分を流通に投げ入れ、この超過分をまたふたたび流通から引きあげるということも、想定されているのである。

資本家が流通に投げ入れる商品資本は、彼が労働力プラス生産諸手段の形で流通から引きあげた生産資本よりも大きい価値をもっている（どうしてそうなるのかは説明も理解もされないが、それはブルジョア経済学の立場からすれば〝一つの事実である〟）。だからこの前提のもとでは、なぜ資本家Aばかりでなく、B、C、Dなども、自分の商品の交換によって、最初に前貸しされまた絶えず新たに前貸しされる資本の価値よりも多くの価値を、つねに流通から引きあげることができるかは、明らかである。A、B、C、Dなどは、彼らが生産資本の形態で流通から引きあげるよりもつねに大きい商品価値を、商品資本の形態で流通に投げ入れる――この操作は、自立して機能する諸資本と同様に、多方面におよぶ。したがって彼らは、彼らのそれぞれの前貸生産諸資本の価値総額に等しい一つの価値額を、つねに分け合わなければならない（すなわち、彼らは、それぞれ流通から生産資本を引きあげなければならない）のであり、加えて、商品価値のうちその生産諸要素の価値を超えるそれぞれの超過分として彼らが同様にあらゆる方面から商品形態で流通に投げ入れる一つの価値額を、同様につねに分け合わなければならない。

しかし、商品資本は、それが生産資本に再転化されるまえに、またそれに含まれている剰余価値が支出されるまえに、貨幣化されなければならない。そのための貨幣はどこからくるのか？　この問題は一見して困難に見え、これまでトゥックもそのほかの者も、この問題に答えていない。

貨幣資本の形態で前貸しされる五〇〇ポンドの流動資本が、その回転期間はどうであれ、社会の総流動資本すなわち資本家階級の総流動資本であるとしよう。剰余価値は、一〇〇ポンドとする。全資本家階級は、つねに五〇〇ポンドしか流通に投げ込まないのに、いったいどうしてつねに六〇〇ポンドを流通から引き出すことができるのか？

五〇〇ポンドの貨幣資本が生産資本に転化されたのち、この生産資本は生産過程内で六〇〇ポンドの商品価値に転化するのであり、流通には、最初に前貸しされた貨幣資本に等しい五〇〇ポンドの商品価値だけでなく、新たに生産された一〇〇ポンドの剰余価値も存在する。

この追加された剰余価値一〇〇ポンドは、商品形態で流通に投じられている。このことにはなんの疑問もない。しかし、この操作によっては、この追加の商品価値を流通させるための追加貨幣は与えられていない。

いまや、この困難をもっともらしい逃げ口上で避けようとしてはならない。

たとえば——不変的流動資本について言えば、すべての者がそれを同時に投下することはないというのは明らかである。資本家Ａが自分の商品を売り、したがって彼にとっては前貸資本が貨幣形態をとるときに、買い手のＢにとっては逆に、貨幣形態で現存する彼の資本が、彼の生産諸手段——ほかならぬＡが生産するところの——の形態をとる。Ａが自分の生産した商品資本にふたたび貨幣形態を与えるその同じ行為によって、Ｂは、自分の資本にふたたび生産的形態を与え、それを貨幣形態から生産諸手段および労働力に転化する。あらゆる単純な購買Ｗ—Ｇにおけると同様に、同じ貨幣額が両

(333) 面の過程で機能する。他方、Aが貨幣をふたたび生産諸手段に転化するときには、彼はCから買うのであり、そしてCはこの貨幣でBに支払う、等々。このさい、経過は右のように説明されることであろう。しかし――＊

＊〔「このさい」からここまではエンゲルスによる〕

流通する貨幣の分量にかんして商品流通のところ（第一部、第三章〔本訳書、第一巻、二〇五―二一四、二三九―二四〇、二四二―二四七ページ〕）で確立されたいっさいの法則は、生産過程の資本主義的性格によってはなんら変更されない。

したがって、貨幣形態で前貸しされる社会の流動資本が五〇〇ポンドになると言われるならば、その場合には、一方では、これが同時に前貸しされた総額であるということ、しかし他方では、この総額はさまざまな生産資本の貨幣元本としてかわるがわる役立つから、五〇〇ポンドよりも多い生産資本を動かすということが、すでに計算に入れられている。したがって、この説明の仕方は、〔これから〕貨幣の定在を説明すべきであるのに、貨幣をすでに現存するものとして前提しているのである。――＊

＊〔「したがって、この説明の仕方は」からここまではエンゲルスによる〕

さらに、次のようにも言われるかもしれない――すなわち、資本家Aは、資本家Bが個人的に不生産的に消費する物品を生産する。したがって、Bの貨幣はAの商品資本を貨幣化し、こうして同じ貨幣額が、Bの剰余価値の貨幣化と、Aの流動的不変資本の貨幣化とに役立つ、と。しかし、この場合には、答えられなければならない問題の解決が、いっそう直接的に想定されている。すなわち、Bは自分の収入を賄うためのこの貨幣をどこで手に入れるのか？　彼自身は自分の生産物のこの剰余価値部分をどのようにして貨幣化したのか？――

さらに、次のようにも言われるかもしれない。すなわち、流動的可変資本のうち、Aがつねに自分の労働者たちに前貸しする部分は、つねに流通から彼に還流し、つねにその一部分だけが、かわるがわる彼自身の手もとにとどまり労賃の支払いにあてられる。けれども、支出と還流とのあいだにはある一定の時間が経過するのであり、その時間中は、労賃に支払われた貨幣が、とりわけ剰余価値の貨幣化のためにも役立つことができる、と。――しかし、われわれが知っているように、第一に、この時間が長ければ長いほど、資本家Aがつねに〝心ひそかに〟*保持しなければならない手持ち貨幣の総量も、それだけ大きくなければならない。第二に、労働者は貨幣を支出し、それで諸商品を買い、それによってこれらの商品に含まれている剰余価値を〝それだけ〟貨幣化する。したがって、可変資本の形態で前貸しされる同じ貨幣が、剰余価値を貨幣化するためにも〝それだけ〟役立つ。ここでは、これ以上深くこの問題に立ち入らないで、ただ次のことだけを言っておこう――全資本家階級およびこの階級に依存する不生産的な人々の消費は、労働者階級の消費と、同時に相並んで行なわれる。したがって、労働者たちによって貨幣が流通に投げ入れられると同時に、資本家たちによって、自分たちの剰余価値を収入として支出するために貨幣が流通に投げ入れられなければならない。したがって、(334) その剰余価値分だけ流通から貨幣が引きあげられていなければならない。いま述べた説明は、この必要分量を減少させるだけで、これを取りのぞきはしないであろう、と。――

＊〔とくに教皇パウルス三世（一六世紀）以後、枢機卿会議などで教皇が枢機卿を選ぶときに使ったラテン語「いまのところほかに二、三人、ひそかに心にとどめてあるが、考慮のうえ、そのうち明らかにするであろう」に由来する句〕

最後に、次のようにも言われるかもしれない――最初に固定資本が投下される場合には、つねに大量の貨幣が流通に投げ入れられるが、この貨幣は、何年もたつなかで、それを流通に投げ込んだ人によって、ふたたび流通から徐々に少しずつしか引きあげられない。この金額は、剰余価値を貨幣化するのに十分ではないのだろうか？――これにたいしては次のように答えることができる。おそらく五〇〇ポンドという金額（これは、必要な準備金用の蓄蔵貨幣の形成をも含む）には、この金額を固定資本〔の諸要素の購入〕として使用するということ――これを流通に投げ込んだ人でなくともだれか他の人によって――がすでに含まれている、と。そのうえ、固定資本として役立つ生産物を手に入れるために支出される金額の場合には、これらの商品に含まれている剰余価値も支払われているということがすでに想定されているのであって、ほかでもない、この貨幣がどこからくるのか、ということこそが問題なのである。――

一般的な解答はすでに与えられている。x×1.000ポンドの商品総量を流通させなければならない場合、この商品総量の価値が剰余価値を含むか含まないか、この商品総量が資本主義的に生産されているかいないかは、この流通に必要な貨幣額の分量を絶対に少しも変えない。したがって、問題そのものが存在しない。貨幣の通流速度などの他の諸条件が与えられていれば、x×1,000ポンドの商品価値を流通させるためには、一定の貨幣額が必要とされるが、このことは、この価値のうち、これらの商品の直接的生産者たちに帰属する分が多いか少ないかという事情とはまったく無関係である。ここに問題が存在するとすれば、その問題は、一国における諸商品の流通に必要な貨幣額はどこからくるか、という一般的な問題と一致する。

とはいえ、資本主義的生産の立場からすれば、確かに特殊な問題という外観は存在する。すなわちこの場合、貨幣が流通に投げ入れられる出発点として現われるのは資本家である。労働者が自分の生活諸手段の支払いに支出する貨幣は、あらかじめ可変資本の貨幣形態として存在しており、したがって、最初に資本家によって労働力の購買手段または支払手段として流通に投げ入れられる。そのうえ資本家は、彼にとって、最初は彼の不変的固定資本および不変的流動資本の貨幣形態をなしている貨幣を、流通に投げ入れる。それを彼は、労働諸手段および生産材料の購買手段または支払手段として支出する。しかしそれ以上には、資本家は流通している貨幣総量の出発点としては現われない。ところで、存在するのは二つの出発点——資本家と労働者だけである。第三の部類の人々はすべて、労役(335)給付の見返りにこの両階級から貨幣を受け取らざるをえないか、さもなければ、反対給付なしに貨幣を受け取る限りでは、彼らは地代、利子などの形態での剰余価値の共有者である。剰余価値が産業資本家のポケットに全部とどまるのではなく、彼によって他の人々と分配されなければならないということは、当面の問題とはなんの関係もない。問題は、どのようにして彼は自分の剰余価値を貨幣化するかということであって、それで得られた貨幣がそのあとどのように分配されるかということではない。したがってわれわれの場合にかんしては、資本家はまだ剰余価値の唯一の所有者とみなされるべきである。しかし、労働者について言えば、すでに述べたように、彼は、労働者によって流通に投げ入れられた貨幣の第二次的出発点にすぎないのであって、資本家がそれの第一次的出発点である。はじめに可変資本として前貸しされた貨幣は、労働者がそれを生活諸手段の支払いに支出するときには、すでにその第二の通流を行なっているのである。

*〔「貨幣化する」（貨幣に換える）と訳したもとのドイツ語は versilbern「銀に換える」であり、この語は、多くの個所で「貨幣化する」と同義に扱われている。しかしこれらの場合にマルクスが銀との関係を念頭においていたこと――次の行の「貨幣」の原語は Geld ではなく Silber「銀」である――を、スペイン語シグロ XXI 版は、ドイツでもスペインでも銀が貨幣一般を意味したことと関連させて、とくに注記している。日本語の賃銀や銀行もこのことと関係がある〕

したがって、資本家階級は、依然として貨幣流通の唯一の出発点である。この階級が生産諸手段の支払いに四〇〇ポンド、労働力の支払いに一〇〇ポンドを必要とするのであれば、この階級は五〇〇ポンドを流通に投げ入れる。しかし、生産物に含まれている剰余価値は、剰余価値率が一〇〇％ならば、一〇〇ポンドの価値に等しい。どうして資本家階級は、つねに五〇〇ポンドしか流通に投げ入れないのに、つねに六〇〇ポンドを流通から引き出すことができるのか？　無から有は生じない。総資本家階級は、あらかじめ投げ入れられていなかったものを、流通から引き出すことはできない。

四〇〇ポンドの貨幣額が一〇回転すれば、四〇〇〇ポンドの価値をもつ生産諸手段および一〇〇〇ポンドの価値をもつ労働〔力?〕を流通させるのにおそらく足りるし、また残りの一〇〇ポンドは一〇〇〇ポンドの剰余価値の流通のためにやはり十分である、ということは、ここでは度外視される。貨幣額の、それによって流通させられる商品価値にたいするこのような比率は、事態になにも関係しない。問題は依然として同じである。同じ貨幣片が何回も通流しないのであれば、五〇〇〇ポンドが資本として流通に投じられなければならないであろうし、また、剰余価値を貨幣化するためには一〇〇〇ポンドが必要であろう。一〇〇〇ポンドであれ一〇〇ポンドであれ、この後者の貨幣がどこからくるか、ということが問題なのである。いずれにしても、これは、流通に投げ入れられた貨幣資本を超える超過分である。

一見どんなに逆説的に見えても、実際には、資本家階級自身が、諸商品に含まれる剰余価値を実現するのに役立つ貨幣を流通に投げ入れるのである。しかし、〝注意せよ〟――資本家階級は、この貨幣を前貸しされる貨幣として、すなわち資本として、投げ入れるのではない。資本家階級は、それを、その階級の個人的消費のための購買手段として支出する。したがって、資本家階級はこの貨幣の流通の出発点ではあるが、この貨幣は資本家階級によって前貸しされるのではない。

(336) 自分の事業を始める一人の資本家、たとえば一人の借地農場経営者をとってみよう。最初の一年間に、彼は、たとえば五〇〇〇ポンドの貨幣資本を、生産諸手段（四〇〇〇ポンド）と労働力（一〇〇〇ポンド）との支払いに前貸しする。剰余価値率は一〇〇％であり、彼が取得する剰余価値は一〇〇〇ポンドであるとしよう。右の五〇〇〇ポンドは、彼が貨幣資本として前貸しするすべての貨幣を含む。しかし、この男も生きていかなければならないが、彼はその年の終わりまで少しも貨幣を手に入れない。彼の消費は一〇〇〇ポンドになるとしよう。この一〇〇〇ポンドを彼はもっていなければならない。なるほど彼は言う。自分は最初の一年間、この一〇〇〇ポンドを自分に前貸ししなければならない、と。しかしこの前貸し――これはここでは主観的な意味しかもっていない――は、彼が最初の一年間は、自分の個人的消費を、彼の労働者たちの無償の生産からでなく、自分のポケットから賄わなければならない、ということ以上にはなにも意味しない。彼は、この貨幣を、資本として前貸しするのではない。彼は、それを支出し、自分が消費する生活諸手段という等価物と引き換えにそれを支払ってしまう。この価値は、彼によって貨幣で支出され、流通に投じられて、諸商品価値の形で流通から引きあげられた。これらの商品価値を彼は消費した。したがって彼は、これらの商品の価値となんらかの関係に立つことをやめてしまったのである。彼がこれらの商品の価値を支払うのに使った貨幣は、流通貨幣の要素として存在する。しかし、この貨幣の価値を彼は諸生産物の形で流通から引きあげたのであり、この価値が存在した諸生産物とともに、これらの生産物の価値も消滅している。この価値はなくなったのである。さて、その年の終わりには、彼は六〇〇〇ポンドの商品価値を流通に投げ入れて、それを売る。こうして彼には、（一）彼が前貸しした貨幣資本五〇〇〇ポンドと、（二）貨幣化された剰余価値一〇〇〇ポンドとが還流する。彼は五〇〇〇ポンドを資本として前貸しし、流通に投じたのであり、彼は六〇〇〇ポンドを――資本分の五〇〇〇ポンドおよび剰余価値分の一〇〇〇ポンドを――流通から引きあげる。後者の一〇〇〇ポンドは、彼自身が資本家としてではなく消費者として流通に投げ入れた――前貸ししたのではなく支出した――貨幣で貨幣化されている。それは、いまや、彼によって生産された剰余価値の貨幣形態として彼に復帰する。それからあとは、この操作が年々反復される。しかし二年目からは、彼が支出する一〇〇〇ポンドは、つねに、彼によって生産された剰余価値の転化形態、貨幣形態である。彼は年々一〇〇〇ポンドを支出し、そしてそれが同じように年々彼に還流する。

彼の資本が一年間にもっと多く回転しても、そのことで事態は少しも変わらないであろう――しかし、そのことで、彼が自分の個人的消費のため前貸貨幣資本を超えて流通に投じなければならない時間の長さ、したがってその金額の大きさは、変わるであろう。

この貨幣は、資本家によって資本として流通に投じられるのではない。しかし、剰余価値が還流するまで自分の所有している資金で生活することができてこそ、彼は、資本家の資格にふさわしい。

(337) この場合には、資本家が自分の資本が最初に還流するまでその個人的消費を賄うために流通に投げ入れる貨幣額は、彼によって生産される剰余価値、したがって貨幣化されるべき剰余価値とまったく等しいものと仮定されていた。これは明らかに、個々の資本家については恣意的な仮定である。しかしそれは、単純再生産を想定すれば、総資本家階級について正しいはずである。それは、この単純再生産という想定が意味するのと同じこと、すなわち、全剰余価値が、しかもただこれだけが、不生産的に消費され、したがって、最初の資本財のいかなる部分も不生産的には消費されない、ということを表現するにすぎない。*

＊〔この一文はエンゲルスによる〕

先には、貴金属の総生産（五〇〇ポンドと仮定された）は、貨幣の摩滅を補填するのに足りるだけであると想定された。

金を生産する資本家たちは、彼らの全生産物を――そのうち不変資本を補填する部分をも、可変資本を補填する部分をも、剰余価値から成り立つ部分をも――金で所有する。したがって、社会的剰余価値の一部分は、流通内ではじめて金に転化される生産物からでなく、金から成り立つ。この部分は、もともと金から成り立っていて、諸生産物を流通から引きあげるために流通に投げ入れられる。この場合、同じことが、労賃すなわち可変資本についても、また前貸不変資本の補填についてもあてはまる。したがって、資本家階級の一部分が、彼らによって前貸しされた貨幣資本よりも（剰余価値だけ）大きい商品価値を流通に投げ入れるとすれば、資本家の他の部分は、彼らが金の生産のためにつねに流通から引きあげる商品価値よりも大きい（剰余価値だけ大きい）貨幣価値を流通に投げ入れる。資本家の一部が、流通につぎ込むよりもつねに多くの貨幣を流通から汲み出すとすれば、金を生産する部分は、自分が生産諸手段の形で流通から引きあげるよりもつねに多くの貨幣を汲み入れる。

ここで、五〇〇ポンドの金というこの生産物のうち、その一部分は、金生産者たちの剰余価値であるとはいえ、その全額は、やはり、諸商品の流通に必要な貨幣を補填するためだけのものと定められている。そのうちのどれだけが諸商品の剰余価値を貨幣化し、どれだけが諸商品の他の価値構成諸部

（338）

分を貨幣化するかは、ここではどうでもよい。

金生産をその国から他の国に移してみても、事態は絶対に変わらない。Ａ国における社会的労働力と社会的生産諸手段との一部分が、五〇〇ポンドという価値をもつ生産物、たとえばリンネルに転化され、Ｂ国で金を買うためにＢ国に輸出される。Ａ国でこのように使用される生産資本は、その資本が直接に金生産に使用される場合と同様に、商品——貨幣と区別された——をＡ国の市場に投じない。Ａ国のこの生産物は、五〇〇ポンドの金の形状で現われ、貨幣としてのみＡ国の流通にはいる。社会的剰余価値のうち、この生産物に含まれている部分は、直接に貨幣として存在するのであり、Ａ国にとっては貨幣の形態以外では存在しない。金を生産する資本家たちにとっては、生産物の一部分のみが剰余価値を表わし、他の部分は資本の補填分を表わすとはいえ、それでも、この金のうちどれだけが——流動的不変資本をのぞいて——可変資本を補填し、どれだけが剰余価値を表わしているかという問題は、もっぱら、労賃および剰余価値がそれぞれ流通諸商品の価値に占める比率に依存する。剰余価値をなす部分は、資本家階級のさまざまな構成員のあいだに分配される。この部分は、つねに彼らによって個人的消費のために支出され、新生産物の販売によってふたたび獲得される——まさにこの購買と販売こそが、一般に、それのみが、剰余価値の貨幣化に必要な貨幣を彼ら自身のあいだで流通させる——とはいえ、やはり社会的剰余価値の一部分は、割合は変動するとしても、貨幣の形態で資本家たちのポケットにあるのであって、それはちょうど、労賃の一部分が、少なくとも週のある部分のあいだ貨幣の形態で労働者たちのポケットにとどまるのとまったく同じである。そして、社会的剰余価値のこの部分は、金生産物[*1]のうち、もともと金を生産する資本家たちの剰余価値をなす部分によって制限されているのではなく、すでに述べたように、上述の五〇〇ポンドの生産物が一般に資本家たちと労働者たちとのあいだに分配される割合、および、流通すべき商品価値[*2]が剰余価値と他の価値構成諸部分とからなる割合によって制限されている。

＊1 〔初版および第二版では「貨幣生産物」となっていたが、エンゲルスの編集原稿にもとづき訂正。草稿も新メガでは「金生産物」と判読されている〕

＊2 〔初版および第二版では「商品在庫」となっていたが、草稿およびエンゲルスの編集原稿にもとづき訂正〕

しかし、剰余価値のうち、他の諸商品の形で存在するのではなく、これらの他の商品とならんで貨幣の形で存在する部分は、年々の金生産の一部が剰余価値を実現するために流通する限りでのみ、年々生産される金の一部分から成り立つ。貨幣のうちの他の部分――すなわちその割合は変わるが、資本家階級の剰余価値の貨幣形態として、ずっと資本家階級の手中にある部分――は、年々生産される金の要素ではなく、以前から国内に蓄積された貨幣総量の要素である。

(339) われわれの想定によれば、五〇〇ポンドという年々の金生産は、ちょうど、年々摩滅する貨幣を補填するのに足りるだけのものである。だから、この五〇〇ポンドだけを眼中において、年々生産される商品総量のうち、以前から蓄積された貨幣によって流通させられる部分を度外視するならば、商品形態で生産された剰余価値は、すでに、それを貨幣化するための貨幣を流通のなかに見いだすが、それは、他方において剰余価値が年々金の形態で生産されるからである。同じことは、五〇〇ポンドの金生産物のうち、前貸貨幣資本を補塡する他の諸部分についてもあてはまる。

さて、ここでは二とおりのことを述べておかなければならない。

第一に次のようになる。資本家たちが貨幣で支出する剰余価値、ならびに、彼らが貨幣で前貸しする可変資本その他の生産資本は、実際には、労働者たちの、すなわち金生産で働いている労働者たちの、生産物である。彼らは、金生産物のうち彼らに労賃として「前貸し」される部分、ならびに、金生産物のうち資本主義的金生産者の剰余価値を直接に表わす部分を、新たに生産する。最後に、金生産物のうち、その生産のため前貸しされた不変資本価値を補塡するだけの部分について言えば、この部分は、労働者たちの年々の労働によって金形態で*（一般的には生産物で）再現するだけである。創業のさいには、この部分は、資本家により最初は貨幣の形で手放されたが、この貨幣は新たに生産されたものではなく、通流しつつある社会的貨幣総量の一部をなすものであった。これにたいして、この部分が新生産物である追加の金によって補塡される限りでは、それは労働者の年々の生産物である。資本家の側からの前貸しは、この点でも、労働者は自分自身の生産諸手段の所有者でもなければ、〔金の〕生産中は他の労働者たちが生産した生活諸手段を自由に処分することもできない、ということから生じる形態として現われるだけである。

＊〔初版および第二版では「貨幣形態」となっていたが、エンゲルスの編集原稿にもとづき訂正。草稿は「金形態」となっているが、新メガでは「貨幣形態」に訂正している〕

しかし第二に、この年々の補塡五〇〇ポンドとは独立に存在する——一部は蓄蔵貨幣形態をとり、一部は通流する貨幣の形態をとる――貨幣総量について言えば、その事情は、この五〇〇ポンドについてなお年々見られる事情とまさに同じであるに違いない。すなわち、それは、もともとそうであったに違いない。この点にはこの節の終わりで立ちもどる。そのまえになおいくつか別の注意をしておこう。

(340)

すでに回転を考察するさいに見たように、他の事情が変わらなければ、回転期間の大きさが変わるにつれて、生産を同じ規模で行なうために必要な貨幣資本の総量が変わる。したがって、貨幣流通の弾力性は、膨脹および収縮というこの変動に適応するのに十分な大きさでなければならない。*

＊〔この一文はエンゲルスによる〕

さらに、他の諸事情は同じままで――労働日の長さ、強度、生産性も変わらないが――、労賃と剰余価値とへの価値生産物の分割が変動し、その結果、前者が増加し後者が減少する場合、または逆に、前者が減少し後者が増大する場合を仮定しても、そのことによって、通流する貨幣の総量は影響されない。この変動は、通流貨幣総量がなんら膨脹または収縮しなくとも生じうる。とくに、労賃が一般的に上がり、したがって――前提された諸条件のもとでは――剰余価値率が一般的に下がるが、そのほかは、やはり想定に従って、流通する商品総量の価値にはなんの変動も起こらない場合を考察してみよう。この場合には、可変資本として前貸しされなければならない貨幣資本、したがってこの機能に役立つ貨幣総量は、確かに増加する。しかし、可変資本の機能に必要な貨幣総量が増加するのとちょうど同じだけ、ちょうどそれだけ剰余価値は減少し、したがって、剰余価値の実現に必要な貨幣総量も減少する。商品価値の実現に必要な貨幣量の総額は、この商品価値そのものと同様に、このことによっては影響されない。商品の費用価格は個々の資本家にとっては騰貴するが、商品の社会的な生産価格はやはり変わらない。* 変わるのは、不変的価値部分を度外視すれば、商品の生産価格が労賃と利潤とに分かれる比率である。

＊〔費用価格（生産諸手段の価格＋労働力の価格）、生産価格（費用価格＋平均利潤）については、本書、第三巻、第一篇および第二篇で詳論される〕

しかし、可変的貨幣資本の投下が大きくなるということは（貨幣の価値はもちろん変わらないものとする）、労働者たちの手もとにある貨幣諸手段の総量がそれだけ大きくなることを意味し、その結果、労働者たちの側からの商品需要の増大が生じ、それに続く結果は、諸商品の価格の騰貴である、と言う人がある。――あるいは、労賃が上がれば、資本家たちは彼らの商品の価格を引き上げる、と言う人もいる。――どちらの場合にも、労賃の一般的な騰貴が商品価格の騰貴を引き起こす。したがって、価格の騰貴を一方の仕方で説明しようと他方の仕方で説明しようと、諸商品を流通させるためには、より大きな貨幣総量が必要であるということにならざるをえない。

第一の意見にたいする答え――労賃が上がればその結果として、とくに、必要生活諸手段にたいする労働者たちの需要が増大するであろう。よりわずかな程度で奢侈品にたいする彼らの需要も増加す

（341）るであろう。あるいは、以前は彼らの消費の範囲にはいらなかった物品にたいする需要が生じるであろう。突然の、かついっそう大きな規模での必要生活諸手段にたいする需要の増加は、それらの価格を無条件に一時的に騰貴させるであろう。その結果は、社会的資本のより大きい部分が必要生活諸手段の生産に使用され、よりわずかな部分が奢侈品の生産に使用される、ということである。というのは、剰余価値が減少し、したがって奢侈品にたいする資本家たちの需要が減少するために、奢侈品の価格が低下するからである。これにたいして、労働者たち自身が奢侈品を買う限りでは、彼らの賃銀の上昇は――その範囲内では――必要生活諸手段の価格騰貴には作用しないで、奢侈品の買い手を入れ替えるだけである。これまでよりも多くの奢侈品が労働者たちの消費にはいり込み、比較的少ない奢侈品が資本家たちの消費にはいり込む。〝それだけである〟。若干の動揺ののち、以前と同じ価値の商品総量が流通する。――一時的な動揺について言えば、その結果は、従来、取引所での投機的な企てまたは外国に投資口を求めていた遊休貨幣資本を、国内の流通に投げ込むだけであろう。

第二の意見にたいする答え――もし資本主義的生産者たちが任意に自分たちの商品の価格を引き上げることができたとすれば、彼らは、労賃が騰貴しなくてもそうすることができたであろうし、またそうしたであろう。労賃は、商品価格が下がりつつあるときには、決して騰貴しないであろう。資本家階級が、現在、一定の特殊な、いわば地方的な諸事情のもとで、例外的に実際に行なっていること――すなわち、労賃が上昇するごとにこれを利用して商品価格を労賃上昇の程度よりもはるかに高く引き上げ、したがって、いっそう大きな利潤を手に入れること――が、いつでも、どのような事情の

（342）
もとでも行なうことができたのであれば、資本家階級は決して労働組合に反対しなかったであろう。

奢侈品への需要が減少する（奢侈品にたいする資本家たちの購買手段が減少し、彼らの需要が減少した結果として）から、資本家たちは奢侈品の価格を引き上げることができると主張するとすれば、それは需要供給の法則のまったく独創的な応用であろう。奢侈品の買い手の単なる入れ替わり、資本家から労働者への入れ替わりが起こらない限り、奢侈品の価格は需要が減少する結果として低下する。そしてこの入れ替わりが起こる限りでは、労働者たちが賃銀追加分のうち奢侈品に支出する部分を、彼らは必要生活諸手段に支出することはできないのだから、労働者たちの需要が必要生活諸手段の価格騰貴に影響することはない。その結果、資本は奢侈品生産から引きあげられて、奢侈品供給が、社会的生産過程における奢侈品の役割の変化に対応する程度まで縮小される。この生産の減少につれ、そのほかさらに価値の変動がなければ、奢侈品はふたたびその正常価格まで騰貴する。このような収縮、またはこのような調整過程が行なわれるあいだ、生活諸手段の価格が騰貴すれば、やはりつねに、他の生産部門から引きあげられるのと同じ量の資本が、生活諸手段の生産に導入され、需要が満たされるまでそれが続く。そこでふたたび均衡が生じ、この全過程の結果として、社会的資本が、したがってまた貨幣資本が、必要生活諸手段の生産と奢侈品の生産とのあいだに分割される割合が変化する、ということになる。

異論はすべて、資本家およびその経済学的追従者のこけおどしである。

このこけおどしに口実を提供する事実が、三種類ある。

（一）流通する諸商品の価格総額が増加すれば――この価格総額の増加が、同じ商品総量について起ころうとも、増大した商品総量について起ころうとも――、他の事情が変わらない場合には流通貨幣の総量が増大する、ということは、貨幣流通の一般的法則である。ここで、結果が原因と取り違えられる。労賃は、必要生活諸手段の価格が上がるにつれて騰貴する（比例的に騰貴することはまれであり、例外でしかないとはいえ）。労賃の騰貴は、商品価格の騰貴の結果であって原因ではない。

（二）労賃が部分的または局地的に上がる場合――すなわち個々の生産諸部門だけで上がる場合――には、そのために、これらの部門の生産物の局地的な価格騰貴が生じることがありうる。しかし、これさえも多くの事情に依存する。たとえば、ここでは労賃が異常に押し下げられてはいなかったし、したがって利潤率が異常に高くはなかったという事情、これらの商品の市場が、価格騰貴によってはせばめられない（したがって、その価格騰貴のためにあらかじめその供給を減少する必要がない）という事情、等々である。

（三）労賃が一般的に騰貴する場合には、生産される諸商品の価格は、可変資本の比重が大きい産業諸部門では上がるが、その代わりに、不変資本または固定資本の比重が大きい産業諸部門では下がる。*

＊〔詳しくは、本書、第三巻、第一一章「生産価格にたいする労賃の一般的変動の影響」で明らかにされる〕

単純な商品流通のところ（第一部、第三章、第二節〔本訳書、第一巻、一八四ページ以下〕）で明らかにされたように、それぞれの特定の商品分量がたどる流通の内部では、その商品分量の貨幣形態はつかの間に消えうせるものであるとはいえ、一商品の変態にさいして一方の人の手から消える貨幣は、必ず他方の人の手のなかに場所を占めるのであり、したがって、まず第一に、諸商品が全方面的に交換(343)され、あるいは置き換えられるだけでなく、この置き換えは、貨幣の全方面的な沈澱により媒介され、かつ、ともなわれている。「商品による商品の置き換えは、同時にある第三者の手に貨幣商品を付着させる。流通はつねに貨幣を発汗するのである」（第一部、九二ページ〔本訳書、第一巻、一九九ページ〕）。この同じ事実は、資本主義的商品生産の基礎上では、資本の一部分はつねに貨幣資本の形態で存在していて、剰余価値の一部分は同じようにつねに貨幣形態でその所有者の手にある、というように表現される。

それはさておき、貨幣の循環――すなわち、出発点への貨幣の還流――は、それが資本の回転の一契機をなす限りでは、貨幣の通流とはまったく異なる、それどころか正反対でさえある現象であって、(三三)貨幣の通流は、貨幣が一連の人々の手を経て出発点から絶えず遠ざかって行くことを表現している（第一部、九四ページ〔本訳書、第一巻、二〇二ページ〕）。もっとも、回転が速くなるということは、〝それ自身〟通流が速くなるということを含んでいる。

（三三）重農主義者たちはまだこの両現象を混同するとしても、彼らは、貨幣の出発点への還流を、資本の流通の本質的形態として、再生産を媒介する流通の形態として、強調する最初の人々である。「『経済表』を見ればわかるように、生産的階級から他の諸階級が生産物を買い取るための貨幣を、生産的階級が与えるのであって、他の諸階級は、次の年に生産的階級のもとで同じ買い物をすることによってこの貨幣を生産的階級に返す。……したがって、ここに見られる循環は、再生産がそのあとに続く支出と、支出がそのあとに続く再生産との循環にほかならない。すなわち、支出と再生産とを測る貨幣の流通によって貫かれる循環にほかならない」〔ケネー『商業と手工業者の労働とにかんする対話』[*1]、デール編『重農主義学派』第一部、二〇八、二〇九ページ〔堀新一訳『ケネー　商業と農業』、「工匠の労働について――第二の対談」、有斐閣、一九三七年、二四五―二四六ページ〕〕。「諸資本のこの前貸しと継続的な回収とは、貨幣流通と呼ばれるべきものをなし、この有用で生産的な流通こそは、社会のあらゆる労働に活気を与え、政治体における運動と生命とを維持するものであって、これを動物体における血液循環に比較するのはまったく正しい」〔チュルゴ『富の形成および分配にかんする諸考察』、デール編『著作集』第一巻、四五ページ〔津田内匠訳『チュルゴ経済学著作集』、岩波書店、一九六二年、一〇四ページ。永田清訳『富に関する省察』、岩波文庫、一九三四年、八七ページ[*2]〕〕。

＊1〔初版および第二版では「『経済的諸問題』」となっていた〕

＊2〔第三草稿に書かれた抜粋をもとに、エンゲルスがつけた注〕

(344)　まず、可変資本について言うなら――たとえば五〇〇ポンドの貨幣資本が、可変資本の形態で一年に一〇回転するならば、流通貨幣総量のこの可除部分が、その一〇倍の価値額＝五〇〇〇ポンドを流通させることは明らかである。それは一年に一〇回、資本家と労働者とのあいだで通流する。労働者は、流通貨幣総量の同じ可除部分で、一年に一〇回、支払われかつ支払う。生産の規模は同じで、この可変資本は一年に一回転するとすれば、ただ一回だけ五〇〇〇ポンドの通流が行なわれるであろう。

さらに、流動資本の不変部分が一〇〇〇ポンドであるとしよう。この資本が一〇回転するとすれば、資本家は一年に一〇回、自分の商品を、したがってまたこの商品の価値の不変的流動部分を売る。流通貨幣総量の同じ可除部分（＝一〇〇〇ポンド）が、一年に一〇回、その所有者の手から資本家の手に移る。これは、ある人の手から他の人の手へこの貨幣が、一〇回、場所変換することである。第二に、資本家は、一年に一〇回、生産諸手段を買う。これもまた、ある人の手から他の人の手へ貨幣が、一〇回、通流することである。一〇〇〇ポンドという額の貨幣で、一万ポンドの商品が産業資本家によって売られ、そしてふたたび一万ポンドの商品が買い入れられる。一〇〇〇ポンドの貨幣が、二〇回、通流することによって、二万ポンドの商品在庫が流通させられる。

最後に、速い回転の場合には、剰余価値を実現する貨幣部分もいっそう速く通流する。

これに反して、逆に、貨幣通流が速くなっても、必然的に資本の回転が、したがってまた貨幣の回転が速くなるわけではない。すなわち必然的に、再生産過程が短縮されより速く更新されるわけではない。

同じ貨幣総量でより多量の取り引きが遂行されるときには、いつでも、より速い貨幣通流が行なわれる。こうしたことは、資本の再生産期間が同じ場合でも、貨幣通流のための技術的な諸設備の変化の結果として、生じうる。さらに、現実の商品転換を表現することなしに貨幣が通流するような取り引きの総量が増加することもありうる（取引所における鞘（さや）取りなど）。他方では、貨幣通流がまったくなくなることもありうる。たとえば、農場経営者自身が土地所有者である場合には、借地農場経営者と土地所有者とのあいだの貨幣通流は行なわれない。産業資本家自身が資本の所有者である場合には、彼と信用供与者とのあいだに通流は行なわれない。

一国における蓄蔵貨幣の本源的形成、ならびに、少数の人々によるこの蓄蔵貨幣の取得にかんしては、ここで詳しく立ち入る必要はない。

資本主義的生産様式——その基礎は賃労働であり、そしてまた、労働者への貨幣での支払いであり、一般には現物給付の貨幣給付への転化である——は、流通と、流通によって条件づけられた蓄蔵貨幣の形成（準備金など）とのために、十分な貨幣総量が国内に現存する場合にはじめて、より大きな範囲に、より完成されたものとして発展することができる。これは歴史的前提である——といっても、このことは、まず十分な蓄蔵貨幣総量が形成されてのちにはじめて資本主義的生産が始まるというように理解すべきではない。そうではなくて、資本主義的生産は、その諸条件の発展と同時に発展するのであり、これらの条件の一つが貴金属の十分な供給である。だから、一六世紀以来の貴金属供給の増加が資本主義的生産の発展史において本質的な一契機を形成するのである。しかし、資本主義的生産様式の基礎上で貨幣材料の供給増加の必要が問題となる限りでは、一方では、生産物の形をとる剰余価値が、その貨幣化のために必要な貨幣なしに流通に投げ入れられ、他方では、金の形をとる剰余価値が、まえもって生産物が貨幣に転化されるということなしに流通に投げ入れられるのである。

（345）

貨幣に転化しなければならない追加諸商品が必要な貨幣額を見いだすのは、他方で、諸商品に転化しなければならない追加の金（および銀）が、交換によってではなく生産そのものによって流通に投げ入れられるからである。

第二節　蓄積と拡大再生産*

＊〔表題はエンゲルスによる〕

蓄積は、それが拡大された規模での再生産という形態で行なわれる限りでは、貨幣流通にかんしてなにも新たな問題を提出しないということは明らかである。

まずはじめに、増大する生産資本の機能のために必要とされる追加貨幣資本について言えば、これは、実現された剰余価値のうち、資本家たちによって収入の貨幣形態としてではなく、貨幣資本として流通に投げ入れられる部分によって供給される。貨幣はすでに資本家たちの手にある。ただその使い道が異なるだけである。

ところがいまや、生産資本が追加された結果、その生産物として、追加商品総量が流通に投げ入れられる。この追加商品総量と同時に、その実現に必要な追加貨幣の一部分が流通に投げ入れられた――それは、この商品総量の価値がその生産に消費された生産資本の価値に等しい限りでのことである。この追加貨幣総量は、まさに追加貨幣資本として前貸しされたのであり、したがって、資本家の

(346) 資本の回転によって彼の手もとに還流する。ここでふたたびまえと同じ問題が現われる。いま商品形態で現存する追加剰余価値を実現するための追加貨幣は、どこからくるのか?

一般的な答えはふたたび同じである。流通する商品総量の価格総額は増加しているが、それは与えられた商品総量の価格が騰貴したからではなく、いま流通している商品の総量が以前の流通商品の総量よりも大きく、これが価格の低下によって相殺されなかったからである。より大きな価値をもつこのより大きな商品総量の流通に必要とされる追加貨幣は、流通する貨幣総量のいっそうの節約――諸支払いの相殺などによってであれ、同じ貨幣片の通流を速くするという方法によってであれ――によるか、さもなければまた、蓄蔵形態から流通形態への貨幣の転化によって、調達されなければならない。この後者には、遊休貨幣資本が購買手段または支払手段として機能しはじめるということが含まれているだけではない。あるいはまた、すでに準備金として機能している貨幣資本が、その所有者にとって準備金の機能を果たす一方、社会のために活発に流通しており(つねに貸し出される銀行預金の場合のように)、したがって二重の機能を果たすということが含まれているだけでもない――さらに、滞留している鋳貨準備金が節約されるということも含まれている。

「貨幣が鋳貨としてつねに流動するためには、鋳貨がつねに貨幣に凝固しなければならない。鋳貨の恒常的な通流は、流通の内部で全面的に発生するとともに流通の条件をなす鋳貨準備金として、鋳貨の大なり小なりの部分がつねに停滞していることを条件としており、しかもこの鋳貨準備金の形成、配分、解消、および再形成はいつも入れ替わっており、その定在はつねに消滅し、その消滅はつねに定在する。Ａ・スミスは、このように鋳貨が貨幣に、また貨幣が鋳貨に絶え間なく転化することを次のように表現した——商品所有者はいずれも、自分が売る特殊な商品のほかに、自分が買うための一定額の一般的商品をつねに蓄えておかなければならない、*と。すでに見たように、流通Ｗ—Ｇ—Ｗでは、第二の環Ｇ—Ｗは、つねに数多くの購買に分かれ、これらの購買は一度には行なわれないで時間的につぎつぎに行なわれるので、Ｇの一部分は鋳貨として通流するが、他の部分は貨幣として休息する。貨幣はここでは事実上一時停止された鋳貨にすぎず、通流する鋳貨総量の個々の構成諸部分は、絶えず入れ替わりながら、ときには一方の形態をとり、ときには他方の形態をとって現われる。だから、流通手段の貨幣へのこのような第一の転化は、貨幣通流そのものの単に技術的な一契機を表わし(347)ている」（カール・マルクス『経済学批判』、一八五九年、一〇五、一〇六ページ〔邦訳『全集』第一三巻、一〇五—一〇六ページ〕）。——貨幣にたいする「鋳貨」〔という用語〕は、ここでは、他の諸機能に対立して単なる流通手段として機能している貨幣を表わすために使用される）。

＊〔アダム・スミス『諸国民の富』、第一篇、第四章（大内・松川訳、岩波文庫、㈠、一九五九年、一三四ページ）参照〕

これらすべての手段でも足りなければ、金の追加生産が行なわれなければならない。あるいは、結局は同じことになるが、追加生産物の一部分が金——貴金属生産諸国の生産物——と直接または間接に交換される。

流通用具としての金銀を毎年生産するのに支出される労働力と社会的生産諸手段との総額は、資本主義的生産様式の、一般に商品生産を基礎とする生産様式の〝空費〟の重要な項目をなす。それは、それに照応する額の可能的、追加的な生産諸手段および消費諸手段を、すなわちそれに照応する額の現実的富を、社会的利用から奪い去る。与えられた生産の規模が変わらない場合、またはその拡張の程度が与えられている場合に、この高価な流通機構の諸費用が軽減されるならば、その限りにおいて、社会的労働の生産力はこのことによって高められる。したがって、信用制度とともに発展する補助的諸手段がこのような効果をもつ限り、それらの補助的手段は資本主義的富を直接に増加させる――それら〔補助的手段〕によって社会的生産過程および労働過程の一大部分が、現実の貨幣のいっさいの介入なしに遂行されるにせよ、現実に機能する貨幣総量の機能能力が高められるにせよ、そうである。（この観点から見ただけでも）こんにちの規模での資本主義的生産が、信用制度なしに、すなわち金属流通だけで可能かどうかというばかげた問題も、これでかたがつく。それは明らかに不可能である。それどころか、〔信用制度がなければ〕資本主義的生産は貴金属生産の範囲によって制限が与えられたであろう。他方、信用制度が貨幣資本を自分に使わせたりまたは流動させたりする限りで、この信用制度の生産的な力について神秘的な観念をいだいてはならない。この点についてのより詳しい展開はここでは不要である。

次に、現実の蓄積すなわち生産規模の直接的拡大が行なわれるのではなく、実現された剰余価値の

一部分が、長期または短期にわたって貨幣準備金として積み立てられ、のちに生産資本に転化される（348）場合について、考察しなければならない。

このように蓄積される貨幣が追加的なものである限り、事態はおのずから明らかである。この貨幣は、金生産諸国から供給される過剰な金の一部分でしかないかもしれない。この場合には、この金の輸入と引き換えられた国内産の生産物は、もはや国内には存在しないということに注意しなければならない。それは金と引き換えに外国に渡されている。

そうではなくて、以前と同じ総量の貨幣が国内にあると想定すれば、積み立てられた貨幣および積み立てられつつある貨幣は、流通から流れてきたものであって、単にその機能が変わったにすぎない。それは、流通している貨幣から、潜在的な、徐々に形成されつつある貨幣資本に転化されている。

この場合に積み立てられる貨幣は、販売された商品の貨幣形態であり、しかも、その商品の価値のうち所有者にとって剰余価値を表わす部分の貨幣形態である。（信用制度はここでは存在しないものと前提される。）この貨幣を積み立てた資本家は〝それだけ〟、買うことなしに売ったのである。

この過程を部分的に見るならば、説明すべきことはなにもない。資本家たちの一部は、自分の生産物の販売から得られた貨幣の一部分を手もとにとどめて、それと引き換えに生産物を市場から引きあげることはしない。これにたいして〔資本家たちの〕他の部分は、生産経営に必要な、つねにもどってくる貨幣資本をのぞいて、自分の貨幣を全部生産物に転化する。剰余価値の担い手として市場に投げ入れられる生産物の一部分は、生産諸手段から成り立つか、あるいは可変資本の現実的要素である必要生活諸手段から成り立つ。すなわち、それは、ただちに生産の拡大に役立つことができる。というのは、資本家たちの一部は貨幣資本を積み立てるが、他の部分は自分の剰余価値を全部消費するというようには決して想定されていないのであって、ただ、一方の部分は自分の蓄積を貨幣形態で行ない、潜在的貨幣資本を形成するが、他方の部分は現実に蓄積する、すなわち生産規模を拡大し自分の生産資本を現実に拡張すると想定されているからである。資本家たちがかわるがわる、一部は貨幣を積み立て他の部分は生産規模を拡大する場合でも、またその逆の場合でも、現存する貨幣総量が流通の必要を満たすのに十分であることに変わりはない。そのうえまた、一方の側の貨幣積み立ては、現金ではなく債権の単なる積み立てによって行なわれることもありうる。

しかし、資本家階級における貨幣資本の部分的蓄積でなく、一般的蓄積が前提される場合には、困難が生じる。われわれの想定——資本主義的生産の一般的かつ排他的支配——によれば、資本家階級をのぞけば、およそ労働者階級のほかにはどんな階級も存在しない。労働者階級が買うものすべては、この階級の労賃の総額に等しく、資本家階級全体によって前貸しされる可変資本の総額に等しい。この貨幣は、資本家階級の生産物を労働者階級に売ることによって、資本家階級に還流する。これによって、資本家階級の可変資本はふたたび貨幣形態を受け取る。可変資本の総額は　x×100　ポンド、すなわち、一年間に前貸しされた可変資本でなく使用された可変資本の総額であるとしよう。回転速度に応じて、どれだけ多くのまたは少ない貨幣で、この可変資本価値が一年間に前貸しされるか、それはいま考察されている問題を少しも変えるものではない。この　x×100　ポンドの資本で、資本家

(349)

階級は特定の総量の労働力を買う、またはある特定数の労働者に賃銀を支払う――第一の取り引き。労働者たちは同じ金額である分量の商品を資本家たちから買い、それと同時に x×100 ポンドという金額が資本家たちの手に還流する――第二の取り引き。そして、これがつねに反復される。したがって、x×100 ポンドという金額によって、決して労働者階級は、生産物のうち不変資本を表わす部分を買うことができるようにならないし、ましてや資本家階級の剰余価値を表わす部分を買うことができるようにもならない。労働者たちが x×100 ポンドで買えるのは、いつも社会的生産物の価値のうち、前貸可変資本の価値を表わす価値部分に等しい部分だけである。

この全面的な貨幣蓄積は、投入された追加的貴金属が――割合はどうであれ――さまざまな個別資本家たちに分配されることのほかにはなにも表現しないという場合を別にすれば――いったいどのようにして資本家階級全体は貨幣を蓄積したらいいのか?

資本家階級はすべて、自分たちの生産物の一部を、ふたたび買うことなしに売らなければならないであろう。この階級はすべて一定の貨幣元本をもっていて、それを自分たちの消費のための流通手段として流通に投げ入れ、そのうちからふたたび一定部分が流通から各人に還流するということは、決してなんら神秘的なことではない。しかし、この場合、この貨幣元本は、まさに、剰余価値の貨幣化による流通元本として存在するのであって、決して潜在的貨幣資本として存在するのではない。

事態を現実に起こるがままに考察するならば、のちに使用するために積み立てられる潜在的な貨幣資本は、次のものから成り立つ――

(一)　銀行預金。しかし、銀行が現実に自由に処分しうるのは、比較的わずかな貨幣額である。そこには、名目的に貨幣資本が積み立てられているだけである。現実に積み立てられているのは貨幣請求権であって、それは、引き出される貨幣と預け入れられる貨幣とのあいだに均衡が生じるからこそ貨幣化可能である（いつか貨幣化される限りで）にすぎない。貨幣として銀行の手もとにあるのは、相対的にわずかな金額だけである。

(二)　国債証券。これはおよそ資本ではなく、国民の年々の生産物にたいする単なる債権である。

(三)　株式。投機株でない限り、これらは、ある会社のもつ現実資本にたいする所有権原であり、この資本から年々流出する剰余価値にたいする指図証券である。

これらいずれの場合にも、貨幣の積み立ては行なわれないのであって、一方で貨幣資本の積み立てとして現われるものが、他方で貨幣の恒常的な現実の支出として現われる。貨幣が、その所有者によって支出されるか、または彼の債務者である他人によって支出されるかは、少しも事態を変えるものではない。〔350〕

資本主義的生産の基礎上では、蓄蔵貨幣の形成そのものは決して目的ではなく、流通の停滞の結果――通常よりも大きい貨幣総量が蓄蔵貨幣の形態をとることによって――であるか、または回転によって条件づけられた積み立ての結果であり、または結局のところ、この蓄蔵貨幣は、さしあたりは潜在的形態にあるが、生産資本として機能することを予定された貨幣資本の形成にすぎないのである。

だから、一方で、貨幣の形で実現された剰余価値の一部が流通から引きあげられて蓄蔵貨幣として積み立てられるとすれば、それと同時に剰余価値の他の部分がつねに生産資本に転化される。追加貴金属が資本家階級のあいだに分配される場合を別とすれば、貨幣形態での積み立てが同時にすべての点で行なわれることは決してないのである。

年々の生産物のうち、商品形態での剰余価値を表わす部分については、年々の生産物の他の部分の場合とまったく同じことがあてはまる。その流通のためには一定の貨幣額が必要である。この貨幣額が資本家階級に属するのは、剰余価値を表わす年々生産される商品総量がそうであるのと同様である。それは、最初、資本家階級自身によって流通に投げ入れられる。それは、流通そのものによって、つねにまた新たに資本家階級のあいだに分配される。一般に鋳貨の流通の場合にそうであるように、この貨幣総量の一部分はつねに所を変えて停滞するが、他の一部分はつねに流通する。この積み立ての一部が貨幣資本を形成するために意図的になされるかどうかは、少しも事態を変えるものではない。

流通上の諸冒険、それによって、ある資本家は、他の資本家の剰余価値の一部を、さらにその資本の一部さえも、もぎ取って自分のものにして、したがって、貨幣資本についても生産資本についても一方的な蓄積および集中[*]が生じるが、そのような流通上の諸冒険はここでは度外視されている。たとえば、Aが奪い取って貨幣資本として積み立てる剰余価値の一部分が、Bの剰余価値のうちBに還流しない一部分であるということがありうる。

＊〔草稿では「集積」Concentration となっている。本訳書、第一巻、一〇九三ページの訳注＊参照〕

マルクス　新版 資本論　第6分冊

2020年 7 月 20 日　初　版
2024年 3 月 30 日　第3刷

監 修 者　日本共産党中央委員会社会科学研究所
発 行 者　角　田　真　己

郵便番号　151-0051　東京都渋谷区千駄ヶ谷 4-25-6
発行所　株式会社　新日本出版社
電話　03（3423）8402（営業）
03（3423）9323（編集）
info@shinnihon-net.co.jp
www.shinnihon-net.co.jp
振替番号　00130-0-13681
印刷・製本　光陽メディア

落丁・乱丁がありましたらおとりかえいたします。

ISBN978-4-406-06380-7 C0033　Printed in Japan